足音

我的学做教师之路

徐建国·著

上海社会科学院出版社

自 序

小时候,我的父辈中有四个人当过兵,可我并没有受到父辈们的影响,毅然选择做了一名老师。

说起其中原因,要感谢两个人。一是小学一年级时教我们的黄老师。她中等个,五十出头。据说她家祖传治歪嘴,颇为神奇。黄老师的脸上总是挂着笑容,对每一个孩子总是那样和蔼可亲,印象中她从未对我们发过火,可我们班的成绩在全年级一直名列前茅。

一年级的第二学期,黄老师既教我们语文,又兼班主任。这一学期,我当上了班长,成了黄老师的助手。那时乡下中心小学的老师是比较忙的,教学之余,老师们有时要去"机面房"(俗语,即加工粮食的私人作坊)加工小麦、大米、玉米等,有时要回家忙着收割,每当这个时候,黄老师都会关照我把班级管好。我常常学着黄老师的样带领大家一起默写词语、背书,或叫几个学生到黑板前听写。

春天,我们也常常到黄老师家,帮助黄老师做农活,比如除去菜地里的杂草,或是喂鸡、喂猪。最有意思的是黄老师家每到春天会养不少蚕,桑叶需求量特别大。她们家门前有棵大桑树,班里几个男孩常常相约放学后到她家,上树帮她采摘桑叶。这些事,对农村的孩子来说,就像家常便饭。时间久了,和黄老师感情也就深了。

有一次自习课,黄老师坐在讲台前批改作业,教室里静得出奇。有一道题把我难住了,我怎么也想不出,于是低头随口叫了声:"妈妈,这道题怎么做?"突然,教室里哄堂大笑,一开始我还没有意识到。同桌告诉我,你刚刚叫黄老师"妈妈"。我的脸一下子红了,抬头偷偷地看了黄老师一眼,黄老师也正看着我,仍然微微地笑着,没有说什么。也许从那一天开始,我的心里就播下了一粒种子:我将来也要做一名老师,像黄老师这样的老师,永远爱孩子的老师。后来,这个理想一直没有改变。

1991年初中毕业,我以优异的成绩如愿考进了江苏省淮阴师范学校,并作为优秀毕业生被分配到了淮阴市(现淮安市)教委直属小学——江苏省淮阴师范学校附属小学(现更名为江苏省淮阴师范学院第一附属小学,以下简称"一附小"),正式成为一名光荣的人民教师。

第二个要感谢的人就是于漪老师了。师范毕业前,我的班主任告诉我,中国基础教育界有几位大师级人物,比如于漪、霍懋征、斯霞、贾志敏……之后讲了每一个人的故事和成就,鼓励我们以大师为榜样,不断修炼自己,为中国的教育事业贡献自己的智慧和力量。这是我第一次听到于漪老师的名字。

到"一附小"工作的第二年,正遇上当地教育界关于语文属性的大讨论,大家觉得学习语文主要就是培养学生听、说、读、写的能力,因此语文的"工具属性"应是第一位的。不同的语文研讨场合,这个问题总会有不同的声音。对于我这个新教师来说,真是左右为难。

一次,在学校图书馆阅览,偶然间看到了于漪老师的一篇文章,于老师针对社会上片面注重语文学科工具性的认识,提出"弘扬人文"的教学主张。后来,在她推动下,"工具性与人文性统一"被写入国家《语文课程标准》,明确了语文学科的基本特点。现在看来,于老师当时对语文学科的性质定位是非常及时的,也是准确的,于老师及时纠正了教育界对语文学科属性的片面认识。至此,教育界关于语文学科属性问题的大讨论暂告一个段落,语文学科的育人价值得到了落实。这是我第一次认识于漪老师,并开始崇拜于漪老师。

随后,跟于老师有关的书籍我都会找机会看一看,虽然我是小学老师,她是中学老师,两个人的年龄相差近半个世纪,但对教育的挚爱却将我们的心紧紧地连在了一起。

2006年,我来到了百年老校——闵行区七宝镇明强小学工作。

我还记得2008年11月20日下午,闵行区教师进修学院五十周年院庆在上海市莘城学校报告厅举行,我有幸在院庆活动上执教一节作文指导课——《护蛋》。那天,会场里坐满了人,茫茫人海中,我一眼就认出了于漪老师。她坐在第一排,我既激动又紧张。大概是我和学生都没有经历过如此大的场面,课堂上,我有点紧张,这种情绪也影响了学生,学生也明显有点拘谨。这节课没有我试教的好,留下了一些遗憾。于漪老师在作报告之前,先点评了我的课,她给予了我充分的肯定和鼓励,我知道这是她对一位青年教师成长的殷殷期待。那是于漪老师第一次听我的课,评我的课,给我的语文教学作指导,我终身难忘。

我还清楚地记得,2013年12月13日下午,我又一次见到了仰慕已久的于漪老师。她应邀来到明强小学作《教育魅力》一书的读书辅导报告。

中午,于漪老师先参观了学校走廊文化、学科育人体验区、校史陈列室等场所,随后,明强语文骨干教师团队向于漪老师简单汇报了语文学科建设情况。于漪老师首先对一支有着82人的语文教研组团队表示惊讶,并对这一团队所取得的成绩表示祝贺,同时,她就进一步发展团队文化和青年教师成长中的烦恼进行了有效指导。

下午2时30分,在于漪老师亲自启动下,明强小学"幸福教师"工程之"走近大师"板块正式揭幕。于漪老师以"教育魅力"为主题,作了长达两个小时的辅导报告,从孔子讲到蔡元培,从还珠格格讲到周杰伦,生动鲜活的故事、简约凝练的语言,把现场每一个教师都深深地吸引了。报告精彩之处不时被教师的阵阵掌声打断,大家用心与心的对话,体悟着于漪老师的"一个肩膀挑着学生的现在,一个肩膀挑着国家的未来""今天的教育质量就是明天的国民素质""一把尺子量别人的长处,一把尺子量自己的不足""舍弃与宽容就是人生""敬畏生命""用生命在歌唱""教育是阳光底下永恒的事业"等名言的深刻哲理。老师们还利用这一难得的机会向于漪老师请教如何"一辈子学做老师"等问题,于漪老师一一作了回答。

"一辈子做老师,一辈子学做老师",于漪老师是这么说的,也是这么做的。那一天,是我从教以来最幸福的时刻,不仅仅是平生第一次近距离聆听于漪老师的教诲,更重要的是我明白了一个教师肩上担负的使命与责任。那一天,这一句话在我的脑海里从此烙下不可磨灭的印记,也成了我的座右铭。

2018年8月,我作为上海首批援疆教师参加教育部"援藏援疆万名教师支教计划",与闵行区45位教师代表一起赴新疆喀什地区泽普县,在泽普县第二小学开始了18个月的支教生涯。

出发前,我给自己定下两个目标,一是学习摄影,为援疆支教团队留下最美的回忆;二是把自己从教以来,学着做一名合格老师的实践、感悟整理成文,有一个阶段性的思考。于是,从2018年9月至2019年11月,在做好援疆支教工作的同时,我利用节假日、双休日,利用一切可以利用的时间梳理、反思,最终如期完成我学做教师成长笔记的书稿——《足音》。

返沪后,为了进一步提高书稿质量,又经过一年的反复修改,终于在2020

年岁末定稿。2021年1月上旬，在《上海教育》杂志原总编金正扬的引荐下，于漪老师欣然同意为此书题写书名，同时在曹行小学115周年校庆来临之际，为学校题写了校训——"今天永远是新起点"，更令我和曹小师生备受鼓舞。

回首走过的这一段路，一幕幕像放电影般浮现眼前，有让自己欣慰的教育故事，也有不够完美的教育经历。"学着做一名合格的老师"过程，感受颇多。

其一，作为一个教师首先要心中有爱。正如于漪老师说的，教育好学生就是教师工作的整个世界，教育事业是爱的事业，这种爱超越亲子之爱、友人之爱。师生之间无血缘关系，但教师对学生的爱寄托着祖国的期望、人民的嘱托。国家把培养接班人的希望交给我们，这是极大的信任；人民把家庭的未来交给我们教育，这同样是极大的信任。教师的双肩一头挑着学生的现在，一头挑着祖国的未来，这就是教师的责任和使命。

其二，教师要始终把育人放在首位，要成为学生的人生导师。于漪老师认为教育的本质是"育人"，在教育实践中必须"教文育人"，而要实现这一目标，就需提升教师自身的素养。俗话说，心中有明灯，育人先育己就是这个道理。一个人一旦选择了教师这个职业，就同时选择了高尚。首先要"知如泉涌"，而且要有伟大的人格力量。教师要努力成为学生喜欢的人生导师。

其三，教师要始终保持对教育的敏感和好奇心。教育是一门学问，教育学更是一门复杂而细腻的学问。智慧的教育者应该是敏感而机智的，他们会针对不同的情境、不同的孩子采用不同的行为。所以，教育就不只是老师向孩子传授知识，而是"成年人与孩子相处的一门学问"。教育者只有具备教育的敏感和机智，才能在当下的情境中把握住教育的时机，做出最有利于孩子发展的教育行为。但教育的敏感与机智没有现成的技巧和规则，需要教育者时刻保持开放性和敏感性，全身心地投入到对孩子世界的体验中，并从自己和他人的实践中不断反思，从而培养出即时的临场反应的能力，而这一切都以爱为基础。心中有爱，才会眼底有光，才能与孩子的体验正面相遇，才能营造出优雅和谐的教育情调。

或许，教育一直都不够完美，但我们必须为更好的教育用尽全力。

于漪老师说："如果下一辈子还叫我选择职业，我仍然选择这永远光辉灿烂、青枝绿叶的教育事业。"我亦会如此选择。

"亦余心之所善兮，虽九死其犹未悔。"精神有了归属，生命就有了意义。

目　　录

自序 …………………………………………………………… 1

第一编　"学做教师"的最初岁月

在"看"中学习

我的见习期 …………………………………………………… 3

"看"的过程也是学的过程 …………………………………… 7

养成好问的习惯 ……………………………………………… 10

及时记录上课后的感受 ……………………………………… 14

磨课的艰辛与快乐 …………………………………………… 18

"份内事"和"份外事"一样重要 …………………………… 22

永葆一颗童心 ………………………………………………… 25

参赛让我明晰了成长的方向和目标 ………………………… 28

在"读"中体验

专著与经典:孕育内驱力 …………………………………… 30

培训与考察:成就新自我 …………………………………… 33

主张与追求:引来活水流 …………………………………… 39

简单与轻松:打造大语义 …………………………………… 41

游戏与规则:遵循才出彩 …………………………………… 44

教材与学生:研读须并重 …………………………………… 47

碰撞与学导:提升学习力 …………………………………… 49

第二编 "上下求索"的难忘时刻

追求教学设计的智慧
  背教案备详案的初入期 …………………………… 55
  课堂导语方法探究 ………………………………… 57
  数字化教学手段运用的体悟 ……………………… 60
  抓好语文课堂教学的问题设计 …………………… 63
  体文悟情,享受语文之美 ………………………… 68
  把反思融入教学设计中 …………………………… 72
  初读感知就是第一印象 …………………………… 75
  只要生成都是教学资源 …………………………… 79

追求思维方式的智慧
  学习新理念,展现新风采 ………………………… 81
  尊重差异才有发展可能 …………………………… 84
  课前预习,培养独立思维习惯 …………………… 87
  品词析句,感悟价值取向 ………………………… 89
  巧用点拨,学科育人 ……………………………… 92

追求教学过程的智慧
  探索回归本真的古诗教学 ………………………… 95
  教会学生辩证地看世界 …………………………… 97
  基于学生生活的作文教学 ………………………… 99
  语文课堂教学节奏的控制 ………………………… 102
  学生语言实践的三原则 …………………………… 106

追求新基本功的智慧
  练好文本细读之功 ………………………………… 109
  掌握课堂转化之功 ………………………………… 114
  强化互动生成之功 ………………………………… 119
  巧用点拨回应之功 ………………………………… 124
  注重反思重建之功 ………………………………… 131

第三编　在学做"人类灵魂工程师"的日子里

坚守生命成长的本真

　　爱是一棵树摇动另一棵树 …………………………………… 137

　　教书育人就在细枝末节中 …………………………………… 140

　　让孩子的生日过得有意义 …………………………………… 143

　　戒指"风波"的处理与思考 …………………………………… 146

　　言传身教让孩童善性不灭 …………………………………… 149

　　每个学生都是老师的瑰宝 …………………………………… 154

滋养生命成长的底色

　　成长从学会承担责任开始 …………………………………… 157

　　在教育与自我教育中成长 …………………………………… 159

　　做一个言而有信的好老师 …………………………………… 161

　　看学生就如看镜子里的我 …………………………………… 166

　　诱惑面前师生的共同抉择 …………………………………… 169

　　学生们的举动超越了老师 …………………………………… 172

绽放生命成长的精彩

　　斐然成绩难盖成长之烦恼 …………………………………… 175

　　心理疏导解开认死理误区 …………………………………… 179

　　玩是孩子开启世界的钥匙 …………………………………… 183

　　今日事今日毕，小赖不可长 ………………………………… 186

　　我的班主任工作"三字经" …………………………………… 189

第四编　教育随笔

　　用真诚和师爱去感染学生 …………………………………… 195

　　小班化教育的"小"与"大" …………………………………… 198

　　团队力量是取胜的关键 ……………………………………… 203

　　重建课，重在思维品质重建 ………………………………… 207

　　提升援疆教研活动的品质 …………………………………… 210

相信和尊重是教育的起点 …………………………………… 214
个别辅导不是教师的专利 …………………………………… 216
精细化管理体现内涵发展 …………………………………… 218
中年级读写结合训练的实践与思考 ………………………… 220
立足"真、善、美",提高课堂教学实效 ……………………… 224
精神有了归属,生命就有了意义 …………………………… 228

后记 …………………………………………………………… 234

第一编

"学做教师"的最初岁月

  学习,是教师一切工作的源泉。人民教育家于漪老师曾饱含深情地说过:"与其说我做了一辈子教师,还不如说我一辈子学做教师,一辈子学做'人师'。"刚工作的新教师,初出茅庐,根底浅,知识薄,更应好好学做一个合格教师。学做教师,要"勤"字当头,不但要主动虚心向自己的导师和身边的老师学习请教,多看、多问、多读、多写,而且要力求在"看"中汲取营养,在"读"中体验其精华,从而不断积累教育教学经验,获得真知。

在"看"中学习

我的见习期

记得读师范的第二年,学校安排了为期一个月的见习。见习学校是徐溜乡中心小学——我的母校。五年的小学生涯留下了许多美好的回忆,不过此时的条件已经比我当时读小学的时候好了很多。在全镇许多爱心人士的捐赠下,低矮、破旧的瓦房变成了宽敞明亮的新教室,原先的泥操场周围也铺上了一圈黑色的煤渣(算是跑道)。校园里几条主要的道路铺成了水泥路,再也不是下雨天教室内外泥水一片,操场里面可以养鱼的景象。

见习期,我以听课为主,当时学校一共五个年级,每个年级2—3个班,语文老师一共10多人,其中还有几位是代课教师。(这些老师的父亲曾是徐溜乡中心小学的老师,退休后让儿子过来接班。经过简单培训后,在学校作为临时代课教师,虽然工资很低,但也算谋个生计。)

刚开始,老师们还是乐意我去听课的,因为他们希望我去听课的时候,能够给他们提些意见或改进建议。但是,对于刚读师范不久的我来说,从未进过课堂,也从未接受过指导课堂教学方面的培训,所以我不敢妄加评议。老师们见我对他们的课堂提供不了什么帮助,渐渐开始婉言拒绝我去听课。

没过多久,学校要迎接检查,需要进行环境布置,有的老师请我给他们写些标语,类似"勤奋、勇敢、求实、创新"的激励语,这些都是我在师范学校经常练习的内容,于是我欣然接受。我买来红纸、墨汁、毛笔,按照一定规格剪裁好,用学过的美术字——黑体大字,或是宋体大字为他们认真书写。当我将成品交给老师们的时候,他们非常感谢!因为他们中大多数人都没有接受过师范教育,根本不会写这样的美术字,我的到来算是"雪中送炭",解了他们燃眉之急。于是,找我的人越来越多,我的"人缘"越来越好,也越来越忙。后来,还有一些老师有急事请假,学校也会请我临时代课,对此,我欣然接受。乡下上课没有市区要求高,一般不会有人来听课。课堂上,我有时给学生上语文课,有时应学生要求教他们唱一唱当时的流行歌曲,有《大海》《水手》《朋友》《明天会更好》《大约在冬季》等。

尽管我是一个五音不全的人,但丝毫不影响学生学歌的热情。于是,我和学生的关系越来越好,我的课成了学生最喜欢的课。直至见习期结束后,我还会陆陆续续收到学生的来信,以及他们寄来的手工作品。在信中,他们也会索要我的绘画、素描等作品。对此,我一一给他们回信,并附上我的素描作品。那段时间,我也记不清画了多少幅国画、素描,感觉自己绘画兴趣越来越浓,绘画技艺也在长进。

和老师们关系拉近了,当我再次提出听课要求的时候,这些老师也不好拒绝,于是,我如期完成了见习任务。

到了师范的最后一年,我迎来了实习期,我班被安排在淮安市淮海路小学。

我们小组四人被分配在五(3)班实习,班主任是一位很有经验的老教师。这位老教师姓葛,五十出头,矮矮胖胖,说话做事干净利索。她在课堂上非常严肃,但课余时间却能跟学生"打成一片",是一位让学生又惧又爱的老师。我们当时一共有三人被安排跟着葛老师实习。日常听课是我们的一项"必修课",除了听葛老师的语文课,班队课、午会课我们也都会进去听。大家都想利

淮海路小学实习期留影(第二排左一为葛老师)

用这难得的时间多学点本领。葛老师也不见外,她把我们当作自己的孩子一样对待。(她有一个女儿,年龄和我们相仿,也正面临毕业。)所以,只要我们听课,她总是拿出最好的状态,我们也总是尽可能详细记录,回校后利用晚自习的时间细细品味消化。

葛老师的语文课细腻、扎实,严谨中带点诙谐,学生上课的注意力和思维被牢牢地吸引着。课堂上学生参与度高,思维活跃且有深度,师生之间经常开展有趣的互动。学生上她的课,没有开小差的,我们听她的课,无时无刻不被吸引着。

有一次,葛老师教学《落花生》一课,在讲文章最后一部分花生的"品格"时,葛老师问大家:"你是想做桃子、苹果、石榴那样的人,还是想做花生那样的人?"

一石激起千层浪,学生们的思维立刻打开。有的说:"我要做苹果那样的人,你看它高挂枝头,红彤彤、香喷喷的,多么惹人喜爱!"有的说:"我要做花生那样的人,它虽然其貌不扬,但是确实对人们有好处!"有的说:"我要做石榴那样的人,它虽然高挂枝头,相貌平平,可也是对人们有好处的。"

学生们滔滔不绝,各抒己见。葛老师对于孩子们的回答,没有肯定,也没有否定。她继续问学生:"文中作者的父亲,是希望我们做什么样的人?"这一问,让学生陷入沉思。经过短暂的沉默后,有的学生说:"父亲是希望我们做像花生那样的人,因为父亲说,'所以你们要像花生,它虽然不好看,可是很有用'。"还有的学生说:"'母亲也点点头',看出母亲也同意父亲的观点,也希望我们做像花生一样的人。"

葛老师笑着继续追问:"为什么父亲希望我们做花生那样的人呢?"大家又开始了激烈的讨论。最后,大家明白了,父亲之所以希望我们做像花生那样的人,就是希望我们能成为一个有用的人。末了,葛老师在学生交流的基础上又带着大家把文章的最后几节读了读。学生的理解深刻了,朗读也更投入,情感的体悟也更丰富。

这一堂课,让我知道了要善于抓住课文中的语言去品味、去分析,而不能随心所欲——"脚踩西瓜皮,想到哪说到哪!"教师要及时对学生的思维进行剖析、引导,教给学生读书的方法、思考的方法、分析的方法。学生只有掌握了方法,才不会"天南海北"瞎扯。

当前,我国基础教育中课堂教学的价值观,需要从单一传递教科书上呈现的知识,转为培养能在当代社会中实现主动、健康发展的一代新人。教师通过"教书"实现"育人",课堂上,教师充分挖掘学科育人资源,实现课堂教学的育人价值指向学生对己、对事、对他人、对群体等方面的情感体验的健康和丰富,以及情感控制能力的发展。

短短几个月的实习,让我对备课、上课、作业布置与辅导等都有了较深入的了解。也让我初尝了学校教育的"味道",为我从一个"学生"转变为一位"教师"打下了扎实的基础。

"看"的过程也是学的过程

1994年8月,我迎来了人生第一个重要节点——如愿进入江苏省淮阴师范学校附属小学(现为淮阴师范学院第一附属小学,以下简称"一附小"),成为一名光荣的"一附小"教师。

淮阴师范学院第一附属小学创建于1959年,坐落于风光秀丽的古黄河畔,是江苏省首批实验小学、省模范学校、江苏省文明单位、全国现代教育技术实验学校和全国新媒体新技术应用"卓越学校"。学校秉承"求真"校训,积极构建"求真"文化。这里是名师的摇篮,短短60多年的历史,培养了20多位省内外知名特级教师。

在江苏省淮阴师范学校附属小学校门口留影

进入这样一所学校工作,觉得自己就像掉进了蜜罐子一样,格外兴奋。当我走在校园里,看到每一位老师,都觉得他们身上充满了智慧。从那时起,我就下定决心,要抓住一切机会向身边的人学习,努力工作,让自己快快成长起来。

"一附小"非常关心青年教师成长,多年来已形成"传、帮、带"的良好传统。刚开学不久,学校便为我们这批新教师每人配备了一名带教老师,我也有幸成为吴玉兵老师的徒弟。

工作第一年,学校安排我教五(5)班(江苏小学一般为六年制)。刚工作就教高年级,我倍感压力。师傅吴玉兵老师当时除了任教五年级一个班的语文并担任班主任外,他还是语文备课组长,所以平时特别忙。

我时常提醒自己,要处处留心,多看看师傅是怎么做的。于是,每次走过吴老师的教室门前,都会有意地看一看他们班的情况。看他们班早读的内容、形式,看课堂上学生的坐姿、发言,看学生大扫除的状态,等等。这段时间,通过看,确实学到了不少我一个新教师不知道的本领。

比如早读,原先都由我带着学生读,或是临时抽学生上台领读,但一旦有事,临时离开,教室便会"群龙无首",乱作一团。在"看"的过程中,我逐渐发现了其中的奥妙,领读的学生一般都是能力比较强的,能够管理好班级秩序。于是,我也开始像吴老师一样,每周安排"值日班干",一开始规定内容,到后面渐渐放手,任由"值日班干"组织发挥。渐渐地,我班的早读也开始像吴老师班一样有序了。

班级卫生是一项重要且日常化的工作。那时,少先队大队部每周都会不定时检查班级卫生,并将结果公布在校园的橱窗里,一周评比一次。当时,每个班的老师和学生都很重视。每到周一升旗仪式宣布结果的时候,获得"流动红旗"的班级总是一阵又一阵欢呼,那场景就像中了大奖似的。毕竟老师之间除了合作也是互相竞赛的,特别是新教师。

因此,搞好班级卫生,对我们这些新教师来说既是一项常规工作,也是一项挑战。经过观察,我发现,吴老师班级每天教室的地上都是干干净净,班级每天下午的卫生打扫更是井井有条,每周一次的大扫除他很少操心,一切就像是自动化似的。而我每天还在为打扫卫生的事情发愁,虽然我每天也安排了值日生,但是值日生不到位,或是打扫不干净的情况经常发生。我想去向吴老师请教,但是又感觉连这种事情都要问,觉得自己很没面子。于是,刚开学的那一周,我用心观察,发现吴老师班级黑板的一角上有专门的当天值日安排,有擦黑板的、扫地的、倒垃圾的,还有"值日班干",等等。有了这些安排,再安排督查的同学,这样,班级的卫生工作就能落到实处。

当时，除了经常看师傅吴老师的做法，我还常向自己的搭班老师、年级的其他老师学习，他们每项工作都会有自己的一套做法。

比如，我班的数学老师有一条规定——每一个同学上课的时候都要举手，会的举左手，不会的举右手。所以他的课上，没有一个开小差的同学，整堂课的教学效率很高。老师在课堂教学的过程中也及时了解了学生的学习效果。如果遇到有不少同学都没能掌握知识点，他会及时调整教学的节奏和方法，直到学生基本都会了为止。

再比如，体育老师整队的时候，经常采用小组竞赛的方法，站得最快、最整齐、最安静的队伍常常是有奖励的。久而久之，学生们每到体育课站队，都是最积极、最认真的时候，不但队伍站得整齐、安静，而且从四楼一直到操场也都秩序井然。这样的站队方式也启发我在学生做操、集会上动脑筋，想方法，让简单的集队也变成学生喜爱的一项活动。

"一附小"的操场比较小，一圈只有 250 米，每一次出操的时候，都是矮个在前，高个在后，各班的队伍进入操场后，顺着地上事先点好的白点往前走，走到自己的位置，再站到白点上去。这样既不整齐，也耽误时间。在反复观看之后，我想出了一种出操的方法，将原先的高矮顺序对调，改为高个在前，矮个在后，队伍由高个排头带着进场，顺着白点一直往前走，到达自己的站位后，踩着运动员进行曲的节奏有顺序地转身，一个八拍刚好转 180 度，前一个同学转 90 度的时候，后面一个同学接着转。就这样，一个接着一个向后转，像波浪一样，煞是好看，学生们也很喜欢。在经过几次训练以后，大家很快就能掌握要领。第二天出操的时候，我们班采用了新式的进场方法，引起了极大的反响，很多老师都觉得这是创举，既整齐，又好看。后来，学校体育组采用了我们班的这种进场方式，一直延续到现在。

在"一附小"工作一段时间后，我渐渐地感到，无论走到哪里，大家一听说是"一附小"的老师，都特别尊重。我想，这也许就是名校的品牌效应。这也更加激发了我做好一名"一附小"教师的决心和信心。

养成好问的习惯

刚毕业的新教师，哪怕在学校每门功课都是"优"，当踏上新岗位，面对几十张稚嫩、可爱的面庞，你也可能会一时手足无措，不知道工作该如何开展。

对新教师而言，日常教育教学中，除了要"看"周围的老师是怎么做的，还要有勤"问"的勇气与习惯。现在，刚毕业的新教师，有的是本科学历，还有不少都是硕士研究生。师傅和身边的老师都把他们看作"高材生"，一般你不问，他们也不会主动谈自己的经验和做法，因为他们根本不清楚你到底需要什么指导。

进入"一附小"后，经过一段时间的观察、学习、实践，我已逐渐胜任班主任工作，基本做到了学校提出的"一年胜任、两年适应、三年成才"的第一年的目标。但是，随着工作的推进，仍感觉自己还有诸多地方需要学习。

比如，课堂上如何有效地设计教学，提高学生学习的兴趣和效率？班级工作如何进一步发挥班干部的作用，进行自主管理？如何让优秀的学生"吃得好"，中间的学生"吃得饱"，后进生"吃得了"？……许多问题常常萦绕在我的脑海中。我常常翻开师范学校里的书本，希望能在书上找到答案，但往往不能如己所愿。于是，在实践中学习、在实践中提高成为我对自己的新要求。而缩短这个过程的最好办法就是主动向身边的人请教。

有一天晚上，我离开学校的时候，天已经快黑了。经过操场边，正好看到我的师傅吴玉兵老师在操场的水龙头边淘米。这真是个千载难逢的好机会！我犹豫了一下，鼓起勇气，快步走过去，和吴老师打招呼，然后说出了我心中近期的疑惑。

吴老师微笑着、认真地回答我的疑惑，他结合自己的工作经验娓娓道来。淘好米，吴老师端着盆往回走的时候，我仍缠着他，希望学得多点，再多点。边听边走，不知不觉来到了教学楼下的楼梯口，只见楼梯边上一间小屋里亮着灯，他的爱人正在炒菜。

啊！就住在这样的地方，我有点惊讶。楼梯间很小，走下台阶有一个不大的空间，在楼梯的下面支个架子，摆上锅，就是厨房。里面的一间面积更小，透过门，看到一张床已经占据了大部分空间，那是卧室。人走进去连腰也直不起来。

后来，我知道学校因为住房紧张，有几位老师就暂时住在学校的楼梯间里过渡。"一附小"的老师就是有这样一股韧劲和精神，他们从不将苦和累挂在嘴上，总是竭尽全力地做好每一件事。

淮阴师范附小99届毕业班全体教师合影(最后一排左一为吴玉兵老师)

那天，是我第一次向吴老师请教，他极耐心、细致地回答我提出的每一个问题。在回去的路上，我的脑海里一遍又一遍地浮现吴老师说过的话。

——他告诉我，班级管理，班主任要善于培养一支得力的班干队伍，要做好"班干"开展工作的过程指导和威信树立。班主任自身也要成为学生的榜样，要说到做到，不要失信于学生。

——他告诉我，新教师在备课的时候，要反复研读教材，吃透教材，准确把握教材重难点，写好教学环节之间的过渡语。

——他告诉我,教师课堂上要善于"察言观色",特别要注意观察学生的眼睛,学生的眼睛会"说话",他会告诉你他听懂了没有,学会了没有。

——他还告诉我,每节课上完以后,要及时记录这节课自己认为好的地方以及还需改进的地方。好的地方下一节课要发扬,有问题下一节课要努力改进。

……………

那天,我回到家的第一件事,就是将吴老师传授给我的经验记录下来;那天,是我进入"一附小"以来最难忘的一天。因为我学到了许多书本上学不到的知识,得到了吴老师无微不至的指导。从那天起,我也暗下决心,要认真做好身边的每一件事,不断超越自己。

日常生活中,我们在学校里经常会碰到各种问题,这些问题师范学校里的书本上往往没有答案。作为新教师,就是要放低姿态,虚心求教,学习身边老师好的实践方法,让自己少走弯路。

我刚工作的第一年,数学搭班是学校的政教主任——浦老师。他平时行政事务多,经常出差、开会,或是要迎接检查等,特别忙。有时三天的数学课集中在一个上午上完,但是班级学生的数学成绩一点都不差。问起他的"秘诀",他说,上课很重要,要注意看每一个人的课堂状态,发现有开小差的,要及时提醒。课堂上要精讲多练,做题的过程中发现问题,然后再有针对性地讲解。还要设计不同梯度的作业,让不同层次的学生都能学有所获……

工作的第二年,数学搭班是一位有着多年从教经验的老教师——顾老师。她虽临近退休,但依然精神矍铄,身子板硬朗,每天步行上下班,坚持了30年。跟她在一起,你会发现,顾老师的精力永远是那样充沛,仿佛浑身有使不完的劲。她的教学风格和蒲老师完全两样。课堂上,她的嗓门有时特别大,有时又特别小,没有一个学生做小动作、开小差。课堂上,她的嘴里还时不时地蹦出各种各样的歇后语。例如"猪肉汤洗脸——昏头昏脑""和尚头上捉虱子——明摆着""白骨精遇上孙悟空——原形毕露"……顾老师的歇后语仿佛永远也说不完,而且还能结合具体的情境使用得恰到好处,有时逗得学生哄堂大笑,有时吓得学生大气不敢喘,有时又留给学生思考的空间。

当时,班级里有不少学生的家长都曾是顾老师的学生,所以,每当孩子犯了错,家长来校的时候,常常是家长和孩子一起被顾老师劈头盖脸地批评一通。孩子吓得不敢说话,家长则在一边不住地点头,赔不是。我最佩服的是顾

与实习学生合影（后排左二为顾老师）

老师对孩子的脾气、秉性了如指掌，处理事情干脆果断。有一次，一个女孩被顾老师批评得急了，往地上一躺，满地打滚，号啕大哭。我是班主任，看到当时的情景，一时不知所措。没想到顾老师突然笑着说："你好！校长！"刚说完，躺在地上的女孩哭声戛然而止，"噌"地从地上站起来，抹掉眼泪，向四周察看。看到眼前这一幕，我既好气，又想笑，心里暗暗佩服顾老师。事后，我问顾老师："为何你一说校长来了她就爬起来了？"顾老师笑着说："孩子都怕校长，当年她爸也是这个样。"

这就是一个老教师的智慧，他们的智慧来源于对每一个孩子、每一个家庭的准确了解，在工作中，对症下药，让问题迎刃而解。从那以后，很少听到那位女孩被批评时满地打滚、又哭又闹的现象。顾老师也给我的班主任工作上了生动的一课。

及时记录上课后的感受

我 1994 年刚工作的时候,电脑还没有普及,备课都是手写。备课笔记的后面有一栏——"教后札记",专门用于教师记录上课的点点滴滴。

工作的第二年,学校教师的住宿条件已经有所改善,我和几个刚毕业不久的青年教师一起住到了学校大门边上的宿舍楼里。

"一附小"的研究氛围很浓厚,特别是年轻人。晚上,校园里总会有一两间教师办公室或是教室亮着灯。这些青年教师,或是在准备第二天的课,或是在看书学习。

后来,我也渐渐习惯到教室去办公了。我的教室在一楼,刚开学的九月份正是"秋老虎"肆虐的时候,不但天气热,而且蚊子多,但我依旧坚持。备好课,在教室试讲一遍,板书写一遍,但做得最多的可能就是写当天的"教后札记"。

教后札记是学校备课要检查的一项内容,作为新教师,我丝毫不敢懈怠。写之前,我总先看一看自己课后记录的当天语文课的优缺点,然后找一个"切入口"展开写。

记得师范毕业前,我的班主任孟志荣老师经常写文章向报纸杂志投稿,因为电脑还没有普及,所以每到周末他常常叫班级几个字写得好的同学去帮他誊抄论文。500 字的方格稿纸,两张纸之间夹一张深蓝色的复印纸,一次插两张,誊抄一次就有三份稿件。

我当时也主动报名参加,因为班级实行积分制,规定低于 60 分不让毕业(多年以后,孟老师告诉大家,当时也是吓唬大家,怕大家在读师范期间犯错误),大家都千方百计地想办法做好事加分。于是,一到双休日,我便成了孟老师家的常客。我当时算是抄得比较多的,一到饭点,就在老师家吃饭。

孟老师思维缜密,语言丰富,写文章常常一气呵成,极少修改。我有时一天要替孟老师抄上好几篇论文,抄得颈酸背痛,手指僵硬。但是,在抄文章的过程中,我渐渐地悟出了写文章的一些"套路"。有时真是这样,一些不经意间的事却会让你一生受用。

现在,我开始写自己教育教学中发生的故事,便不觉是件难事。每天晚上写教后札记的时候,有时抓住自己课堂的优点去写,有时分析存在的问题,有时针对学生课堂上的提问反思自己的课堂表现。

记得有一次,我在教学《中国石》一课的时候,课堂上,学生问:"为什么作者没有发现'中国石'?"是呀,作者就是专门出去找石头的,为什么作者没有发现呢?那天课堂上,当学生提出这个问题,我一时不知如何回答,备课的时候,我压根就没有想过这个问题。所以,我把问题又抛给了学生。我问学生:"你们觉得为什么呢?"同学们开始饶有兴致地讨论起来。有的说,一场春雨过后,裸露在黄沙上的石头很多,作者可能只顾捡,没有来得及细看石头的形状,因此没有发现"中国石"。有的说,石头上有的地方沾满了黄沙,没有洗净之前不容易看出来。还有的说,小姑娘是个细心的人,洗石的时候,她一边洗,一边仔细观察,这块像什么,那块像什么,且对祖国的版图非常熟悉,因此"中国石"被小姑娘发现了。

那天晚上,我将自己课堂上的这一个小小的细节处理整理了下来,并向当时淮安市《小学生学习报》投稿,没想到被录用刊登了,让我兴奋了好几天。这也更激发了我写好教后札记的兴趣。从那以后,每一篇教后札记我都当作一个案例来写,写教学的闪光点与不足,写自己的思考,写自己的创新与发现。后来接连几篇文章在《小学生学习报》和《淮安教育》上发表,这件事也引起了报社主编的关注。有一次,他碰到我们的教科室主任询问关于我的情况,当得知我是一位刚工作的新老师时,给予了充分的肯定和赞扬。

后来,原淮安市教委教研室主任、江苏省特级教师臧永年退休后被"一附小"返聘,担任学校语文教学顾问,指导和培养学校青年教师,我也荣幸地被选入这支队伍之中。加入了这个团队,我的视野更加宽广,我的学习和研究的热情更高了。

记得有一次,我教学《聪明的牧童》一课。课文主要讲一位国王问了牧童三个问题,如果这个牧童的回答令国王满意,国王就请牧童到王宫里来居住,结果牧童一一巧妙回答,国王不得不兑现自己的承诺。

学完了课文,我问学生:"你觉得牧童这三个问题回答得巧妙吗?"我本以为学生会说:这个牧童真聪明,他的回答很巧妙,我真佩服他。可是学生的回答出乎我的意料。

一向很有思想的小刘第一个站了起来，表达了自己的看法："我觉得这个牧童的回答一点也不巧妙，如果是我，我会这样回答。比如第一个问题，我会说：'国王陛下，要知道海洋里有多少滴水，那要看这滴水有多大，如果是这么大（他一边说一边用手比画着），那么就跟王宫里所有人的头发一样多。如果是这么大（他又用手夸张地比画着），那么又不一样了。所以关键要看这滴水有多大。'"

他的发言还没有结束，其他的学生早已在下面按捺不住了。这时，一个学生站起来，振振有词地说："老师，我觉得第二个问题牧童回答得一点也不好，我还有更妙的回答：天上的星星跟您头上的头发一样多。因为国王也不知道自己的头上到底有多少头发。"又一个同学站了起来说："我也可以这样回答：国王陛下，如果您想知道天上的星星有多少颗，就请去数一数海边的鹅卵石吧。"

面对学生的各种回答，我充分地肯定了他们的爱动脑筋，接着，我又进一步引导学生："你觉得你们的回答跟牧童的回答有什么不同？又有什么相同的地方吗？"这一问，教室里一下子安静下来，学生也许没想到老师会这样问。还是小刘第一个站了起来，他有点不好意思地说："其实，我们的回答和牧童的回答本质上是一样的，都是受到了牧童的启发。""有的回答都是以前在书上看到的，并不是自己想出来的！"又一个同学不服气地站起来说。

我见时机已到，笑着对大家说："同学们，你们都和牧童一样聪明！聪明的牧童靠自己的智慧赢得了胜利，相信你们生活中也一定可以做到。"

这节课留给了我很多的思考。

首先，教师能对课堂生成的资源进行及时捕捉。可以看得出，课堂上，学生已经被课文的情节深深地吸引了，但缺少深入思考。教师在学生的回答之后，让学生比较牧童的回答和大家的回答有什么异同，学生便会进行高阶思维。事实上，国王问的三个问题，可以说是无法找到答案的，但是小牧童也用了同样的思维方式巧妙地回答了国王的三个问题。从这一点上讲，大家的回答和牧童的回答思路都是相同的。因此，无论同学们说出多少种问题的回答方式，毫无疑问，其前提都是建立在牧童智慧的回答基础之上，是牧童回答的自然延伸、拓展，体现的只是思维的广度，缺少思维的深度。

其次，文本的价值取向没有达到强化、落实。从该节课的内容上看，应该要学习牧童爱动脑筋、智慧做事的良好品质。但是，学生在课堂上更多的是否定,表达了不一样的看法。教学过程中,教师要引导学生在感悟文本的过程中,受到启发,提高认识,有所收获。

最后,关于教师作用的再认识。无论怎么理解教学过程,教师的主导作用是不容忽视的。"主导"二字在词典里的解释为:"主要的并且引导事物向某方面发展的。"我以为,课堂上,教师的"主导作用"主要体现在以下几个方面:

引。课堂伊始,教师要设法激发学生的兴趣,调动学生的积极性、主动性,使学生兴趣盎然地学习。

导。课堂上,教师要注重学习方法的渗透,有效地进行教学的调控。

放。学生是学习的主人,教师在课堂上要大胆而科学地放手让学生自主学习,增加学生的学习体验。

收。学生的学习效果教师要进行积极的反馈,及时进行资源、信息的回收、整合,为进一步地"放"做铺垫。

提。教材的内容如何转化为学生学习的内容,学生的认知、情感、态度的发展如何获得质的飞跃,教师在学生的朗读、感悟、理解、表达诸多过程中有效地帮助学生提升,这有着重要的作用。

及时记录上课后的点滴感受,既是反思自己的课堂教学行为,为后续课堂教学的改进和提高打下基础,更是一次自我积累、自我提升的过程。

磨课的艰辛与快乐

"一附小"有一项不成文的规定，凡是出去上课，回来都要上汇报课。所谓汇报课，就是把自己外出听的课，回来向全校老师再"照葫芦画瓢"地上一遍，叫作"拷贝不走样"。

现成的教案，现成的课件，看似简单，但是，对我们这些刚毕业的青年教师来说颇具挑战性。

首先，就是要熟悉教案。课不是自己备的，对于执教老师的教学思路、教法以及对教材的分析与解读等，都要从头开始。

其次，这些教案往往是简案，有些环节教案的呈现和课堂实际相差甚远，还需要结合自己的听课记录进行完善。

记得有一次在镇江听课，一行几个人回来后每人负责上一节汇报课。我的任务是"拷贝《圆明园的毁灭》"，可真是愁坏我了。我一边整理听课的笔记，一边研究教材以及执教老师的教案，梳理教学的思路和教法设计，同时，还要仔细分析自己班级的"学情"，思考教学设计的环节学生能否达到预期的学习效果。就这样，在试教的基础上，我基本做到了"形似"。后来在指导老师的帮助下，针对我班学生的特点，我对个别环节做了微调，再次教学的时候，基本做到了在保留框架的基础上，体现了校本特色、班本特色、个人特色（原执教教师是女教师），"拷贝不走样"达到了预期效果，既保留了原执教教师教学设计的指导思想，又体现了我的新理解和新创造。

1997年年底，学校接到通知，江苏省第八次苏教版教材培训将于1998年5月在"一附小"举行，学校让我承担一节高年级语文阅读课教学任务。这一年，是我工作的第三年。也许是学校给我压担子吧，对我来说，这是一项既光荣又艰巨的任务。为了做好这一次活动，学校专门成立工作小组，其中，由臧永年（特级教师，原淮安市教委教研室主任）老师具体负责我的这节课。于是，漫长的准备工作由此拉开序幕。

首先是选课。我结合臧老师的意见，根据活动的时间、教学的进度以及我的个人喜好，决定执教《烟台的海》。可是，这一课要上两课时，我该上哪一课时呢？当时，臧老师建议执教第一课时，因为苏教版开课，几乎无人执教第一课时，第一课时究竟怎样上？教什么？怎么教？教到什么程度？和第二课时如何对接等，有许多值得研究的地方。臧老师说，我们可以在第一课时上做点研究。

选好了课，大家开始一起研究教材。臧老师让我先独立解读教材，然后一起讨论。我在反复读文的基础上，基本按照《教师教学参考用书》对课文作了解读。

《烟台的海》是一篇五年级课文，作者孙为刚。课文生动地描写了烟台的海一年四季的不同特点：冬日的凝重，春日的轻盈，夏日的浪漫，秋日的高远。还描写了在大海的背景下，烟台人的劳动与生活，激发人们热爱大自然、热爱劳动、热爱生活的情感。

文章共六个自然段，可以分成三个部分来理解。第一部分是第1自然段，交代烟台的地理特点，总写烟台有独特的海上奇观。第二部分是第2—5自然段，具体写烟台的海一年四季的不同特点和烟台人民的生活情景。这部分分四个层次写了冬天、春天、夏天、秋天烟台的海。第三部分是第6自然段，赞颂烟台的海和烟台人民。课文第二部分着重为我们展示了烟台海的绮丽与壮观，以及烟台人的勤劳、能干。这是课文的重点，也是教学的重点。

课文多处运用比喻、拟人的修辞方法，将烟台的海一年四季的景象分别赋予不同的性格。文中有许多描写生动的语句，如："小山似的涌浪像千万头暴怒的狮子，从北边的天际前赴后继、锲而不舍地扑向堤岸，溅起数丈高的浪花，发出雷鸣般的轰响，有时竟把岸边数百斤重的石凳掀到十几米远的马路中央。""微波泛起，一道道白色的浪花从北边遥远的地平线嬉笑着追逐着奔向岸边，刚一触摸到岸边的礁石、沙滩，又害羞似的退了回去，然后又扑了上来，像个顽皮的孩子。"

我自认为经过这样的分析已经比较全面，没想到在一起交流的时候，臧老师问我：

"'春天是播种的季节，大海也不例外。脱去冬装的渔民们驾船驶过平静的海面，到养殖区去播下希望的种苗，期待着收获的季节。'这一句中的'播种'和'种苗'两个词中，'种'分别读什么音？"

"课文介绍了烟台的海一年四季的景象,为什么不按春、夏、秋、冬的顺序写,而是首先写冬天?"

"你觉得课文中哪些句子学生读起来会有困难?"

…………

臧老师一口气问了我好几个问题,我一下子懵了,觉得自己对教材的解读仅仅是浮于表面,并未真正走进文本。在臧老师的带领下,我们从课文的字、词、句、段,再到文章的谋篇布局、表达方法、思想感情等,逐一进行深度解读。经过集体解读,文章的脉络结构、行文思路等逐渐清晰起来,我的信心也逐渐增强,上课的底气也足了。

1998 年 5 月,在江苏省第八次苏教版教材培训活动上执教《烟台的海》

经过几次试教,教案逐渐定稿。到了 12 月份,我跟随淮安市教研室教研员杨献荣老师、"一附小"王一军副校长等一行四人来到南京苏教版教材编写组,参加此次苏教版教材培训活动的预备会。出席这次会议的有苏教版教材副主编、省教研室小语教研员李亮,有执教任务的省市教研员、执教老师,同时还邀请了苏教版教材的一些专家,大家对"苏教版教材阅读教学第八次教材培训活动"的内容安排、执教课型以及会务等方面做了深入的交流和研讨,让我受益匪浅。

回淮安后，我就开始着手教学课件的准备。当时学校里电脑还没有普及且已经放寒假，学校能够制作动态的、较为复杂课件的教师少之又少。为了我开学前完成课件的制作，由学校出面，请淮安市电教馆陈老师亲自为我制作课件。我的后顾之忧顿时解决。

对于我这样一个教师队伍里的新兵，在课件制作的过程中，我不断地根据教学的需要对课件作微调，而陈老师总是不厌其烦地为我修改。在一起参与课件制作的过程中，我深深地感受到，制作课件的过程是非常辛苦的，哪怕一个小小的环节，可能也需要搞上大半天才能满意。但是，陈老师从无怨言，总是笑眯眯的，他的默默支持给了我莫大的鼓励和信心，我下定决心一定要把这节课上好。那时已临近春节，正是最忙的时候，家家户户都在置办年货。屋外寒风呼啸，冷得刺骨，屋内的我却感到无比温暖。此时此刻，我真正体会到什么是幸福！

经过大约一个星期的制作、修改和完善，我终于在过年前完成了课件的制作。

磨课的过程是艰辛的，既磨了课，也磨了人的意志。磨课的过程也是幸福的，既让我感受到团队的力量，也让我体验成长的快乐。

"份内事"和"份外事"一样重要

　　日常工作中,我们常常在做好自己教育教学工作的同时,还会承担一些本职工作以外的事情。在情况允许的时候,我总是尽可能地承担下来,在做的过程中,既锻炼了自己,也收获了友谊。

　　那时候,我除了任教一个班的语文,担任班主任以外,还兼任了五年级备课组长、团支部组织委员,后来又担任学校的大队辅导员,每天总有做不完的事。我很喜欢摄影,但是自己只有一台傻瓜相机,远不能满足我的摄影需求。学校每次搞活动,摄影摄像人手不够的时候,我总会主动报名,帮忙拍一拍、录一录,一是可以借机熟悉摄影摄像设备,二是可以向电教组的老师学些技术。没想到,时间长了,我的技术提高很快。学校每次有大活动,电教组人手不够的时候,总会想到我,我也总会欣然接受。这样,一来二去,不但拍照的技术在提高,录像的水平也得到了电教组老师的肯定。多年以后,我有了一台属于自己的佳能单反相机,成了全家人的"摄影师"。

　　记得刚做班主任的时候,最先面对的就是班级的文化布置。"一附小"是一个藏龙卧虎的地方,有很多班级的宣传栏都是教师亲手制作的,有用毛笔书写的各类宣传标语,还有种类多样的画作,例如国画、水彩画、油画等。无论是字,还是画,都令人赏心悦目。虽然"三字一画"是老师的基本功,我在学校的时候也苦练过,但和这些老师的字画比起来,仍然有差距。可我还是坚持自己写,也是为学生做个榜样。于是,班级的两面墙都挂上了我的书法"作品"。没想到的是,隔壁几位老教师从门前经过的时候看到了,她们羡慕不已,主动找到我,让我帮她们班级也写几幅字,还把宣纸拿到了我的面前,实在是盛情难却。她们哪里知道,我为了写这几幅字,不知道练了多少遍。

　　晚上到家,吃完饭,备好课,就开始为几位老教师写布置教室的名言,反复练习,最后成稿,我也还算满意。第二天手捧作品交给她们的时候,没想到她们大为欣赏,赞不绝口,倒是让我有点难为情。她们马上将我的作品挂上墙。

看着我的作品,心里还真萌生了一点小激动、小骄傲。令我没想到的是,第二天,又有几位老师带着宣纸主动找上门,让我也为她们的班级写几幅字。大概是原先的几位老教师在组室宣传的缘故。没办法,我只能一一满足。第二天,将作品交给她们,获得的又是赞美之词。时间久了,我为老师们写的也越来越多,在写的过程中,我不但感觉字在进步,自信心也更强了,我和大家的关系也在发生微妙的变化,渐渐地得到了大家的认可。还有的老师给我编了一句顺口溜:"一表人才!一手好字!一口流利的普通话!一支好笔杆!"

当时学校的青年人很多,大家平时没事的时候,总喜欢在寝室里写写画画,渐渐形成一种氛围。有一次,学校的音乐曹老师要面向全省执教一节音乐公开课,需要美化音乐教室,设计几块体现大森林的背景画。因为时间紧,学校安排了几位美术老师后,又请到了我。虽然我在师范学校的时候学过绘画,可是要在几米长、几米宽的画板上作画还是第一次,但这项颇具挑战性的任务,我还是决定试一试。

那天放学后,我和几个美术老师一起留下,在美术室里,我们每人认领一块画板,构思、打框架、描轮廓、着色……就这样,大家一直忙到了凌晨两点,总算完工。在我的眼前,是一片美丽而宁静的大森林,到处鸟语花香。一棵茂盛的大树下,一只调皮、可爱的猴子正在和一群小动物捉迷藏,好一派欢乐的景象,我陶醉其中。再看看其他几位老师的作品,有的画的是大森林里一片宁静

在绘画中

的湖泊,有的画的是森林里碧绿的草地,有的画的是森林里淙淙流淌的小溪……每一幅画都美不胜收。我的画也得到了专业美术老师的认可和赞美,心里充满了成就感。

下楼的时候,发现楼道的铁门锁了,出不去了。喊保安吧,夜深人静,有点扰民,而且,教学楼离大门口的保安室还有很长一段距离,即使喊了,保安也未必能听到。怎么办?总不可能在教室待一夜吧,那时已是深秋,晚上还是有点凉的。

我们来到两楼的连廊处,借着月光,发现两幢楼之间的连廊外有根水管,于是大家攀着水管下到了一楼,来到大门口,叫醒门卫。门卫一脸的惊讶,我们就这样出了校门。

第二天,当我再次从音乐教室门前经过的时候,音乐教室已经完全大变样。几幅硕大的版画已经上墙,音乐教室俨然成了一个美丽的大森林。一个班的孩子正在里面上课,他们和往日在里面上课完全不同,一个个是那样投入,那样快乐,他们就像森林里的一群精灵,唱歌的声音真动听。

我由衷地感叹,环境真的可以改变人。不但改变了孩子,也改变了我。

永葆一颗童心

作为一名一线的语文老师,我时常在想,如何做一名合格的语文老师?如何成为一名学生喜欢的语文老师?

当今社会,人们变得越来越浮躁,拜金主义、功利主义、享乐主义等思想盛行,无形当中也影响着学校教育。最纯洁的孩子们在和成人的耳濡目染的接触中,也或多或少受到影响。有人说,教育是一项神圣的事业。的确,作为孩子的老师,要担负起孩子的教育重任,必须永葆人民教师本色,不随波逐流,永葆一颗童心,始终用一种真纯的眼光看世界,看身边的人和事。而充满好奇心与求知欲,保持童心未泯的状态,既能洗涤自己,也能照亮身边的每一个学生。

首先,我觉得教师要永葆一颗童心。要走进孩子们的世界,与孩子们一同学习,一同游戏,一起去体验不一样的世界。孩子们渴望玩和游戏,教师要理解孩子,做孩子的玩伴,引导孩子们在玩中学。

每年冬季,学校都会举行跳绳、踢毽子、两人三足、接力跑等小型多样的体育比赛。比赛前,校园里常常一派热闹的景象。走廊上、操场上随处可见三五成群的学生。为了迎接比赛,这些小家伙个个卖力地练着,可效果常不尽如人意。这些体育项目也是我小时候经常玩的,跳绳和踢毽子更是我的强项。每每看到走廊上那些只踢上一两个的孩子,我都会走过去,拿起毽子示范一下。此时,孩子们总是投来惊异的目光。在她们眼里踢毽子仿佛是女孩子才会做的事。可是,当我抛起毽子,正踢、反踢、盘踢、拐踢、磕踢、交叉踢……各种花样踢法展现在她们眼前的时候,她们总是既惊讶又惊叹。每次我示范踢毽子都会引来众多人围观,然后掌声雷动。那场面,我俨然是一个"明星",她们成了"追星族"。看着她们羡慕的眼神,我再告诉她们一些踢毽子的技巧,她们常常听得特别专心。结束后,一些毽子踢得好一点的同学不甘示弱,还主动要和我比赛,我也常常接受挑战,目的是让她们在比赛中感受团队合作,团队成员相互鼓励、支持的重要性。

一起学习,一起玩乐,拉近了我和学生之间的距离,学生也渐渐开始向我吐露心声,我也有了深入地了解班级、了解学生的机会。

其次,教师心中要始终装着学生,要装着学生的喜、怒、哀、乐。心中装着学生就是要求教师急学生所急,想学生所想。这样,学生才会和你亲近,才愿意与你分享成长的快乐与烦恼。

班级一个男孩有段时间学习状态非常不好,成绩直线下降,我觉得其中必有原因。一天课间,我将他拉到一边,询问情况,一开始他好像有所顾忌,不愿说。在我的再三追问下,才说出实情。原来爸爸最近在和妈妈闹离婚,每天放学后,他不知道究竟该回爸爸那,还是到妈妈这边。哎,可怜的孩子,在即将毕业前又遭受家庭破碎带给自己的痛苦。

后来,经过我和孩子父母的沟通,在征得他们的同意后,由我暂时把孩子领回去。这一段时间里,我既做爹,又当妈,初步感受了带孩子的滋味。大概是经历了家庭的变故,孩子变得早熟。在和孩子相处的这段时间里,孩子很懂事,也很让人省心。短暂的家庭温暖让他重燃起好好学习的信心,成绩在一点一点赶上来。我也利用这段时间,把他落下的功课及时补上去,同时慢慢对他进行心理疏导,告诉他无论以后爸爸妈妈怎样,他们依然很爱你。让他不要失去生活的希望,对自己的未来要充满信心。就这样,孩子顺利结束了小学生活,而且凭着优异的成绩进入了省重点中学。有一年教师节,孩子到学校来看望我,提起往事,内心充满了感激之情。他告诉我,他已经被清华大学录取了。如果当年不是我在他最困难的时候及时"收留"了他,他小学毕业后可能就辍学了。这可真是"无心插柳柳成荫",当时的我也只是出于一个教师的本能反应,没想到奠定了孩子一生发展的基础。

心中装着学生,还要注意自己的一言一行,处处严格要求自己,始终把学生当作自己的一面镜子。著名教育家陶行知先生曾说过:"教师个人一举一动、一言一行都要修养到不愧人师的地步。"美国教育学家布鲁纳在《教育过程》一书中说:"教师也是教育过程中最直接的有象征意义的人物,是学生可以视为榜样并拿来同自己作比较的人物。"事实正是如此。学生对教师的说教进行认知时,往往会自觉或不自觉地与教师自身的言行联系起来进行思考和评价。如果教师言行一致,以身示范,学生就会乐意接受;反之,说一套做一套,学生就会抱鄙视甚至抵制的态度。

从工作的第一年开始,我就给自己定下了一条规矩:凡是要求学生做到的,自己必先做到。正所谓"己不正,焉能正人"。比如要求学生上课不迟到,我每天总是提前两分钟进班级,做好准备工作。如果出于某些特殊原因迟到了,要跟大家说明情况。

心中装着学生,还要关注班级每一个学生,了解每一个学生的优势与不足,了解每一个人的兴趣爱好、知识结构、学习障碍以及生长点。

根据每个孩子的特点,我会提供不同的发展机会。写作好的,积极把他们的作文向报纸、杂志推荐,或是指导他们参加作文比赛;爱好动手的,推荐到学校的科技、航模社团,提供施展才华的天地;体育好的,推荐到校运动队,让他们在比赛中为学校增光添彩;有艺术天赋的,推荐到校合唱队、舞蹈队等,以得到更专业的指导……这样,班级更多的孩子都能在老师的关心下有更好的成长和发展。

参赛让我明晰了成长的方向和目标

1998年，淮安市教委为进一步加强小学教师队伍建设，决定举行第一届"小学教师教学基本功十项全能竞赛"。"十项教学基本功"包括：备课、上课、说课、钢笔字、毛笔字、粉笔字、简笔画、写作、电脑打字、个人特长展示。

"一附小"是市教委直属小学，必须要派人参加。学校发布消息后，我第一时间报了名。我当时唯一想法就是要看看自己在所有的参赛选手中，究竟有"几斤几两"，处于什么样的水平。因为当时市教委直属小学教师队伍的素质整体都较高，各校之间竞争也非常激烈。

"一附小"根据大家报名情况，也围绕十项基本功进行了校内预赛。最后，我和任建波老师（数学学科）有幸代表"一附小"参赛。

比赛的过程是紧张而激烈的。备课的那天晚上，我们被安排在市农科站招待所，身上的通信设备全部上交。（其实，那时候手机还没有普及，只有个别人使用大哥大，我们身上更多的是寻呼机，但一样要上交。）我和其他学校的一位数学老师住在一间，大家只有一个晚上的时间备课，还要制作课件。（为防止同学科相互交流，所以组委会采用不同学科混搭的原则。那时候的课件和今天的完全不同，因为电脑没有普及，所以上课使用的其实是自制的幻灯片，一张软玻璃纸，然后用专用的颜料在上面绘画，或是用黑色油性水笔在上面写字，上课的时候通过投影仪投放出来。）

我是个工作的时候喜欢清静的人，而和我住在一间的这位老师恰恰相反。所以，前期他在备课的时候，我就读读教材，先熟悉教材和大纲，等他忙到深夜入睡以后我才开始备课。因为有了前期的准备，所以备课还算顺利，做完幻灯片，已经凌晨两点多，躺下匆匆睡了一会儿。第二天早上，早早起来，奔赴上课学校，做课前的准备工作。真不知道当时的精力怎会如此充沛，也许是一心想着比赛，想着为"一附小"争光；也许是求胜心切，总觉得浑身有使不完的劲。

课还算顺利，但我上完课便已不再想课上的事，而是想着如何准备下一项比赛。印象最深的可能要数电脑打字比赛。当时"一附小"使用的还是小蜜蜂486的电脑,机房里,白色显示器、白色键盘,那时不是每一所学校都有电脑的。学生学习电脑主要也就是学打字。为了提高打字的速度,我拼命背字根,因为当时有很多人说"五笔输入法"快,但是对于从未接触过电脑的我来说,一下子要提高打字的速度,简直比登天还难。但是我相信,"世上无难事,只怕有心人"。我决心发挥一个语文老师拼音方面的优势,由五笔输入法改为拼音输入法,虽然输入的字母多一些,但是总比满键盘找字根要快。事实证明,我的想法是对的。赛前的那段时间,我每天晚上去学校电脑房练习。俗话说,熟能生巧,随着练习次数的增多,我从原先的一分钟打二三十个字,到后来的四五十个字。但是和南京晓庄师范毕业的任老师比起来,差距还是很大,毕竟任老师在学校的时候已经开始接触电脑,电脑打字基本可以做到盲打。比赛那天,我心里特别紧张,电脑又和"一附小"的有点不同,故最后的成绩要比"一附小"练习的时候低了一些。

教师教学基本功十项比赛有些项目是分开单独进行,比如上课、写作,但有些项目则是集中在一起进行,比如"三字一画"(钢笔字、毛笔字、粉笔字、简笔画)、个人特长展示等,这才有了互相学习、知己知彼的机会。集中展出的钢笔字、毛笔字、粉笔字、简笔画,让我看到了基本功之间的差距:有些人的字就像一幅幅书法作品,遒劲有力;有些人的绘画栩栩如生,让你仿佛置身于艺术作品展。虽然我也非常喜欢绘画,从进入师范开始,就苦练梅、兰、竹、菊,特别是梅花,更是花了大量的时间,但是,看到这些画,我才感到什么叫"天外有天,人外有人"。在后面的一项一项的比赛中,我努力做最好的自己。

经过一个多月紧张角逐,结果终于揭晓,我和任建波老师都获得了"十佳全能标兵"的荣誉称号。记得"一附小"还特地在校园的教学楼前拉了横幅以示祝贺!

参赛,是对自己教育教学专业技能的检验,也是一次自我展示。参赛,更是一次相互学习、取长补短和收获成功的经历,让自己明晰成长的方向和目标。

在"读"中体验

专著与经典：孕育内驱力

如果说学校提供的各种培训和平台是教师成长的外因，那么读书就是一个教师自我提升的重要内驱力。它是一个教师自我发展、自我成长的重要途径，有着无可比拟的优势和无可替代的作用。

1994年，刚踏上工作岗位的时候，为了评职称、写论文，我总是硬着头皮去读书。各类书籍都有涉猎，无论是情节精彩丰富的，还是内容晦涩难懂的，我都读过。当时，学校的图书馆在科技楼一楼，每天上午第四节课，一些没课的老师就会到图书馆的报刊阅览室读书、读报，这里也是我经常光顾的地方。这几年，我不但读的书杂，而且数量也多，既有教育教学方面的，也有关于脑科学的；既有国内的学术专著，也有国外的研究成果。如《教育心理学》《学习与认知发展》《现代教学的模式化研究》《中国语文教育忧思录》《挑战人性的弱点》《多元智能》《挖掘大脑中的财富》《脑活动的内幕》《创造的魅力》《科学教育与相似论》《思维的拓展》《陶行知文集》《我的教育理想》《对抗语文》，还有《江苏教育》《人民教育》等杂志。当时，"一附小"还有一种氛围，就是流行什么研究和理论，大家马上就会找到相关的书来读一读，学校教科室也会买一些书放在图书馆供大家阅览。

当时，也许是功利心在作怪吧，总觉得如果自己文章当中引用几句专家、学者的话，文章会增色不少。所以，我偶尔也会找几本国内知名的专家、学者的书读一读。由于实在难懂，常常是囫囵吞枣。即使这样，我也常常硬着头皮去读。最难读的当属钟启泉的《现代课程论》，读起来真是吃力，对于刚毕业的我来说，虽然从事语文教学工作，每天和文字打交道，但是书中的专业术语还是感觉深奥，难以理解。钟启泉的著作中，最容易读的恐怕要数《为了中华民族的复兴，为了每位学生的发展——基础教育课程改革纲要（试行）解读》，大概是钟老师考虑到一线老师的实际情况,在文笔上做了一点变化。但是,随着自己阅读量的增加,先前看到的书中一些比较深奥的词汇渐渐都能理解了。

作为刚毕业的新教师,当时除了看一些教育教学设计和指导等实践方面的书,更多的时候,是读一些系统的书。系统的书大多出自高校的教授、专家、学者,他们在理论研究的层面比较擅长。读这样的书,不但可以帮助你建构一个完整的知识结构体系,而且可以帮助你跳出课堂看课堂,跳出教育看教育。比如,当你阅读杜威写的《我们怎样思维·经验与教育》一书,你会对杜威的"反省思维与教学的关系"有深刻认识。当你读完加德纳写的《多元智能》,你会对多元智能中的八种智能以及智能的培育、评估、研究等,有一个全面且较为完整的了解和掌握。

看教育名家的书能给你带来启发,让你受益匪浅。教育系统的名家名师积累了丰富的实践和理论经验,他们的书籍是实践智慧的结晶。全国著名特级教师于漪老师的《教育魅力》、毛蓓蕾老师的《心之育》、李镇西校长的《教育的智慧》、斯霞老师的《我的教学生涯》、于永正老师的《于永正课堂教学教例与经验》、贾志敏老师的《作文教学经验与案例》……读他们的书,感觉大师就在身边和你呢喃细语。这些名家大都来自一线教师,他们经过几十年甚至一辈子的潜心研究,对教育教学的研究可谓透彻、独到、精辟,形成的经验相当可贵,读他们的书可以帮助你透过现象看本质,透过表象寻规律,具有很强的学习和借鉴意义。

有人说,教师在教育的征程上能走多远,他的底蕴、底气很重要。教师的底蕴、底气从哪里来呢?我以为,阅读经典著作,是教师获得自身发展动力的不竭源泉。

经典著作很多,对于教师而言,阅读的面首先要广,即要增加阅读的"宽度"。英国的思想家培根在《随笔录·论读书》中说:"读史使人明智,读诗使人灵秀,数学使人周密,科学使人深刻,伦理学使人庄重,逻辑修辞之学使人善辩:凡有所学,皆成性格。"我想,教师也应该像蜜蜂采花酿蜜一样,博采众长,拓宽自己的视野,通过吸收提炼之后使其成为自己的内涵,变为自己特有的东西。现在的学生求知欲强,获取知识的途径多,教师要想走进学生的世界,了解儿童文化,开展丰富多彩的教育教学活动,再也不能"两耳不闻天下事,一心只'教'圣贤书"。

教师在广泛阅读的同时,还应该针对自己的学科特点、个人专长等选择部分层次较高、有研究深度的经典书籍重点阅读,即要增加阅读的"高度"。如语文学科,吕叔湘、陶行知的著作应该要反复阅读,他们的作品可以帮助你进一步认识教育教学的本质与规律,让你站在一定的高度去认识身边的教育现象。对于此类作品,不但要认真阅读,更要学会思考。思考式、辩证式,甚至是批判式的阅读,就像是一次"头脑风暴",它不但可以帮助你提升自己的理论素养和专业水平,还可以让教师形成自己的思想认识。

当然,教师要增加阅读的"精度"。人们常说,细节决定成败。教育教学亦如此。课堂教学是一门艺术。课堂上,教师只有智慧地处理课堂教学中生成的各种问题,才能让课堂教学呈现出独特的魅力。而智慧的形成离不开知识的累积、思维的开放。阅读中,我以为,对于著作中的精彩之处要深入研读,细心领悟,准确把握。这样,运用于实践的时候才能随心所欲,水到渠成。

培训与考察:成就新自我

2012年3月,我有幸成了上海市第三期"双名工程"(即名师名校长培养工程)名师后备培养对象的一员。一年多来,我在基地两位导师的引领下,走进大师,与大师对话,领略大师的课堂魅力;与学员一起研究课堂,追溯语文的本真。

时光匆匆,2017年,五年的名师基地学习即将画上句号。翻阅五年的学习、读书笔记,一幕幕仿佛电影回放一般,令人难忘。

五年来,我们基地14位学员与两位导师相约星期二,风雨无阻,足迹遍布闵行、松江、青浦、嘉定、普陀、奉贤。

五年来,我们一起学习,一起研究,一起实践。大家相互交流,相互启发,思维在碰撞中闪现智慧的火花。

五年来,我们与多位教育专家面对面,聆听最前沿的理论与实践。我们亲历语文教学现场,观摩语文课堂教学展示活动。

五年来,两位导师精心安排,悉心指导,理论与实践并重。李老师(李永元,特级教师,原青浦区教师进修学院研修中心主任)侧重于思想理论的引导,每次学习之后会安排我们讨论交流,并作点拨与提升,把我们带向正确的研究方向;谢老师(谢江峰,特级教师,松江区第三实验小学校长)侧重于教学实践的引导,经常以自己的课堂实践为我们做示范,让我们重新认识语文和课堂。

五年来,我们"咬定青山不放松",立足语文研究主阵地——课堂,不断在反思中重建,在重建中前行,努力践行"上儿童喜欢的语文课"的理念。

五年的光阴,转瞬即逝。回顾这五年一路走来,我们充满了执着与追求。

师者,德之大也

古语有云:"大上有立德,其次有立功,其次有立言,虽久不废,此之谓不朽。"由此可见,为人之根本必须先立德,同理为师者亦然。师德,是一名教师身上最为熠熠发亮的品格。德国著名教育学家斯普朗格曾说过:"教育的最终目的不是传授已有的东西,而是要把人的创造力量诱导出来,将生命感、价值感唤醒。"因此,教育是一种唤醒,是一个心灵感动一个个心灵,是一个人与一群人的思想碰撞,是一个生命个体与一群生命个体的灵魂沟通,是生命与生命间的对话。

作为上海市第三期"双名工程"名师后备班的学员,首先应该成为师德的典范。两位导师经常告诫我们:师德是底线。师德首先体现在教师对学生的爱上。教师要全方面地关心学生的成长,教师要相信和尊重学生。

相信,亦谓信任,是一种期盼,是对学生成长的深深期待。著名的皮格马利翁效应便是一个典型的例子。每个孩子都是一个充满活力的个体,他们生活在群体之中,需要得到同伴的信任,有了他信,才会自信;有了自信,才能勇敢地去面对生活的每一天,才敢于去接受困难的挑战。

相信是一种信念,是对每一位学生都有发展潜在性的坚定信念。保尔朗格朗指出:"教育的真正对象是全面的人,是处在各种环境中的人,是担负着各种社会责任的人,简言之,是具体的人。"苏霍姆林斯基也认为:"没有哪样的人,他的身上未被赋予天资和可能性……"

学习,知博而行进

还记得 2012 年的春天,李老师在基地启动仪式上对我们的谆谆教诲——"知识可以有一点,但是,专业无止境,专业只有台阶,永远没有句号"。之后的几年,我们在两位导师的带领下,开始了愉快的学习、探索、实践之旅。

首先是向书本学。

有人说,学习是为了丰厚教师的积累。作为一个语文老师,读书是教师日常最重要的一种学习方式。李老师常对我们说,"要让阅读成为一种常态与习惯"。两位老师更是常向我们推荐阅读的书目。于是,我们开始利用茶余饭后的空闲时间阅读。从王荣生的《语文教育研究大系》到钱理群、孙绍振的《解读语文》,从窦桂梅的《梳理课堂——窦桂梅"课堂捉虫"手记》到《教育心理学》……阅读,让我们有了"第三只眼睛",我们通过学习来克服自己的"近视"、盲目和浅薄。当时,我在广泛阅读的基础上,又重点精读了一本书——《教学原理》,作者是日本广岛大学名誉教授佐藤正夫。大概是阴差阳错的缘故,我将佐藤学和佐藤正夫等同于一个人(首先因为两者同为日本人,而且两人的名气一样很大)。拿到该书,我便废寝忘食地读起来,边读边做批注。直到福州全国语文名师工作室联盟大会上,我见到了站在面前的佐藤学先生,才恍然大悟——原来，我拜读的《教学原理》一书的作者早已仙逝。但也因为这次的阴差阳错，才有了另外一份收获。

该书较为系统地阐述了教学论的历史发展，勾画了从古典教学论、近代教学论到现代教学论的发展线索。书中对教学内容的历史变革与选择，教学过程的本质、结构、阶段，教学方法的本质和分类，教学中的教育、教学组织等问题都做了较为详细的阐释，让我又重新对这些熟悉而又陌生的问题有了较为全面的认识和了解。特别是当下人们关注的一些焦点问题，诸如"尊重儿童学习"，就是指教师有责任创设儿童渴望学习的条件，使每一个儿童兴致勃勃地参与教学，体验到学习的成功。再如对于母语教学，夸美纽斯认为，"母语学习，要从练习流利地阅读母语读本开始，接着，根据文法进行正确、迅速及确实书写的练习，最后，教授母语文法"。夸美纽斯在《大教学论》一书中，也强调了母语学习的重要性："语文学习，并非因为它们本身是博学或智慧的一部分，而是因为凭借它，可使我们获得知识，并向他人传授知识。因此语文学习是必须的。"

对于这本书的精读，更好地弥补了我在学校学习的不足，让我站在巨人的肩膀之上，更全面地认识与教育密切相关的一些问题。

其次，向专家学。

第三期上海市"双名工程"小语一组培养基地导师李永元(中)、谢江峰(右)正在听基地学员研究课

五年来，于漪、吴立岗、吴忠豪、王荣生、郑少鸣、丁炜等一大批专家从不同的角度对我们的成长给予了帮助和指导，让我们站在巨人的肩膀上前行。薛法根、张祖庆、林莘、蒋军晶等一大批名师示范课，为我们的课堂实践指明了方向。有人说，现场学习力是教师最重要的学习能力。现场学习力表现为专注力、捕捉力、转化力。我们每每遇到教学公开课的时候，都能把自己放进去，用耳朵听、用眼睛看、用大脑思考，特别是思考在以后的教学过程中，如何将学习到的知识转变为具体的教学行为，努力为转化而学习。

五年里，我们相聚桂林，一起观摩全国阅读教学大赛；我们相聚无锡、福州，参加全国名师工作室联盟的教学展示活动；我们相聚青浦，参加第四届"两岸三地语文教学圆桌论坛"暨散文教学主题报告会……特别是2016年3月的福州之行，印象尤为深刻。

当再一次聆听吴忠豪教授报告的时候，我对于课堂教学中关注学生的语言实践不再陌生。福州会议上的一节节语言实践课仿佛又历历在目，自己日常课堂教学的情景又浮现在眼前，促人思考，催人奋进。回想当前的小学语文课堂教学，就内容讲内容，进行字词句段的分析，将文章教得支离破碎的现象仍然存在。语文课堂教学的突破，为学生提供了更多的语言实践，在语言积累与实践中，不断提升语文素养是语文姓"语"的必由之路。

再次，向同伴学。

我们小语一组的14位学员，来自6个不同的区县，大家相聚在一起，除了一起跟随导师学习、研究，14位学员本身就是14个丰富的学习资源，他们身上蕴藏着无穷的智慧与创造。

教研员岗位上的学员，他们视野开阔，研究意识强，善于利用团队力量攻坚克难。研究的领域常常是区域层面普遍存在的问题，且牵一发而动全身。

走上校长岗位的学员，能够站在学校的高度，在学习中思考实践的转化，他们的眼中，除了自己，还要思考学校的发展和更多教师的专业成长。

担任管理者的学员，他们每一个人仍然坚守一线的教学工作。虽工作事务繁忙，但是能够处理好工作和学习的关系，常常在有效及高效教学上下狠功夫。

一线普通学员对实践最有体会，理论如何转化为实践是他们常常思考的问题。他们的转化力是那样惊人，实践中常常有创新和发现。每次基地活动的时候，即是智慧碰撞的时候，大家畅所欲言。

最后,向实践学。

向实践学,更多的是向实践的成果学习。前人研究的成果是智慧的结晶,学习前人的实践成果与智慧,可以让我们少走弯路。有时"拿来主义"也是学习的一条捷径。五年来,基地带领我们积极开发"微课程"——"中国当代语文教学流派特色分析"。我们14位学员一起研究魏书生、李敬尧、李吉林等人的教改实验,从中汲取成功的经验、智慧的营养,寻找可以借鉴的地方。我们一起制作"微视频",积极进行教改实验的成果转化。我在研究魏书生、李敬尧、臧永年三位前辈实践成果的基础上,形成了《教学不在于灌,而在于导》《让学生真正成为学习的主人》《教是为了学生更好地学》等微课程视频。

实践,成就更好的自己

课堂,是一个教师成长的舞台,也是学生成长的主阵地。五年里,我紧紧围绕研究课题——"文本价值与学生独特体验的冲突与应对策略研究"开展课堂实践,不断将自己的研究成果通过课堂的形式进行分享,先后开设了"想别人没想到的""律师林肯""旅游计划书的设计""天鹅的故事"等研究课。同时,在学生积累语言、进行语言实践方面进行扎实研究与推进。备课的时候,常常多问几个为什么。比如,要教的内容学生是否已经掌握?还存在哪些困难?

2013年11月,我执教沪教版四年级语文"旅游计划书的设计"语言实践活动研究课

这样设计的目的是什么？是否符合学生学习语言的规律？绝大多数学生会怎样学习呢？学生知识迁移的障碍点在哪？出现这些问题又该如何应对？……

实践中，我重点在以下三个方面进行突破。

首先是精准把握学情。

教师进行课堂教学设计的时候，只有透彻了解学情，教学才更有效、更高效。比如在教学《大仓老师》一课时，学生对于大仓老师"充满活力"的特点，借助语言，品读感悟，自然明白，但是，对大仓老师"朴实正直"的品质理解起来则有些难度。而如何突破这个难点，则是这节课需要重点思考的。

其次是精心设计教学。

一节课只有35分钟，教师教什么，怎么教；学生学什么，怎么学，需要教师对教学内容进行选择，精心设计教学过程。有时需要长文短教，抓住重点的段落重锤侧击；有时需要去粗取精，根据文本特点或单元训练重点，有针对性地教学；有时还需要根据学生的学情，让学生经历学习的过程，体验成功的喜悦。

最后是精巧语言实践。

学生学得再多，不能进行迁移和灵活运用，终将不能变为自己的知识与能力。课堂上，教师还需要针对单元及教材的知识点，精巧设计语言训练，为学生提供语言实践的机会，力求让听、说、读、写贯穿课堂始终。如教学《大仓老师》一课，大仓老师开学那天的自我介绍非常有特点，寥寥几笔就把一位充满活力、赢得学生好感的老师呈现在读者面前。课堂上，在学生品读的基础上，我让学生学着大仓老师的样来进行复述。学生走到讲台前，模仿大仓老师一个"跳"跃，登上"主席台"。一个"跳"字，让大仓老师的活力展现无遗，简短的介绍让人印象深刻。在复述的基础上，再引导学生思考大仓老师是从哪几个方面来介绍自己的，然后仿照大仓老师的自我介绍来介绍自己。这样，学生在复述的过程中，既体会了大仓老师一颗充满活力的、年轻的心，又进行了言语实践，兴趣盎然。

五年的基地培训已经结束，充满了不舍与留念，既有对两位导师的感恩与感谢，更有同伴之间的互助与友谊。

主张与追求：引来活水流

五年的基地学习生涯中，聆听专家讲座成为我们最重要，也是最喜欢的一件事。华师大李政涛博士关于《新基础教育语文教育的主张、追求》的讲座，令我感触颇深。

李博士提出，作为一个语文教师，要学会课后追问，比如：这堂课我到底教了什么？怎么教的？教到了什么程度？学生实际学了什么？等等。这实际上是一个课后反思的过程。

我想，今天的语文教学之所以会出现这样尴尬的情况，一方面是因为新课程改革的理念至今仍没有深入人心，广大教师对新课程改革以及上海市二期课改的理念还没有吃透，没有把握其精髓。另一方面是因为教师自身多年的教育教学经验使不少教师形成了思维定势，出现"穿新鞋走老路"的现象，以至于语文教学效率低下。对此，吕叔湘先生曾指出："十年的时间，2 700多课时，用来学本国语文，却是大多数不过关，岂非咄咄怪事！……这个问题是不是应该引起大家的重视？是不是应该研究研究如何提高语文教学的效率，用较少的时间取得较好的成绩？"

我觉得，李博士的讲座在一定程度上给广大教师指出了需改进和努力的方向。作为今天的语文教师，我认为首先要对"小学语文"究竟是什么，语文到底要教什么、怎么教，学生是怎样学习语文的等问题有一个较为准确的把握。

我以为，小学语文首先要把握其工具性和人文性的特点。"小学"二字体现了其基础性，要让学生在小学阶段掌握基本的听、说、读、写的能力。作为语文教师，不但要教知识，也要教学生学习语文的方法，更要培养学生积极的情感、态度、价值观，体现语文学科的人文性。其次，学生语文学习的过程是一个不断积累、不断习得的过程，也是一个需要模仿和实践的过程。语文教学的根本任务就是帮助学生在语文实践中学习语言、积累语言、提高学生的语文素养。

因为学生的经验基础不同,所以通常情况下,语文学习是以学生个体为单位对文本进行感悟、内化、迁移和运用的过程。因此,作为教师,必须要目中有人,要花大量的时间和精力去了解学生的基础性资源、生长性资源,这样才能让提高课堂教学的实效性成为可能。

李博士在讲座中提及的开放课堂、文本解读、目标的设计与表达等内容,实际上阐述了语文学科的两个基本性质——工具性和人文性及要树立以人为本的思想。如果广大教师都能认识到这一点,从学生学习语言的规律入手,优化课堂教学结构,选择合理的方法、手段,让学生体验学习的快乐、创造的快乐,那么,有效的语文学习才有可能。

其次,作为当代语文教师,必须要有一个自我反思的意识和习惯。反思是一个教师自我审视、自我提升的过程。反思的重点是学生课堂上的状态,由状态分析行为背后的原因,包括学生层面和教师层面。

最后,今天的语文教师要学会学习,向书本学,向实践学,特别是要向学生学。"教学相长"在今天显得尤为重要。孩子获取信息渠道的宽广和思维的开阔,在一定程度上要求教师不能守着十几年、几十年的"经验"不放,经验只能解决一时的矛盾,不能把它作为自己一辈子的"法宝"。俗话说,"流水不腐",只有不断更新自己的知识,才能与学生共同成长。

简单与轻松:打造大语文

针对当前课改现状,吴忠豪教授从语文课改之追问、语文课改之路径等几个方面阐述了自己的观点与看法,许多内容让我产生了共鸣。

作为一位在一线执教了二十多年的小学语文教师,个中滋味,甚是复杂。多年来,我感觉语文教学就像是大海上的一叶扁舟,在波涛滚滚的海面上,迎着风浪艰难前行。究其根源,我觉得有几点感触颇深。

第三期上海市"双名工程"小语一组培养基地在七宝明强小学召开课题研讨会

首先,复杂化。其中,人是最大的因素,体现在教材是越编越难。以上海市二期课改新教材为例,起初,一年级一册教材有60篇课文。后来实践证明行不通,教师教不完,学生接受有难度。一学期课堂教学要完成60篇课文的教学,前两年半要完成近2 000个常用汉字的学习,不但增加了学生的负担,也不符合学生的身心发展规律和学习规律。实践中，大量的生字教学一方面超出了学生的识字接受能力；另一方面，为了巩固已学生字，学生需花大量的时间进行听默，把小学生的学习兴趣慢慢消耗殆尽。经过一年的实践和调研，教材编写者们终于虚心听取了一线教师的心声，将教材的篇幅不断减少。由原先的60篇减少到40篇。教材内容的编订到底如何才能符合学生的学习和认知规律，还需要认真地研究一番。实践证明，以人为本，不能以大人为本，而要以孩子的学习起点和认知规律为本，以一切为了孩子的发展为本。

语文教学的复杂化，还体现在教材解读越来越深上。课堂的文本解析一味地追求深、难、偏，一味地强调文本要读出与众不同之处、独到之处。于是课堂成了"明星学生"的舞台，课堂上的"一言堂"让更多的学生成为陪客、看客。

其次，功利性。这是语文教学目前最大的"祸害"。十几年前，人们就在讨论这个问题，至今都没有得到有效解决。语文教学的出发点和归宿不是为了学生的发展，不是带着学生去学习祖国的语言文字，品味语言运用之妙，掌握听说读写的基本技能技巧，不断提升语文素养，而是永远将分数放在第一位。这是语文的悲哀，教育的悲哀，更是国语的悲哀。"考考考，教师的法宝！分分分，学生的命根！"这便是形象的写照。而这种局面的形成与教育的大环境、社会的大环境密不可分。

再次，盲目性。当前，能够左右教育的除了教育主管部门，还有一些"专家""学者"。中国教育的"专家"可谓数不胜数，但"教育家"却寥寥无几。有些"专家"，其所说的一套套理论往往是真空的，好看好听不中用。

最后，时尚化。学好语文是一门学问，做学问就要求耐得住寂寞，遵循规律，实事求是，一步一个脚印，扎扎实实地研究新情况，解决新问题。但是，当下的语文教学走的却是另外一条道路——"时尚"之路。语文也逐渐被各种各样的词语所包装。课文叫文本，备课叫预设，提问叫对话，问题叫资源，等等。还有比如什么"教课文"是"教语文"，"教语文"是"教课程"，"有机""平面到立体""三维目标到四维目标"……各种新词可谓是层出不穷、数不胜数。语文被各种华丽的词语包装。一年年过去了，"包装"换了一个又一个，但是内在品质却没有多少提升。

这些词语的出现，折射出教育已经"生病"。多年以前，吕叔湘老先生便提出了"大语文教学观"，陶行知的"做中学""知、行、做合一"的思想影响了一代又一代人。浅显、朴实、易懂的教育思想，早已深入人心。但是，后人总要实现超越,要超越就要动脑筋,这样的脑筋让小学语文走上了一条不归路。

"简简单单教语文,轻轻松松学语文",就是要求教师教得简单。教得简单不是说教的知识简单,而是说不要去"为难"学生。小学语文姓"语",要教语文的东西,扎扎实实地进行字、词、句、篇,听、说、读、写的训练,这是学生一生受用的。

游戏与规则:遵循才出彩

近日,开始读学校推荐的《第56号教室的奇迹》一书。

午间,我静静地阅读着,边读边做着旁批。"同感!""说得有道理!""同意此观点!""不同意此观点"……我渐渐被书中的内容所吸引。第56号教室里发生的许多事情,对我来说既是那样熟悉,又是那样陌生。从"教室里的火"到"寻找第六阶段",我一口气看完了。虽然还没看完全书,但却让我表达的欲望越来越强烈,大有不吐不快的感觉。

短短的两个章节,不但勾起了我许多美好的回忆,也让我不断地反思自己的班级管理。

记得刚工作的时候,我就担任五年级的语文教学工作(当时小学是六年制),并兼做班主任。一段时间后,我最大的感受就是学校里学的教育学、心理学在实践中几乎用不上,更多的是靠虚心地、有时甚至是"偷偷"地向隔壁有经验的老师学习。可谓是一边在实践中学习,一边在学习中实践。

刚接的这个班,可能是因为基础不错,以及班干部的工作能力也比较强,也可能是因为我入教育这一行的时间不长,对一切懵懵懂懂,所以在工作中充分地信任学生,许多事情放手让学生去做,我只是在过程中注意观察、引导,事后做好评价和总结工作。渐渐地,我尝到了其中的甜头,体验到了教育的乐趣。

至今,我还记得开学第一次组织学生大扫除的情景。我学着指导老师教我的样,给学生分组,劳动后进行了总结,表扬了一些人。特别是表扬了一些主动擦教室门前走廊的同学(那是份额外的工作)。最后,我只是随口说了一句话:"以后每一次集体活动后我们都要进行总结!"渐渐地,我发现孩子们为了得到我的表扬,常常在每次劳动之后争着去擦教室门前走廊的地面,而每每我或是他们的小组长进行小结,点到他们的姓名,表扬他们的时候,他们的脸上总是洋溢着得意的神情。就这样,每月一次的全校卫生大扫除,我们班总是全校最干净的那个班级，我的心里也有一种说不出的自豪。

记得有一次卫生大扫除，我在前一天进行了工作的布置与分工。第二天中午，当我走进教室的时候，我简直惊呆了。教室里的每一个人都在认真地劳动着，但是教室里却静得出奇。看着眼前的一切，我是又惊又喜。我极力掩饰住内心的喜悦，站在讲台前静静地欣赏这一幅美丽的、流动着的画卷。

过了很久，他们好像无视我的存在，该干嘛干嘛，连和我打个招呼的同学都没有。有的人擦完了教室的地面，又静静地走出教室，去擦教室门前的走廊。一切好像有人在无声地指挥着，而这个人显然不是我。

终于到了劳动总结的时间了，终于可以轮到我来讲几句话了。没想到，学生对待我的评价和组长的评价，态度迥然不同，他们似乎更在意组长的评价，对于组长的发言，他们听得更认真，甚至组长说错的地方，他们还针锋相对。当时，我还不能理解其中的缘由，但还是很满足，毕竟事情可以做得很好。

后来，随着时间的推移，我渐渐地明白了其中的道理。原来是集体活动让他们找回了自我，感觉到自我存在的价值。同伴的认同，让他们体验到前所未有的愉悦感、成就感、满足感。记得苏联教育家苏霍姆林斯基曾说过："只有当一个人亲身体验到高尚的道德关系的良好影响时，在精神上做出努力以求得进步的时候，才能进行自我教育。"我想，班级之所以会发生这样的变化，其根本原因是行动中的体验给个体的精神带来愉悦感，以及对自我存在价值的自觉意识觉醒。这也许就是劳伦斯·科尔伯格"道德发展六阶段"的第六个阶段，即我有自己的行为准则并奉行不悖吧。

可是学生为什么会发生这样的变化呢？我思索着，寻找着。是班级里约定俗成的规则，是彼此的信任？还是我开放的心态，彼此的尊重，单纯的教育情感？

对，就是规则。生活在集体之中，每个人必须遵守一定的"游戏规则"，而对待游戏规则的前提是每个人必须先和周围的同伴建立起相互信任的关系。记得后来每一次活动结束，我都会组织学生开个总结会，久而久之，学生已经养成习惯。每一个小队都会为维护团体的荣誉，制定自己的"游戏规则"。各小队之间展开了良性的互动与竞争。

对，就是信任。每一件事结束后，我总会留一些时间，跟学生探讨怎样可以做得更好，因为我始终相信我的每一个学生能够做得更好。我不但这样想，更是坦诚地告诉我的学生。

对,就是开放的心态。在他们中间,我不是《放牛班的春天》里的校长,更不是一个警察。学生生活在集体之中,能畅所欲言,敢想敢做。而我在听取了他们的想法后,更多的是表示支持、鼓励,并给予必要的帮助。

记得到了第二学期,班级里不知从什么时候起,有几个喜欢读书的女同学,居然把楼梯拐角处的一个废弃的消防器材橱窗改造成了图书角,她们自制宣传广告、借书卡,并向全校开放。由于这些书都是当下最流行的学生书籍,所以受到了许多学生的青睐。还有的针对班级一部分同学乱花零用钱的现象,自发地在班级里组建了一个"银行",并进行了内部分工,有行长、出纳、保安。每每看到他们带着几百块钱进出校园的时候,每每向他们说出我的担心的时候,他们总是笑着说:"老师,肯定没问题!"原来他们对每一个细节都作了周密的安排。对于存银行的钱产生的利息,他们用自己的零花钱去买一些大家喜欢的学习用品、书籍来作为奖励。瞧!这是一种怎样的境界!我真是要对他们刮目相看了。

对,就是单纯的教育情感。刚工作,我对各项考核两眼一抹黑,整天的工作就是去研究备课、上课,研究我的学生,研究我的班级管理。总之,一头钻进了我的"一亩三分地"。但是,到头来我发现我的学生们早已研究透了我。他们心里非常清楚,什么事情我会同意,什么事情我会支持,什么事情我会反对。也正是摒弃了教育的功利,才让我看到原来教育如此精彩。

"老师可以严格,但不公平的老师会被学生看不起。"

"孩子们一直看着你,他们以你为榜样。你要他们做到的事情,自己要先做到。"

"老师可以带班级,但决定这个班级优秀或平庸的,是班上的学生。"

……

雷夫的话不断地在我的脑海里萦绕,他让我不断回想起我的教育故事,也不断反思、改变我的教育观念。

新基础教育研究理论提出:"把班级还给学生,让班级充满成长的气息。"苏霍姆林斯基也指出:"真正的教育是自我教育。"作为班主任,要积极做好班级建设工作。学生在班级建设中则具有较之课堂教学更大的自主决策、践行、锻炼与发展的空间。教师在班级建设中的任务要直接指向学生的社会性和个性的发展。教师的作用应更多体现在价值导向和策略选择上,不断提升学生的发展需求和能力,这样,班级才会处处充满成长的气息。

教材与学生:研读须并重

教师、学生、教材,是构成一节课的基本要素。教什么,怎么教,又是一节课能否达成教学目标的关键所在。

近期,在静安"一师附小"有幸聆听了王荣生教授关于教学内容的报告。王教授以课文《黄山奇石》为例,请大家确定教学内容。大家各抒己见,纷纷谈了自己的看法,有关注写法指导的,有关注语言文字的,有关注一类课文学习的,有关注作者情感表达的……

在大家发言的基础上,王教授进行了归纳。他觉得,解读教材首先要有整体性;其次,要关注文章的特点;最后,还要把握文章的语文特点。其中,他特别强调了教学内容的确定性。

教师、学生、教学内容是课堂教学不可缺失的三个基本元素。教学内容的确定性,即要求我们备课的时候,要仔细地研读教材,做到吃透教材,整体把握文章的结构、思路、语言特点等,了解作者的写作意图(虽然我们不能完全了解作者的表达意图,但是基本的价值取向应该要把握)。在此基础上,根据学生的特点、年段要求等确定教学内容。教学内容的确定性,可以减少教学的盲目性。哪些需要教,哪些暂时不需要教;哪些一定要让学生知道个"所以然",哪些只需学生知其梗概;哪些需要学生理解、识记,哪些需要学生迁移、运用,举一反三;哪些需要学生会写,哪些需要学生会思考……这些,教师都要了然于胸。只有这样,课堂上才能游刃有余,深入浅出。

教学内容的确定,直接影响学生的学习效果。偏了、难了、深了,超出了学生的"最近发展区",都会打击学生的学习积极性,影响学生的学习效果。太简单,太浅显,又不能调动学生的学习兴趣,提升学生的思维能力,学生更不能获得成长。教学内容的确定,不但考验着一个教师对学生年段特点的把握,更反映了一个教师对教学大纲的熟悉程度。

教学内容的确定,前提是教师要把自己当成一个普通的读者,把自己当成一名普通的学生,用读者的眼光、儿童的视野去阅读教材。只有这样,才能与读者之间心灵沟通,才能与学生共同推进课堂学习的过程。当然,教师既要"沉"进去细细品味,也要跳出教材宏观审视,在教材与学生的知识之间寻找连接点,在自己与学生的情感之间寻找触发点。课堂上,只有领着学生走进课文,带着学生在文中"走个来回",让学生与作者进行心与心的交流,情与情的交融,理与理的碰撞,学生才会有一种满足感。

教学内容带给学生的不但有知识本身的特有价值,更有学生获得"生长"的"土壤"和"营养"。

碰撞与学导:提升学习力

2014年10月,上海市第三期"双名工程"名师后备培养对象小语一组的学员在两位导师的带领下,来到了美丽的杭州市安吉路小学,参加"沪杭新锐名师语文教材建设高峰论坛"。

上午,基地学员与浙江省内兄弟学校的老师一起聆听了该校近期开展的"鲁迅读书周"的两节语文课。安吉路小学陈国芬老师执教了《少年闰土》,刘发建老师围绕学生阅读鲁迅作品执教了一节语文活动课——《可爱的鲁迅》。随后,刘发建老师做了"寻找有意义的语文教育"的学术报告。与会老师还一起聆听了周一贯老先生的评课活动。

老先生指出,要上好语文课,有四条秘诀:一是以"比较"促"碰撞"。他认为,课堂的精彩之处就是让每个孩子思考起来。二是以"学导"代"解读"。语文课的解读应是孩子的解读,没有必要将教师的解读全都呈现给学生。三是以"特色"激"品尝"。教师要善于抓住文中的特色之处,如标点符号等。四是以"诵读"找"感受"。朗读是学习语文的第一大法,也是基本方法。老先生还就上午的两节课分别谈了自己的思考与认识。他觉得"课堂是泥土,是农业生产,不是工业生产,要保留天生的不确定的自然状态"。老先生还引用国外的"金字塔理论"告诉与会者,最差效果的学习是学生听老师讲,最好效果的学习是让孩子做老师。课堂上,教师要积极营造"田园"的天然生态,关注每一个学生的课堂生长。

下午,活动由上海市"双名工程"小语一组培养基地导师李永元主持。活动伊始,大家首先聆听了小语一组郑艳老师的《赵州桥》,然后,基地副主持谢江峰老师作了题为"从学出发,关注语用——'学情'视角下语言文字运用的思考"的学术报告。接着,沪浙两地的老师们围绕上、下午的三节课进行了深入的评课、议课活动。活动一直持续到下午5点才结束。这次活动留给我许多的思考与启发。

首先,互动交流,思维在碰撞中前行。课后,沪浙的老师们更是畅所欲言,各抒己见,进行了有效互动与交流。刘发建老师的学术报告"寻找有意义的语文教育",给与会者许多有益的思考,我的导师谢江峰老师的"从学出发,关注语用——'学情'视角下语言文字运用的思考"同样带给了听课老师一股新鲜的语文气息。虽然大家的关注点不同,但是研究的方向却是一致的——"有意义"的语文教育,首先应该要关注"语言文字的运用"。而语言文字的运用,必须要关注"学情",教师只有了解学生,研究学生,才能让语文课变成儿童的语文课。

会上,沪浙两地参与听课的老师,也纷纷发表了自己对课堂、对教材的看法与思考。两地的教材因为编写的指导思想不同,所以在课堂上也呈现出不同的精彩。特别是刘发建老师课堂中利用《从百草园到三味书屋》的一段话进行的说话练习,引起与会老师不小的争论。课堂上,教师首先呈现了课文中的原文:

　　我不知道为什么家里的人要将我送进书塾里去了,而且还是全城中称为最严厉的书塾。也许是因为拔何首乌毁了泥墙罢,也许是因为将砖头抛到间壁的梁家去了罢,也许是因为站在石井栏上跳下来罢,……都无从知道。总而言之:我将不能常到百草园了。

然后,教师设计了一段说话练习:

　　我不知道为什么家里的人要将我送进安吉路小学了,而且还是全城中称为最严厉的小学。也许是因为_____罢,也许是因为_____罢,也许是因为_____罢,……都无从知道。总而言之:_____。

课堂上,学生虽然能够说出来,但是却引起了与会老师的一些议论,包括现场的周一贯老先生。他在发言中直面此处不妥,而刘发建老师认为课堂本身是比较轻松的,这里带有一些幽默的设计。我们基地的老师认为,练习的本身没有问题,但是语言文字的训练不是孤立的,语言文字有表情达意的作用,教师这样的设计显然在思想的引导上有不妥之处。这样的争论在研讨的过程中不断呈现,大家的思维在交流中碰撞,在碰撞中前行。

其次,对话大师,实践在点拨中提升。本次活动中,汇聚了沪浙地区的多位名师,更是请来了全国著名特级教师、教育专家——周一贯先生。活动中,沪浙名师对当天的课堂教学以及语文教材建设等情况,纷纷发表自己独到的见解与看法,特别是周一贯先生在评课的过程中,分享了自己对当前语文教学的思考。

周先生指出:"课堂上,教学内容的选择要放得更低些,更贴近学生。要考虑到为儿童而教,教学内容不能远离儿童的生活与情感。"他更进一步指出,课堂上,要注重一个"润"字。"田园课堂"可以看到儿童真实的成长过程。老先生一句句质朴的话语,让每一个参与的老师受益匪浅。老先生的一句"为儿童而教",一下子让我们想到了基地谢老师提出并一直在努力实践的"为儿童语文而教"的理念。大家顿觉沪浙两地的语文研究有了一丝默契,有了共同的方向与目标。

周先生的"田园课堂"思想更是引起了在场老师们的强烈共鸣。反观当前的课堂环境,作秀的课堂、教师主导的课堂、"工业化的课堂"层出不穷,互动的课堂、有机的课堂、师生平等的课堂少之又少。课堂上,教师缺少对学生的研究,"一言堂""明星学生撑场面""满堂灌",以及"教师一讲到底"的现象仍然存在,这些都是"温室效应"的体现,教师完全忽视学生学习的主体作用,缺少正确的价值判断,学生始终处于被控制的状态,或者是被动发展的状态。

最后,开拓视野,变革在互惠中共赢。江浙沪的教改实验一直走在全国的前列。本次"沪杭新锐名师语文教材建设高峰论坛",小语基地一组的学员有幸与浙江地区的名师、专家聚在一起,研究教材、研究课堂,不但打开了沪浙两地老师们的视野,而且在沪浙课堂的对比中,让大家感受语文不一样的精彩。

杭州的两节课,主题鲜明,个性突出,具有较强的教师个人风格。两位老师虽然都围绕学校开展的鲁迅读书周的活动执教与鲁迅有关的内容,但是风格迥异。陈国芬老师讲的内容虽来自教材《少年闰土》,但是课堂的视野已超越教材本身,学生学习的过程不但是对教材内容的体悟,更是对鲁迅其人其事不断认识的过程。刘发建老师的语文活动课,由鲁迅谈到鲁迅的作品,由作品走进鲁迅的生活,乃至心灵世界,让学生不但感受到了"横眉冷对千夫指,俯首甘为孺子牛"的鲁迅,更看到了鲁迅可爱的一面。一篇篇耳熟能详的作品在学生的口中流淌,一段段栩栩如生的故事在学生的肢体语言中演绎。小语基地一组郑艳老师的《赵州桥》，则让与会老师看到了原汁原味的语文课堂的"田园生态"。教师紧扣语言文字训练的主线，抓住重点段落，重锤猛敲，带着学生在语言文字的海洋中走个来回，充满了浓郁的"海派味"。

三节课不同的教学内容，不同的教学组织方式，不同的教学指导思想，在课堂上得到了淋漓尽致的体现。课虽然只是研究的一种呈现方式，但是却让沪浙的老师们在现场的对比中看到了自身的优势与潜在的研究方向，真可谓是在对比中发现不一样的精彩，让交流成为互惠共赢的平台。

这体现的就是教师必备的一项基本功和学习能力，即现场学习力。要求教师把自己放到现场的学习情境之中，眼、耳、手、脑等共同参与，带着思考、问题去看、去听、去学，形成自己的体会、认识与理念。

第二编

"上下求索"的难忘时刻

　　课堂,是教育教学的主阵地。如何让课堂充满生命的活力,让学生成为学习的主人,这是我在"学做教师"的教学生涯中一直"上下求索"的研究课题。我从各教学环节入手,不断追求教学设计、思维方式和教学过程的智慧,全方位打造活力课堂。教学是一门学问,也是一门艺术。作为教师,一定要不断学习智慧地处理教学过程及突发事件。只有这样,才能尽快地提升自己的专业素养,逐渐形成属于自己的独特的教育智慧。

追求教学设计的智慧

背教案备详案的初入期

新教师上课,常常因为紧张,或是教案不熟,出现上课"走教案"的现象。我一开始也是这样。

有一次上课,我主要精力都放在了教案上,不停地低头看教案,忽视了学生的学,于是出现一节课40分钟,离下课还有15分钟的时候,教案的内容已经教完了。剩下的时间怎么办呢?我忽然想起师范学校老师教的一个方法,让学生捧起书来读书。结果一遍课文读完了,还没有下课,于是又读了一遍,下课铃还没有响。我急出了一身汗。后来,又"灵机一动"——抄写词语,于是让学生拿出作业本,开始抄写书后的词语。就这样,总算熬到了下课。

从那以后,我就下定决心要做些改变。如何改变?决定先从备课和熟悉教案开始。

当时的备课,要求一篇课文上几课时,就要备几课时的教案。每次备好课,骑车上班或回家的路上,我一边骑车,一边口述上课的内容,讲到不顺的地方,便停下来,掏出教案看一看,然后再讲。反复多讲几遍还是不顺的地方,回家后再对教案做些修改。就这样,我渐渐减少了对教案的依赖,开始关注课堂上学生的表现,课堂教学的时间掌控也有了明显的进步。课堂上,不再是师生间一问一答式的教学,开始有了互动、交流和思维的碰撞,课堂的气氛和学生的学习状态出现了明显的变化,学生学习热情高涨,学习兴趣也日渐浓厚。那时,为了准备好每一节课,我常常很晚才回家。

学期结束检查备课笔记的时候,教研组长突然把我叫过去,我立刻紧张起来。然而,出乎我意料的是,他对我说,你的备课太详细了。我疑惑了,备课写得详细些难道也不行吗?我的脑子里一片糊涂。他打开我的备课笔记本,告诉我每一课只需要写一个教学目标,围绕教学目标,再分课时去备课。而我是每一课时都有教学目标,然后围绕教学目标设计教学过程,所以我的备课笔记本比同组的老师多出了一倍,别人用一本,我用了两本,而且每一篇的钢笔书写都是工工整整,堪称完美。因为备课的过程我也当作了练字的过程。

　　就是这样"阴差阳错"的备课,一年里,我对教材的解读能力大大提升。从这一件事中,我体会到,教研组长的经验之谈,对老教师来说,有一定道理,但对初入期的新教师来说,备详案是必须的。从教学目标的确定到教学过程的设计,从教学课件的制作到教学方法的选择,从课堂练习的设计到课后作业的布置,在一篇篇分课时的备课中我得到了锻炼。对教材的深度解读和对教案的熟悉,也让我的课堂教学效率不断提高。

课堂导语方法探究

一堂语文课，如果有一个好的开头，也就是运用好的导语，就能迅速吸引学生的注意力，激发他们的听课兴趣，强化他们的学习热情。

导语是课堂教学的一个重要环节，是一堂课的突破口，是沟通师生之间的桥梁，也是连接"温故"与"知新"的纽带。它像歌唱家定调一样，十分重要。

导语要精练，突出重点。要联系教材内容，要有趣味性。它应该像磁石吸铁一样将学生牢牢吸引住，先声夺人，以激起学生强烈的求知欲。导语应力求新颖、巧妙、准确，不落俗套，引人入胜。教师必须根据教学内容的需要和学生的实际情况精心设计导语，讲究导语的艺术。为上好语文课，我对一节课的"导语"曾做过以下几个方面的探索：

一为故事法。开头讲故事，引用故事导入新课，可以给学生带来新奇感，激发学生学习兴趣。讲故事，可以是老师讲，也可以是学生讲。讲的故事，必须与课文内容有联系，必须具有生动性和趣味性，语言力求简洁明白。

例如教学《镜泊湖奇观》，可以运用讲神话故事的方法导入新课。又如教学《飞夺泸定桥》，可以运用讲红军长征故事的方法导入新课。

二为悬念法。悬念就是设某一问题先在学生头脑中打一个问号，以引导学生积极思考，让学生对获取知识、培养能力保持一种急切、渴求的心态。富有魅力的悬念，可以激发学生的求知欲。设置悬念，可以抓住教材中的关键内容，提出使学生感到惊奇的问题，如介绍对教材内容有不同看法的争论点，或者利用课文本身所具有的悬念，引起学生情绪上的震动，等等。

例如教学《赤壁之战》，可以在导语中，设置这样的悬念："东汉末年，曹操有八十万大军，而周瑜只有三万，在赤壁战争中，周瑜是怎样打败曹操的？为什么？"

学生为了解答这个问题，必然产生急于了解课文内容的兴趣。

三为情境法。情景导入，是指教师根据授课内容，创造一种生动形象的教学情境,先把学生的思路带入这种情境,以利对课文的理解。如运用幻灯、录像等电教手段,生动的语言艺术和精巧的绘画艺术,以丰富学生的感情因素,吸引学生很快进入角色,从而产生强烈的求知欲。

运用情境法,有利于创设寓教于乐的佳境。例如,教学《桂林山水》,可以让学生先观看桂林山水的图片或关于桂林山水的风光影片(片断),或让学生听桂林地区的民歌,让学生对桂林山水有个感性认识,并对课文内容产生兴趣,这样有利于激起学生的求知欲。

四为提问法。特级教师于漪曾说过:"教学过程实质上就是教师有意识地使学生生疑、质疑、解疑、再生疑、再质疑、再解疑的过程。在此循环往复、步步推进的过程中,学生掌握了知识,获得了能力。"(《特级教师经验集》)采用提问法,导入新课,可以引发学生的积极思维,集中注意力,培养学生独立思考的能力。所提的问题,必须与这堂课的教学内容密切相关,一般是教学的重点所在。

例如教学《狼牙山五壮士》,教师可运用这样的导语:"一天早晨,八路军的一个连队正在点名。连长喊道:'马宝玉!'无人应声;'葛振林!'仍然无人答应;'宋学义!''胡德林!''胡福财!'都没人应声。直至点到第六位战士的名字时,才有人答应。前面的五位战士为什么不应声?他们怎么了?既然他们不在,连长为什么每天还要点他们的名字?"运用这样的提问法导入新课,可以激发学生思考,把学生的注意力一下子集中到问题上来,以产生较好的教学效果。

五为幽默法。这是运用与教学内容有关的幽默语言或小品作为导语的方法。它有利于活跃课堂气氛,让学生在愉悦的氛围中开始学习。使用幽默法,要避免那些与教材内容无关的、低级趣味的语言。

例如教学《鸟的天堂》,有位教师用这么一段幽默的语言导入:"有位小朋友听说天堂是最美好的地方,就要求爸爸带他去天堂玩玩。爸爸说:'你要变成一只小鸟,才能去天堂。'小朋友说:'让我变成一只小鸟吧。'爸爸说:'这是不可能的。'同学们,你们想到鸟的天堂去看看吗?那就跟我一起去吧。"这样导入新课,容易激起学生的好奇心。

六为新旧课文联系法。这种方法,就是抓住新旧课文的相似之处,在相似联系中导入新课。它有利于学生对新知识的接受,以收到"温故而知新"的教学效果。

例如教学老舍的《母鸡》，可以让学生温习《我们家的猫》；教学安徒生的《一颗小豌豆》，可以让学生温习《卖火柴的小女孩》。请同学们讲讲这些文章的内容，然后再讲授新课，这样，可以增强教学效果。

七为引用诗词法。引用的诗词，必须与课文内容有联系，并要注意通俗易懂。

例如教学《飞夺泸定桥》时，可以引用毛主席写的《长征》诗中"金沙水拍云崖暖，大渡桥横铁索寒"两句，来加深学生对当时人为的和自然的险情的理解，以突出红军战士英勇无畏的气魄和不怕牺牲的精神。

八为介绍背景法。有些课文，年代久远，必须从介绍背景开始导入新课，了解了文章的写作背景或当时的社会、生活情况等，这有助于学生更好地理解课文和人物特点。

例如教学《燕子使楚》和《将相和》时，在导语中，必须把齐国和楚国、秦国与赵国的情况讲清楚，这样，有利于学生理解故事的内容，帮助学生更好地分析人物形象。

九为概述知识法。在导语中，首先给学生交待要掌握的知识，或者指明教材的重点、难点，或者以相关的知识引出所要讲的内容，这样，为学生了解新知识搭桥铺路，可以收到事半功倍的效果。

例如教学《新型电影》，在导语中，交代一下电影方面的基本知识，让学生产生兴趣，激发学生学习课文的欲望。

我以上探索介绍的多种方法，教师可根据教学内容、学生情况等因素灵活掌握，防止呆板教条，千篇一律。应尽量使开场白生动活泼，情趣盎然，诱人深思，富有良好的启发性。

数字化教学手段运用的体悟

由于数字化教学视听结合，声形并茂，能够使静止的画面活动化，深难的内容简单化，并能跨越空间的局限，因而能产生很好的教学效果。加之，数字化教学技术的多样性、新颖性、趣味性、艺术性、延展性等特点，以及灵活多变的使用方法，更使学生感到易学、爱学、乐学，有利于学生学习兴趣的激发。

语文课堂教学中，数字化教学手段能够具体形象地再现各种事物、现象、情景、过程，使用数字化教学手段不受时间、空间、宏观、微观的限制，能更好地帮助学生充分感知教材和深入理解教材，特别是教材的重点和难点。所以，它越来越受到广大教师的青睐和学生的欢迎。因此，有人说，数字化教学手段是教育的一场革命。

首先，语文课堂教学的数字化教学设计应强化课堂上的交流与互动。

随着科学技术的发展，各种数字化教学手段越来越多地走进课堂，它为教师的"教"、学生的"学"提供了有力的帮助。比如，数字化教学手段技术中的录音，能够储存和重现教学中需要的各种真实、规范的声音，充当学生不知疲倦的老师，促进学生自学。再如，数字化教学手段，以形象生动的画面、言简意赅的解说词、悦耳动听的音乐等，使学习内容图文并茂，栩栩如生，增加了教育的魅力，使学习者保持很大的学习兴趣，从而确保学习的成功。

但数字化教学手段这种种优势，却使不少教师在教学中产生了错误的想法，认为课堂有了数字化教学手段的使用，学生就一定能学得扎实，教学效果就一定好。于是，不论什么内容，都制成数字化教学形式，无论教学的哪一个环节，都有数字化教学手段的介入。如课堂上，该让学生自己读书的环节变成了听录音范读；该让学生静心学习的时候，偏要放个背景音乐；明明书上有的内容，偏要让学生看屏幕，等等。课堂上教师忙得不亦乐乎，学生也饶有兴趣，整个课堂热热闹闹。

这种课堂表面上看学生都动了起来，其实教学的效果未必好。仔细分析，不难发现,学生与文本接触的机会被大量剥夺。语文是以"言"传"情"的,情感借助语义、语音、标点符号的表象意义来显现其相应的涵义。学生在阅读课文时,通过分析语义,体会语调语势,把握标点的情感意义,在教师的引导下,深入作者所描绘的情感氛围中,或明白一定的道理,或受到感染熏陶,得以内化,这便是学习语言、感悟语言、内化语言的过程。缺少了这个过程,学生学习语言、内化语言、形成语感便如同无源之水,无本之木,这是其一。

课堂教学也是师生情感交流、生命共同成长的过程。课堂上,教师过度的使用、依赖数字化教学手段,势必会减少师生之间、生生之间的交流与互动,对课堂教学中的生成性资源敏感度下降。课堂教学是一门学问,也是一门艺术,需要教师关注学生在课堂上的任何细微变化,及时调整课堂教学的程序、节奏、氛围、进度,然后通过师生之间的良性互动,才能推进教学高效、有序地进行,这是其二。

我曾听过低年级的《狐假虎威》一课。上课伊始,教师呈现老虎和狐狸的图片,问学生:这两个动物给你们留下什么印象?接着听录音范读课文,然后逐段呈现课文内容进行学习,中间还适时穿插狐假虎威的动画片段,等等。从头至尾,学生始终在看老师制作的课件,眼睛几乎没有离开过屏幕。这样的教学,不但造成学生的视觉疲劳,更不利于提高学生的语言学习,其学习的效果自然也无从谈起。

其次,语文课堂教学的数字化教学设计应重视数字化教学手段的本质特点。

数字化教学手段打破了传统电教媒体的时空界限,可以极大地满足课堂教学的要求。但是,我们也不难发现,现代化的数字化教学手段正在担当传统电教媒体的角色,其真正功能并没有得到应有的发挥。如屏幕,本来是课堂教学中的重难点、关键内容的呈现平台,现在则更多成了简单的文字呈现工具。再如人们常用的数字化教学课件,本来是用来提高学生兴趣、突破重点、化解难点的,现在,则更多成了教师用来提高学生兴趣、调节课堂气氛的催化剂。

如有的教师在教学《飞夺泸定桥》一文时,将写泸定桥样子的第5自然段全呈现在屏幕上:

> 泸定桥离水面有好几丈高,是由13根铁链组成的:两边各有两根,算是桥栏;底下并排9根,铺上木板,就是桥面。人走在桥上摇摇晃晃,就像荡秋千似的。现在连木板也被敌人抽掉了,只剩下铁链。向桥下一看,真

叫人心惊胆寒，红褐色的河水像瀑布一样，从上游的山峡里直泻下来，撞击在岩石上，溅起一丈多高的浪花，涛声震耳欲聋。桥对岸的泸定城背靠着山，西门正对着桥头。守城的两个团的敌人早已在城墙和山坡上筑好工事，凭着天险，疯狂地向红军喊叫："来吧，看你们飞过来吧！"

课堂上，让学生读这段话，思考分层，概括层意，联系上下文的内容去理解词语的意思，等等。整段的文字屏幕，学生看起来吃力，势必影响教学的效果。

语文课堂教学中，媒体的使用要找准最佳作用点和作用时机。如教学《蝙蝠和雷达》一课，蝙蝠探路方法便是学生理解上的难点。课堂上，我运用课件动态地呈现蝙蝠夜间探路的方法，学生便可形象地明白其中道理：蝙蝠从嘴里发出超声波，碰到障碍物反射回来，超声波再进入蝙蝠的耳朵里，蝙蝠便可以掌握飞行的方向。这样直观的演示，便发挥了数字化教学手段本身的技术优势，也向学生呈现了现代教学媒体的魅力。

再次，语文课堂教学的数字化教学设计应凸显数字化教学手段的优化组合。

教学中，有的老师认为，语文课堂教学中，数字化教学手段使用越多，越能提高课堂教学效率。于是录音、图像、视频、动画等全搬上了课堂。课堂上，教师忙得不亦乐乎，学生热热闹闹了一节课。结果，学生该掌握的没掌握，老师一节课下来，也累得气喘吁吁。

事实上，需要借助数字化教学手段进行教学的内容，应该是教学的主要内容；是使用其他媒体无法讲清或难于讲清，或者是虽然能讲清但教学效率低的内容；是使用数字化教学手段比不用数字化教学手段能收到更好效果的内容。教师选择何种数字化教学手段，应根据具体的教学内容来定。课堂上，要采用最易达到教学目的的媒体。

比如语文课，教学目的是训练学生听话、朗读能力，就应使用数字化教学技术的录音系统；如果教学目的是通过看图让学生说话、写话或作文，提高观察能力和表达能力，则应以图像呈现为主。不同数字化教学手段的功能是不同的，教师只有选用恰当的手段，多种数字化教学手段使用时，能优化组合，才能真正提高课堂教学的效率。

总之，语文课堂教学的数字化教学设计，应该树立一个"度"字，强调一个"简"字，实现一个"优"字。

抓好语文课堂教学的问题设计

清代刘开曾说过:"君子之学必好问。问与学,相辅而行者也,非学无以致疑,非问无以广识。好学而不勤问,非真能好学者也。"(《问说》)确实,学问学问,治学必问。课堂教学,常常采用提问的教法,有时是教师的提问,有时是学生的提问。教师的提问,是启发式教学的常规武器。问题设计得好,有利于提高教学效率,可以收到事半功倍的效果。

首先,我从教材的角度考虑,抓住问题设计的整体性。

小学语文课堂提问,从教材内容的角度考虑,问题设计的最大特点是必须重视一篇课文教学的整体性。整体性的含义,我觉得有如下三个方面:

一是设计的问题要抓住要害。抓住要害,就是所提问题必须根据这堂课的教学目的、教学重点、教学难点来确定,要问在"点子"上,找准着眼点。哪里是一篇课文的关键所在,哪里是一点定全局的地方,哪里是学生难以搞懂的难点、疑点,就以哪里为着眼点,设计富有启发意义的问题。例如:问题设计的着眼点,可以是课文内容的关键处,可以是课文内容的点睛处,可以是课文内容的对比处,可以是课文内容的含蓄处,可以是课文内容的细节处,可以是作者的动情处,可以是课文内容的疑难处,等等。这样设计的问题才符合教学的整体性要求,有利于完成教学任务,达到教学目的。

如统编教材二年级语文(下)《我是一只小虫了》一课,课文采用对比的方法,写出了自己认为当一只小虫了的好处。有位教师在教学课义第3—4自然段的时候,提出如下问题:"小伙伴们都说当一只小虫子一点儿都不好,可我觉得,当一只小虫子真不错,这是为什么呢?"引导学生运用默读的方法,到文中去找答案。这一问题教师正是针对课文结构进行整体设计的。

二是设计的问题要富有质量。课堂提问由于受到教学目的、教学重点、学生素质和教学时间等因素的制约,不可能将课文中所蕴含的问题都提出来,必须去粗取精,择优劣汰,必须挑选质量最好、价值最高的问题来提问,设计问题也要有市场经济中的"竞争"观念。切忌设计那些支离破碎、无关宗旨的问题。

如《穷人》一课,夫妻俩商议好要收养这两个孩子,作者是这样写的:"'你瞧,他们在这里啦。'桑娜拉开了帐子。"

学生读完这一段后,我这样问:桑娜拉开了帐子,渔夫看到了什么?他会说什么呢?接着,学生开始热烈地讨论起来,各抒己见,滔滔不绝。听罢,我突然问学生:"作者为什么不像你们说的这样写下去呢?"

学生被这一问一下子愣住了,但经过短暂的沉默之后,立刻醒悟过来,说作者也许会猜到你们想些什么,所以不写了,留给你们想象的空间。

三是设计的问题要多样。课堂上所提问题,类型要多样,防止单维性。这些问题,可以是提问学生深入理解思想内容的,可以是带领学生领会课文语言知识的,可以是训练学生创造性思维的,可以是提高学生审美修养的,可以是提高学生学习兴趣的,可以是提高学生读写听说能力的,等等。教师掌握了所提问题的类型,课堂提问才会得心应手,运用自如。

例如:在教学沪教版三年级语文《想别人没想到的》一课时,我是这样设计问题的:

在通读课文、听写词语基础上,让学生在文中圈出带有"密密麻麻""许许多多""弯弯曲曲"的句子,然后出示含有这三个词的句子,请学生读一读,说一说这三句话都是写什么内容。

在交流的基础上,让学生和同桌说一说三个徒弟是怎样完成画师要求的。接着指导学生通过抓关键词,读好写大徒弟、二徒弟的句子。即:

大徒弟用细笔密密麻麻地在纸上画满了很小很小的骆驼。
于是他画了许许多多骆驼的头。

引导学生通过朗读、想象、说话练习,体会大徒弟、二徒弟的想法。教师出示:

为了画出最多的骆驼,大徒弟想:＿＿＿＿＿＿
为了画出最多的骆驼,二徒弟想:＿＿＿＿＿＿

在学生交流的基础上,教师小结:大徒弟、二徒弟都想到了在有限的空间里画出尽可能多的骆驼。你觉得大徒弟、二徒弟的想法怎么样？

然后，仍然引导学生通过朗读、想象、说话，体会小徒弟的想法，理解"以少胜多"的画意。

出示：

  原来，小徒弟只画了几条弯弯曲曲的线，表示连绵不断的山峰，一只骆驼从山中走出来，另一只骆驼只露出脑袋和半截脖子。

(1) 引导质疑。
(2) 引导学生通过想象小徒弟的心理活动，进一步体会画意。

出示：

  为了画出最多的骆驼，小徒弟想：_____

(3) 小结：你觉得小徒弟的想法怎么样？
(4) 三个徒弟的想法有误吗？为什么大徒弟、二徒弟恍然大悟？"恍然大悟"是什么意思？
(5) 练习说话：大徒弟和二徒弟恍然大悟，想：_____。

这些问题，既抓住了课文内容的要害处，又富有质量，既有助于学生的感性认识和理性认识，又有助于训练学生的思维品质和思维能力，体现了整体性。

其次，从有序提问的角度考虑，抓住问题设计的系列性。

如果提出的问题，教者事先没有周密思考，东敲一棍，西抢一锤，随心所欲，这样，所提问题就会凌乱无序，而凌乱无序的问题只能导致课堂提问的失败，因此，教师必须抓住设计问题的系列性。系列性的含义，我认为主要有如下三个方面：

一是设计问题时必须遵循一定的程序。这个程序就是：首先要熟悉教材内容，明确这节课的教学目的、教学重点和难点，在这基础上，考虑提出哪些问题，并注意所提问题的质量，明确问题的答案，最后确定提问的方法和提问的方式。

二是设计的问题要富有指向性。按照由浅入深、由易到难、由感性到理性、由一般到特殊等原则,设计系列问题,这些系列问题有利于学生深入理解课文内容,有利于把知识归类,让学生弄清来龙去脉,系统地掌握知识。

三是要考虑一堂课内所提的每一个问题,选用何种提问方法,采用何种提问方式,要全面考虑,周密安排。一般来说,课堂提问的方法有对比法、反问法、分解法、归纳法、点睛法、迂回法、连环法、情境法、温故知新法,等等。提问的方式有看图提问、演示提问、操作提问、表演提问、谈话提问,等等。一堂课内,采用多种提问的方法和方式,可以活跃课堂气氛,提高课堂教学效率。

例如:教学沪教版教材四年级语文《律师林肯》一课,我提出了以下几个问题:

(1) 这是一个怎样的案子呢?请你先读读课文1—6节,圈出文中四个带有"定"的词语,简单说说2—6节内容,把林肯在辩护前了解的案情说清楚。
(2) 林肯一共问了福尔逊几个问题?分别从什么方面展开提问?
(3) 这三个问题是如何打开案件缺口的呢?

这三个问题,由浅入深,是系列问题,这样有利于学生全面深刻地理解课文内容,也有利于培养学生的创造性思维。

最后,从培养思维能力的角度考虑,抓住问题设计的启迪性。

为了培养学生的思维能力,设计的问题必须具有启迪性。

一是问题的问法。多采用说理性的和发散性的提问,说理性的,指从"为什么"或"什么原因"等角度提问;发散性的,指从"还有什么"或"说出与众不同的看法"等角度提问。这样提问,有利于引导学生全方位地、立体地去思考问题,有利于培养学生的创造性思维能力。

二是问题的内容。可以采用提示型、激疑型、比较型、想象型、归结型等,这些类型的提问,有利于培养学生的思维能力。例如:激疑型提问,是教者根据教材内容设计的有一定难度的问题,是学生经过深思熟虑后才能解答的问题。运用激疑型提问,可以增强思维的敏捷性、灵活性。

三是要因材施"问"。把握问题的层次,让不同层次的学生都能够"跳起来摘桃子",既有思考的兴趣,又有思考的空间。如年级不同,所提问题的层次也不同,对同一班级中不同层次的学生,也可以提出不同层次的问题。一般来说,问题的层次分为三种类型:低层次的,指那些比较浅显、容易解答或不教自明的问题;中层次的,指那些有一定难度、经过教师略作启发引导就能让学生明白的问题;高层次的,指那些难度较大,必须经过认真钻研、深入思考才能解决的问题。教师设计的问题,要因班而异,因人而异,做到有的放矢,有利于发展学生的思维,提高学生的思维能力。

例如:沪教版语文四年级《父亲的谜语》一课,在分析课文思想内容时,为了让每一个学生都能参与到课堂教学中来,我设计了以下几个不同层次的问题:

（1）作者在文章中多处写到了父亲的眼睛,用"——"画出有关的句子,读一读,想一想,父亲有一双怎样的眼睛?

（2）父亲为什么就能猜得出我的心思?

（3）再读最后一节,想一想,该如何理解这一段话的意思?

"啊,父亲的眼睛是多神秘呀! 仿佛可以给我变出许许多多的快乐和光明。"

一堂课,围绕这三个问题,让学生讨论,各抒己见,教师适当点拨。三个问题,层层递进,难度不断增加,充分地关注到每一个学生。

著名特级教师霍懋征曾说过,提问不是单纯的技巧,而是要在深入理解钻研教材、了解学生的基础上,运用教育理论认真探讨的艺术。设计问题这个教学环节,也是一门艺术,我们应该重视它,不能把它扔到被遗忘的角落。

体文悟情，享受语文之美

"情者文之经，辞者文之纬"，好的文章从来都是"有情物"。语文是以"言"传"情"的，情感借助语义、语音、标点符号的表象意义来显现其相应的涵义。

学生在课堂学文时，通过分析语义，体会语调语势，把握标点的情感意义，在教师的引导下，深入作者所描绘的情感氛围中，受到感染熏陶，得以内化，这便是情感培养的过程。课堂教学在传授语文知识和培养语文能力的同时，更要培养学生高尚的道德情操、良好的审美情趣、旺盛的求知欲以及对真理执着追求的热情。

可以说，小学语文教学中的情感培养是学生获得文明生活的基础，对其成长具有导向作用。

首先，渲染熏陶——激情。

课堂上，教师与学生之间，在知识流动的同时，情感也在流动，教师的情感无时不在激发和感染学生的情感。因此，教学中教师与学生之间要确立畅通的"情感流"，使学生从教师的身上获得情的感知、情的启迪。

一是教师的语言必须倾注情感：或渲染情意，或语出惊警，或慷慨激昂，或低沉悲哀，凭借这些富有感情的语言，拨动孩子们的心弦，引起他们内心世界强烈的反响与共鸣。

如教学《我喜欢小动物》一课，我非常关注各教学环节之间过渡语的设计，如开头声情并茂地说："让我们先跟随作者一起去逗弄逗弄一条小鱼——过山鲫，感受过山鲫给作者带来的乐趣吧。"

文中趣事和蠢事之间的过渡语："每次逗弄过山鲫，总是给作者带来无穷的乐趣，但作者也有做蠢事的时候。"

再比如结尾的总结："作者喜欢小动物，逗弄小动物，不但获得了快乐，还受到了启发。看样子，喜欢动物也要了解小动物的习性，同时还要注意合适的方式,否则会受到报复的呀!"

这样不但将文章有机地串联起来,形成一个整体,更是让学生的情感始终处于高昂的态势,确保了课堂教学的效率。

二是教师要善于捕捉学生情感的细微变化,保持较高的情感态势。教学中常常出现"感"而"不染"的现象,表明情感在流动中受到阻碍。这就要求教师把握情感信息,保持较高态势,启发引导,激起学生的情感波涛。

如教学《送元二使安西》一诗中"劝君更尽一杯酒"时,老师问学生:"诗人为什么劝元二再喝一杯呢?"有的学生竟然回答:"因为到安西就没有酒喝了。"很显然,其感情偏离了目标。对此,这位老师先说:"是吗?"然后满怀激情地吟诵了一遍诗,说:"每次朗诵这首诗,我的心情总不能那么平静。元二要出使的安西在千里之外,就是用当时最快的交通工具也要走半年之久,诗人何年才能再见到自己的朋友元二啊!"孩子们一下子从教师的情感中,体会到诗的感情内涵,明白了诗人与元二之间难舍难分的真挚友情。

其次,熟读体味——悟情。

熟读是理解课文的基础,也只有在对文章熟读的过程中仔细体味,才能领悟文章的美、作者的情。一般地说,教师要引导学生在熟读中悟情应包括以下几个方面。

一是朗读,悟语言美。小学课文多是文质兼容的,小学生在朗读时,出于口,入于耳,了然于心,在读、听、思的过程中,可体会到语言的准确、优美、和谐,受到语言美的熏陶,激起对语文的热爱。

二是体味,悟形象真。学生在熟读中,借助语文的表象意义,对文中所描绘的形象,会渐渐清晰起来,或赞美,或敬佩,或同情,或惋惜,受到感染。

三是想象,悟情意深。朗读中,在轻重缓急语调变化的情况下,借助语言含义,并结合自身经历,学会浮想联翩,通过再造想象,容易感知作者在字里行间所流露出的思想感情和义中所描绘的深远意境,激起美好的情感。

四是综合,悟结构巧。学生在了解了作者的思想感情后,教师可以进一步引导他们弄清文章的结构美,让他们再朗读课文,体会作者是如何巧妙地表情达意。在解决这一问题的过程中,既可让学生受到结构美的感染,又能培养学生的理智感。

如教学《我喜欢小动物》这篇课文,我设计了这样几个教学环节:

(1) 朗读课文,找一找课文中哪几小节写了趣事,哪几小节写了蠢事。

(2) 再读课文,想一想,作者逗弄小动物的部分在你头脑中会产生一个怎样的画面。

(3) 轻声读课文第 4、第 6 自然段,体会文章中流露出作者怎样的感情。

(4) 读读想想,作者是如何巧妙地表情达意的,结构上有什么特点。

这样,学生在读、想之间,既领悟了"情",也把握了"理"。

再次,品词品句——析情。

课堂教学的情感培养,离不开分析情感的载体——语言、语句、符号及内容的安排,通过品词品句,分析作者流露出的情感,是培养学生情感的又一重要途径。

一是品味语调、语势。语调即语音的语气变化,其平静、激越、凝重都体现一种深深的情感。

如《我骄傲,我是中国人》诗中开头写道:"在无数蓝色的眼睛和褐色的眼睛之中,我有一双宝石般的黑色的眼睛,我骄傲,我是中国人!"多么掷地有声,多么豪情满怀,诗人直接抒发了自己热爱中国的感情,充满雄浑豪迈之美。

"语势"则是通过语言的节奏运动构成的一种鲜明语气,能使语音强化而造成一种情感态势。

如《我骄傲,我是中国人》中"黄土高原是我的胸脯,黄河流水是我沸腾的血液,长城是我扬起的手臂,泰山是我站立的脚跟"等句,节奏鲜明,自由奔放并且错落有致,在读者面前展开了一幅波澜壮阔的雄伟画面。

二是研读词句。古人云:"情动于中,而形于言。"每一个词句都有它特定的情感内涵。课堂教学中的释词析句,除了弄清思想内容,还要分析情感意蕴。

如《泊船瓜洲》一诗中"春风又绿江南岸,明月何时照我还"一句,学生在反复朗读中,便能体会到诗人眺望江南、思念家园的深切感情。

三是推敲标点符号。标点符号是文章的主要组成部分,有时能起到语言文字不可替代的作用。各种标点符号均能参与情的表达,如问号的情绪急切,感叹号的情思奔放,省略号的舒展延续,破折号的递进强调,逗号的层叠激进,冒号的韵味云集等。

如《卖火柴的小女孩》中有这样一句:"她从家中出来的时候还穿着一双拖鞋,但是有什么用呢？那是一双很大的拖鞋——那么大,一向是她妈妈穿的。"该句情感的主要力量表现在一个问号和一个破折号上,使小女孩与大拖鞋形成了强烈的反差,寄托了作者对小女孩命运的同情,也烘托了文章的悲剧色彩。

四是揣摩详略安排。一般来说，文章中最能够体现作者思想感情的部分详一些，其他必须交代的部分略一些，在分析文章时弄清详略有利于准确地把握作者的思想感情。

如统编教材二年级语文下学期《我是一只小虫子》一文段落结构可以分为两部分。

第一部分(第1—2自然段)，主要讲小伙伴们觉得当一只小虫子一点都不好。第1自然段总写，第2自然段具体写了当一只小虫子不好的原因。

第二部分是课文的第3—7自然段，主要写"我"觉得当一只小虫子还真不错。同样先总写，然后从几个方面展开具体写，给大家留下深刻的印象。

作者略写第一部分，详写第二部分，把小虫子积极乐观的生活态度写了出来，表现了对生活的热爱。

最后，迁移内化——生情。

课堂教学中，学生在接受了教师的"情"、作者的"情"以后，还必须将其内化为自己的体验，才能达到情感培养的目的。情感内化的过程主要有三步：

一是评价。即对教材、教师所呈现的情感内容进行评估，看看是否自愿接受、投入。教学中有时启而不发，感而不染，就是学生通过评价不愿接受的表现。对此，教师要进行正确引导，使"接受"成为学生的内在需要。

二是切己。用朱熹的话来说，读书需切己体验，"就自家身上推究，让学生进入角色——见作者所见，思作者所思，与作者产生情感共鸣，才能将接受的情感融入自己的情感结构"。

如教《我喜欢小动物》一课，可以引导学生把自己放到小秦牧的突出位置上，看看假如自己被鳖咬了，大人们知道了此事，自己会怎么想？怎么说？怎么做？然后师生配合演一演，使学生获得更深刻的情感体验。

二是扩展。这是情感内化的最高层次，主要是指学生接受情感，并将其内化为自身的体验，并能积极主动地扩展到其他事物上去。

如学习了《给予树》之后，金吉娅的善良、仁爱、同情与体贴深深地打动了学生。他们在后来的学习、生活中，有的同学主动帮助学习上有困难的学生，有的同学开始将自己的成果与大家一起分享。由此可见，学生接受的情感开始扩展，达到了情感培养的目的。

不过，总的来说，与语文知识的传授、课堂能力的培养相比，课堂教学中的情感培养还有很大的模糊性和不可测性，有待于进一步探索。

把反思融入教学设计中

我曾执教了一节研究课——《我喜欢小动物》,至今难忘。

该文选自著名作家秦牧的《童年二忆》之一《小动物》,编入课文时,改为《我喜欢小动物》,并对原文的最后两节作了些改动。

课文结构层次清楚,紧紧围绕"逗弄小动物时,我做过一些有趣的事,也做过一些蠢事"来展开叙述。课文的重点是介绍蠢事的部分,生动叙述了作者小时候逗弄鳖的过程中被鳖咬的痛苦经历,点明了"愚蠢是要受报复的"的道理。

教学中,我引导学生在反复朗读中感悟文本所传递的亲近动物、喜欢动物,也要熟悉小动物的习性,注意合适的方式这一思想内涵。大概是学生也有作者类似的经历,课堂上,学生异常地投入,从读书、思考到交流自己的感受、理解,处处是真情流露,常常有思维碰撞,学生对文本价值取向的感悟准确、到位,在最后一个环节的表演中,学生更是完全沉浸其中。有个同学哭丧着脸说:"下次,我再也不敢用手去逗它(鳖)了,鳖咬人太痛了。"听那声音,就快要哭出来了,好像刚才真的经历了一场难以忍受的痛苦。更有同学迫不及待地说:"下次再逗弄鳖的时候,我会拿根小树枝。"多么绝妙的回答,学生思维的火花开始迸发。课堂上,学生和秦牧一样,深深地喜爱上了小动物,同时,也深深地感受了小动物给自己生活带来的乐趣。

走下课堂,我有一种莫名的轻松与愉悦。是的,课堂上,我全身心地投入,不但换来了自己情感上的丰富体验,更是激活了学生的生活经历,唤醒了学生的情感体验,让学生在读书之余,不但感受了大作家的语言魅力,更是体验了一种对生活的态度。

细细想来,如此有效的教学效率,源于我在教学设计中把握了"三个意识",即目标意识、结构意识、策略意识。

目标意识。即一节课的教学目标要做到集中、明确、适切。简单地说,目标制订要少而精,目标要建立在学生的"最近发展区"上,符合该年龄段(包括该班学生)学生的实际情况。这样,一节课下来,学生才能有收获,有进步,有发展。因此,制订好目标是上好一节课的前提与保证。要达到这一要求,教师不但要把教材看懂,而且要把教材看穿、看透,挖掘出教材的精髓。教师钻教材钻得深,悟出来的道理就透彻,这样讲起课来就简单,也能够讲在点子上,正所谓一语破的、一语解惑、一语启智、一语激情。

语文是一门综合性很强的学科,教学过程中,不但要体现语文学科的工具性,更要渗透人文性,丰富学生的情感体验,培养学生正确的价值观。但是,饭要一口一口地吃。如果教师能吃透教材,了解学生,从教材特点和学生实际出发,恰当地制订教学目标,课堂上,重、难点心中有数,那么,教学就有了方向,学习的效率也就有了保证。

结构意识。结构,包括文本的结构层次和教学的环节设计。有的时候,教学环节的设计是文本结构在课堂教学中的外显。文章体裁不同,结构亦有所不同,教师要善于掌握教材的结构特点。课堂上,教师教学思路清晰,教学环节结构紧凑,有助于目标的达成和提高学生学习的效率。

树立课堂教学的结构意识,要求教师在研读教材的基础上,或进行大刀阔斧的删减,或进行必要的文本拓展,或直扑重点、难点进行教学,将有限的教学时间运用到重点与难点的教学上,从而提高课堂教学的效率。

《我喜欢小动物》是一篇典型的先总后分的写法,作者紧紧围绕"逗弄小动物时,我做过一些有趣的事,也做过一些蠢事"来展开叙述,略写趣事,详写蠢事,层次清楚。教学中,我抓住总起句进行教学,教学紧扣文本的结构特点,特别是过渡语的运用,如开头"让我们先跟随作者一起去逗弄逗弄一条小鱼——过山鲫,感受过山鲫给作者带来的乐趣吧"。如趣事和蠢事之间的过渡语:"每次逗弄过山鲫,总是给作者带来无穷的乐趣,但作者也有做蠢事的时候。"再比如结尾的总结:"作者喜欢小动物,逗弄小动物,不但获得了快乐,还受到了启发。看样子,喜欢动物也要了解小动物的习性,同时还要注意合适的方式,否则会受到报复的呀。"这样的过渡语不但将文章有机地串联起来,形成一个整体,更是让课堂教学环环相扣,给学生留下了深刻的印象。

策略意识。策略是达成目标过程中所采用的手段、方法和具体的操作等。策略是教师教学智慧的体现。策略运用的好坏,是提高课堂教学效率的关键。

该节课,为了让学生从具体事例中感受作者对小动物的喜爱之情,在趣事和蠢事的学习中,我运用了不同的策略。趣事部分,采用了想象读的方式,重点指导学生读好作者数数的一句话,即"一、二、三、四",引导学生一边读一边想象(过山鲫可能在进行跳跃比赛、跳高比赛等),感受逗弄过山鲫给作者带来的乐趣。而蠢事部分,则分为两步,第一步:"循文明象"——即一边精读,一边展开联想、想象,把课文中的语言文字变成形象的画面,在头脑中形成鲜明的形象、场景或意境,并从叙事状物的角度去领悟语言运用之妙。第二步:"体情悟道"——调动学生已有经验,体察作者的思想感情和表达方式,并从表情达意的角度去领悟语言运用之妙。

课堂上,通过自由读、情境读、引读、感情朗读等多种形式的读,特别是情境读,让学生一边做动作,一边感情朗读,一下子就把学生带入了语言文字所描绘的情境之中。学生在朗读中,个个声情并茂,非常投入。这在接下来的两个说话练习中,更是体现得淋漓尽致,孩子已完全沉浸在作者的感情世界。

在课后的研讨中,老师们一致认为,要提高语文教学的效率并不难。

从教师的角度讲,除了需要具备以上的几个意识,教师扎实的教学基本功和深厚的文学修养也非常重要。

从学生的角度看,上课的时候,培养学生良好的读书习惯,书读得抑扬顿挫,读出韵味,读出意境,这对于学生学习语言、积累语言、提高语文素养是大有裨益的。这一节课,学生对文本的正确感悟正是在朗读中逐渐达成的。

初读感知就是第一印象

语文教学的基本模式,大体可分为四个阶段:一是初读感知阶段(或称之为整体感知阶段),包括正确认读,做到不添字、不错字、不丢字、不破词句、不截断、不重复;二是整体感知阶段,是在正确认读的基础上进一步朗读课文,调动学生的语感,从整体上全面感受课文的语言材料,对课文的内容有个大致的了解;三是精读领悟阶段,即一边读一边展开想象,体察作者的思想感情和表达方式,领悟语言的运用之妙等;四是熟读转化阶段,包括背诵积累语言材料,积淀语感经验,迁移运用,积极向课外语文生活延伸等。

在阅读教学实践中,人们往往重视精读领悟和熟读转化阶段的教学,而忽视初读感知阶段的教学。事实上,初读感知阶段是精读领悟和熟读转化的基础与前提,没有对教材的正确认读,充分感知,就不能保证精读领悟和熟读转化的质量。

我在执教苏教版教材五年级语文《烟台的海》一课时就有这样的实践与体会。

首先,录音范读,激趣入文。

爱因斯坦曾说过:"兴趣是最好的老师。"有了兴趣,便有了好奇心、求知欲和创造的热情。读书学习亦是如此。

《烟台的海》是孙为刚写的一篇散文。课文主要描写了烟台的海一年四季的独特景观:冬日的凝重,春日的轻盈,夏日的浪漫,秋日的高远,以及在大海的背景下,烟台人的劳动与生活,激发人们热爱大自然、热爱生活的情感。

该文是一篇文质兼美的文章。课堂上,我先让学生一边观看数字化教学手段呈现的课文内容画面,一边听录音声情并茂的范读,让课文中抽象的文字变成形象的画面,将学生带进课文描绘的情境与画面中,激发学生学文的兴趣。同时,也为学生充分感知教材做铺垫。

接着,我及时进行课堂反馈:"听完了课文的录音,你有什么感受?"有的同学说:"烟台的海真是太美了,我真想亲自去看一看。"有的说:"我觉得烟台的海一年四季的景观,各有各的特点……"还有的说:"我仿佛来到了烟台,看到了烟台的海!"学生的回答,说明课堂上媒体声画同步对学生进行的强刺激,大大地激发了学生学习课文的兴趣。

其次,分层阅读,逐步感知。

张志公先生曾说,在朗读的要求上,要分三个层次,即基本的要求,进一步的要求,较高的要求。基本的要求是读音正确,句读清晰,不错不漏;进一步的要求是正确地读出抑扬顿挫、语调神情;较高的要求是显示出文章的风格神采。阅读教学,首先应该将它夯实。只有将课文读通、读顺、读熟,学生才能更好地理解内容,才能去练习感情朗读和背诵。为此,在教学《烟台的海》一课时,我设计了这样几次读的训练。

一是初读课文,读准字音。听完了课文的录音范读,我让学生放开声音,大声朗读课文,要求先读准生字表中生字的字音,再边读课文边用"——"画出课文中的生字词,然后进行适当检查。对容易读错的字音,给予重点指导,或请学生范读,或教师领读。生字的音是学生读通课文的障碍之一,指导学生读准生字新词,就为学生下面的练读课文扫清了障碍。

如课文中有这样一句话:"春天是播种的季节,大海也不例外。脱去冬装的渔民们驾船驶过平静的海面,到养殖区去播下希望的种苗,期待着收获的季节。"

该句中有一个多音字"种",在句中分别读什么音呢?这不但需要学生去查字典(或词典),更需要联系上下文,结合具体的语境去理解。通过反复朗读,深入体会,这样,就很容易确定"播种"和"种苗"两个词中"种"的读音。前一个应读"zhòng",后一个应读"zhǒng"。

二是再读课文,读通全文。为了从整体上感知课文,还必须读通全文。课堂上,我又让学生大声朗读课文,要求把课文读得正确、通顺,特别强调要大声地读。张志公先生认为:"一篇文章,读出声音来,读出抑扬顿挫、语调神情,比单用眼睛看,所得的印象要深刻得多……"学生大声读文后,教师再指几名(随机)学生分段读课文,及时检查阅读效果。对于阅读中存在的问题,如添字、丢字、错字、读破句等现象及时纠正。

三是默读课文,边读边想。在学生读准字音、读通全文的基础上,让学生默读全文,边读边想:课文是按什么顺序写的? 主要写什么?

这一次读,要求比前两次都高,但这一次的读是在前两次的基础上展开的,不是可望而不可即的,学生跳一跳,是能够把"果子"摘到的。

课堂上一遍又一遍地读,要求不断地提高,读得有目的,读得有层次,再加上读的形式的变化,避免了学生读得枯燥,而且,在读的过程中,学生对语言文字的感悟已不再是"雾里看花,水中望月",而是由模糊到逐渐清晰,了解了课文的大概内容。

课堂上,学生回答,课文是按季节顺序来写的。教师进一步追问:"既然是季节顺序,为何作者不按春、夏、秋、冬的顺序来写,而将冬天放在前面来写呢?"一石激起千层浪,学生的思维一下子被打开,开始互相议论起来。有的说:"因为冬天烟台的海景观最独特!"有的说:"因为冬天烟台的海景观给烟台人和游客留下的印象最深!"还有的说:"因为烟台的地理位置比较独特,冬天海的景观和别的地方的冬天海上景观不同!"

由此看出,通过一遍又一遍不同形式的朗读,学生对课文内容的理解在不断加深,不但能联系上下文来理解词句、段落,而且能从谋篇布局的角度加以分析。

最后,提供示范,加强指导。

初读感知阶段,是学生认识语言的阶段。这一阶段,老师应树立为学生服务的思想,努力帮助学生准确地认识文字符号。

如在指名分节读课文时,对于没读准的字词、停顿不当的地方,教师应及时纠正,或指名范读,让其跟读;或让其本人再读。

如学生在读课文之前,我将课文中的两个长句子,出示在屏幕上:

小山似的涌浪/像千万头暴怒的狮子,从北边的天际/前赴后继,锲而不舍地扑向堤岸,溅起数丈高的浪花,发出雷鸣般的轰响,有时/竟把岸边数百斤重的石凳/掀到十几米远的马路中央。

夏天,来自南太平洋的风/使许多南面临海的城市感到湿漉漉的,而这股带着潮气的风/经过胶东半岛崇山峻岭的阻拦、过滤,到达北面临海的烟台时,只剩下凉爽和惬意。

这两个句子比较长,中间的停顿是学生朗读的难点,教师可以先为学生做个示范,在范读中引导学生关注停顿,做上记号,画上"/",然后自己再试着读。

马卡连柯说:"教师永远是儿童模仿的典型。"学生在教师范读的基础上,模仿教师进行朗读,有助于学生攻克朗读的难关,从而为读通、读熟课文打下基础。

《小学语文课程标准》指出:"语文课程应激发和培育学生热爱祖国语文的思想感情,引导学生丰富语言的积累,培养语感,发展思维,初步掌握学习语文的基本方法,养成良好的学习习惯,使他们具有适应实际需要的识字写字能力、阅读能力、写作能力、口语交际能力,正确地理解和运用祖国语文。"而朗读是学生接触语言文字最直接、最有效的途径。《小学语文新大纲》也规定:"小学各个年级的阅读教学都要重视朗读。要让学生充分地读,在读中整体感知,在读中有所感悟,在读中培养语感,在读中受到情感的熏陶。"

初读感知阶段的教学,旨在感知,了解大意,达到这一目的的最佳途径就是朗读,这也是语文教学的根本途径。学生在读中积累语言、培养语感、增加体验、增强感悟、理解内容、整体感知的过程,也是学生对范文语言的感受、领悟、积累和运用的过程。由此可见,阅读教学中的初读感知阶段在整个阅读教学过程中占有相当重要的地位,必须引起足够的重视。

只要生成都是教学资源

日常教育教学过程中，不同学生对文本价值的理解、体验、感悟往往是不同的，这也是必然的。有人说，学生情感体验与文本价值取向之间的差异，就是语文教学落实人文素养的空间与落脚点。

教师要正确地认识和对待这种差异，允许出现这种差异。因为学生体验的差异正是一种教学资源，特别是对于生成性的错误资源，教师只要能够及时地捕捉、引导、重组，巧妙地进行课堂教学的推进，必然会有意想不到的效果。

我曾听过一位教师这样执教沪教版教材《半截蜡烛》一课。

该课是一个短小的剧本，反映的是发生在第二次世界大战期间法国某城市的故事，女主人伯诺德夫人的家是反法西斯组织的一个联络点，为安全起见，伯诺德夫人把一份秘密文件藏在半截蜡烛里。在蜡烛被例行前来检查的德国鬼子点燃的危急关头，为保住蜡烛里的秘密，伯诺德夫人、杰克、杰奎琳用自己的智慧和勇敢与敌人展开了惊心动魄的斗争。文章赞扬了法国人民为了国家利益不惜牺牲一切的献身精神，以及他们机智勇敢的优良品质。

课堂上，教师在组织学生交流课文是怎样表现主人公的机智勇敢时，有一位学生突然站起来说了一句："英雄难过美人关！"全班立刻哗然，全场听课老师也惊叹不已，显然这样的理解是不太合适的。

对于这一生成性的资源该怎样利用？大家静静地等待着。教师很智慧，愣了片刻，说："说得好！不过我们来分析一下，这里的'英雄'指谁，'美人'指谁。"学生异口同声地说："'英雄'指德国军官，'美人'指小女儿。"教师接着反问："把德国军官说是'英雄'合适吗？"学生被这一问，也愣住了。但马上一想，发现这样说明显不合适，于是有的学生站起来说："德国人是侵略者，说是'英雄'肯定不合适。"其他的学生也恍然大悟。显然，教师好像并不满足于此，他接着问："那么，到底是谁难过谁的关呢？"

一石激起千层浪。学生的思维火花再次被点燃，思维的阀门瞬间打开。

有的说：“狗熊难过美人关！”

有的说：“德寇难过女儿关！”

至此，听课老师都感到松了口气，从内心佩服教师课堂上过人的教学智慧，精湛的教学艺术，更感受到文本价值取向在学生内心深处融化的过程是那样巧妙、自然。

再比如，人教版语文四年级下册"语文园地四"的看图作文《中国娃娃》中有一张照片，该照片记录的是1937年8月28日，日本侵略者轰炸上海火车南站时，被记者拍下来的真实情景：火车站到处是倒塌的房屋，一个大约两三岁的小男孩坐在铁轨上，正在呼喊着他的妈妈。此情此景，体现了战争的残酷，充满了对和平的渴望。

课堂教学的过程中，教师为了进一步让学生感受战争的残酷，出示了一组南京大屠杀的历史照片，有万人坑、刺刀下的婴儿、日本鬼子杀人比赛等，教师让学生说说观看后的感受。

有的说：“战争真是太残酷了！”

有的说：“日本鬼子太残忍了，杀害了这么多中国人！我要好好学习，长大了为死去的中国人报仇。”

有的说：“看着这些照片我的心里充满了仇恨，我长大了一定要给他们报仇！”

从学生的回答中不难看出，学生的情感已经偏离了教材的意图。本单元是战争单元，有《夜莺的歌声》《小英雄雨来》《一个中国孩子的呼声》《和我们一样享受春天》四篇课文。安排这样一组课文，主要是"去了解战争给孩子带来的苦难，聆听他们对和平的呼唤"，而不是在孩子幼小的心灵播下复仇的种子，激发学生好战的情绪，更不是让他们以后去树立对手。

课堂上，教师面对学生这样的回答，及时巧妙地给予了纠正："同学们，通过看刚才的图片，我们深深地感受到了战争的残酷，和平的重要，所以我们要维护和平，制止战争，珍惜今天的幸福生活，好好学习，长大后报效祖国！"

听了老师的话，一个孩子站起来说："老师，我在书上看到过一句话，叫'冤冤相报何时了'，我觉得我们不能用仇恨去还击仇恨，这样只能让两个国家之间更加仇恨！"

孩子的回答多么精彩！他已经将仇恨化为了宽容与理解。

课堂上，学生之间的差异性和生成的丰富性，让我们动态的教学过程经常迸出智慧的火花，让教学建立在为每一个学生提供发展可能性的基础之上。

追求思维方式的智慧

学习新理念,展现新风采

2006年8月,我来到了百年老校——闵行区七宝镇明强小学(下文简称"明强")。

记得第一次走进"明强"的时候,我就被学校的文化气场所感染,觉得这就是我向往的学校。校园里充满浓浓的人文气息,一树、一花、一草仿佛皆具灵性。百年桂花树、紫藤架、喷水池、凌霄长廊,仿佛在向你诉说百年"明强"经历的风风雨雨,又处处彰显"审美·超越"学校核心办学理念。"两明两强"(明事理,明自我,强精神,强体魄)的校训,更是在"明强人"的身上得到了体现。

刚进"明强"的时候,我负责三年级一班语文教学工作,并担任班主任。有一次,闵行区要开展"男教师课堂教学风采展示",学校把我报了上去。我既欣喜,又紧张。欣喜的是有这样一次锻炼的机会,紧张的是刚到"明强"不久,担心上不好丢"明强"的脸。

接下来开始选课文,经过再三思虑,我选择了秦牧写的《我喜欢小动物》一课,理由有三:一是按照进度,基本就到这个单元;二是从班级学生前期的学习兴趣看,我班学生更喜欢有故事情节的课文;三是从我个人的教学倾向看,更擅长教学带有故事情节的文章。

课文确定后,我根据以往的备课经验进行了教学设计,制作了课件。

我清楚地记得,2007年3月28日下午,我的试教课上,吴校长把区教研员朱新亚老师也请了过来,一起听我的试教。

那是我进入"明强"以来,第一次上研究课(在"明强",没有公开课一说,因为每一节课都是带着研究精神去上的,没有十全十美的课)。课堂上,我不但对教案不熟,而且对学生学习状态的把控、课堂生成资源的再利用、学法指导等方面,感觉完全不在状态。课堂上,我瞟了吴校长和朱老师一眼,两位表情严肃,一脸的不满意,我的心里七上八下。

下课了,我跟随大家来到四楼大会议室,静静地等着"暴风雨"的来临。果不其然,还没等朱老师开口,吴校长(吴校长是一位特级校长,也是语文出身)首先劈头盖脸地把我说了一通,我当时的脸上火辣辣的,简直无地自容,起先最担心的事情还是发生了。吴校长说了很多,我清楚地记得一句话:"你在民办学校的老本已经啃完了,需要有新的努力,新的学习……"

这里要补充一下,来"明强"之前,我在闵行区一所新创办的民办学校。确实如吴校长所说,那几年是在"啃"前面积淀的老本,一是因为民办学校的教师培训几乎为零,按照民办学校董事长的说法:"我把你招进来,是因为你行,我是要用你,而不是要培养你!"二是那几年学校不断更换办学法人、校长,教师队伍流动也快,整天提心吊胆。风雨飘摇的学校,自己根本没有心思去学习、提升。

来到"明强"以后,我也主动借来"新基础系列丛书"开始自学,力求尽快掌握新基础的理念,但是,毕竟需要时间去消化、积累和实践。吴校长的一席话一下子"浇"醒了我。吴校长说完后,朱新亚老师没有对我做太多的批评,而是给了我很多的修改意见和建议。我一一做了记录,那天一直交流到很晚,吴校长也一直陪伴到研讨结束。晚上回到家,我把自己关进书房,又认真地把吴校长、朱老师的建议看了一遍,然后开始研读教材,设计教学过程。因为明强小学参加新基础教育研究,教案格式相对于传统的备课格式要更全面、更详细。既有教材分析、学情分析,也有教学活动、学生活动,还有教学设计的意图。备课的时间要比传统的备课多出好几倍,但是,就是这样的备课过程,倒逼着我对教材、学情进行深度分析,对每一教学环节的设计意图做深入思考。经过一个周末的"打磨",教学设计总算完成。

在接下来的清明假期里,我又对教学设计反复斟酌,反复试讲。假期一结束,我又在放学后,留下班级七八个基础一般的同学进行了试教。

2007年4月5日,区里的"男教师课堂教学风采展示"活动如期在"明强"举行,来自全区几十所小学的200多位教师齐聚"明强"。那一天,我和花园小学葛亮老师、日新小学陈政老师分别执教了《我喜欢小动物》《家是什么》《秦陵兵马俑》三篇课文。课堂上,我们三位男教师干练、洒脱的教风,独特新颖的教学设计,宽松、活跃的课堂氛围,幽默简练的语言深深吸引了大家。我的课,无论是教学的设计,还是教学方法的选择都恰到好处,得到了听课老师的高度评价。我看到听课的吴校长脸上，一直挂着笑容。

课后，我们三位男教师获得了听课教师给予的热烈掌声和小学语文骨干教师培养基地三位学员献上的一大束玫瑰花。那一天，我又一次感受到成功需要辛勤的付出，心里更是对吴校长和朱新亚老师无微不至的关心和指导充满感激之情。

那天下班后，我回家的第一件事，就是反思当天上课的过程，总结自己成功的原因，写了一篇《对有效教学的几点认识——由一堂研究课引发的反思》的文章，此文后来发表在上海《基础教育》杂志上。

此后的几年中，我又陆陆续续上了不少研究课，比如，为闵行区教师进修学院附属上宏中学老师们执教了《信任》一课；闵行区教师进修学院50周年院庆的时候，执教了作文指导课《护蛋》，得到了著名教育家于漪老师的肯定。

一个老师的成长，常常有一些关键节点，抓住了关键节点，获得的成长常常呈几何倍数递增。一次公开课的收获与成长可能是几年的教学也不能及的。

尊重差异才有发展可能

针对班级部分学生时间意识淡薄、做功课较为磨蹭的现象,我决定亲自主持本周的班会课,主题定为"一分钟到底有多长"。

周五的班会课上,为了能够取得预期的效果,上课伊始,我先请学生拿出语文书,抄写我国著名作家巴金《鸟的天堂》的最后一节。班会课上抄课文,学生有点抵触情绪。不过在几个班级"领军人物"的带领下,许多同学还是拿出书,开始埋头抄写起来。但平时那几个较为磨蹭的同学仍和往常一样慢慢地取书、拿笔、翻书、张望……忙乎了半天,时间已过大半,才开始低头写起来。转眼,一分钟的时间快到了。

"好!时间到!停笔!"就在这时,我突然宣布。学生们有点丈二和尚——摸不着头脑。"你们知道刚才抄写了多长时间吗?"我问道。学生们一下子来了兴致。"两分钟!""两秒钟!""30秒!""40秒!""45秒!"……学生们看着我的表情,七嘴八舌地猜测着。

"你们用了一分钟,整整一分钟!"我有意将一分钟说得很重。学生们有点惊讶。"啊!一分钟!""这么长!"有的同学开始在看自己的作业本,情不自禁地数着作业本上的字数。

结果,最多的写了15个字,最少的一个字也没写,同学们惊讶不已。

我见机宣布了今天班会的主题——"一分钟到底有多长"。我将这几个字认真地写在黑板上。

那么,一分钟究竟有多长呢?学生们纷纷举手,异口同声地说:"60秒!"显然学生并没有明白我问话的意思。"那么,60秒究竟有多长呢?"我追问道。这一问,教室里顿时安静了下来。

短暂的安静过后,我们班的"活字典"(因为平时酷爱阅读,所以理解能力特别强,尤其是对词语的理解较为准确,因此,我们称她为班级的"活字典")站了起来。她胸有成竹地说:"不同的人,对一分钟有多长的感受会不一样。珍惜时间的人会觉得它很长,可以做很多事。不珍惜时间的人,会觉得它很短,做不了什么事,所以根本不会去利用它。"

太精彩了!她的回答完全出乎我的意料。我开始惊叹于眼前的这位可爱的小姑娘。学生们也被"活字典"的精彩回答怔住了。

突然,有的人好像受到了启发,站起来说:"就像刚才的抄写,平时不珍惜时间的人,他仍然会慢慢吞吞,不当回事。"

就在这时,我发现平时那几个比较慢的同学有点不好意思地低下了头。我听后,决定"借题发挥"一下,那么,刚才的抄写,你平均多长时间写一个字呢?学生又一下子来了兴致,饶有兴致地计算起来。

不算不知道,一算吓一跳。"快的同学 4 秒钟写一个字,慢的同学 20 秒钟写一个字,当然,还有 60 秒钟一个字都没有写的!"我边说边将这些数字写在黑板上,"快的同学是慢的同学速度的五倍呀!对于一个字都没写的就是整整十五倍呀!"

我停了停,又接着说:"由此,我联想到平时的作业,如果是 30 分钟或是更长一点时间的作业,那要有多大的区别。看样子,平时写作业快的同学跟有着强烈的时间意识是分不开的。"班里那些平时总是早早完成作业的同学脸上露出了喜悦的神情。

问题讨论到这,我决定再往下引一引。我接着问:"那么,生活中一分钟我们究竟可以做哪些事?"有的说一分钟可以计算 30 道口算题,有的说一分钟可以叠好被子,有的说一分钟可以整理好自己的书包……学生的回答正中我的下怀,于是,我决定来一次一分钟内整理书包的比赛。学生们跃跃欲试,我刚宣布开始,他们便紧张地整理了起来。

可是,意料之外的事情发生了,我突然发现小伟却坐在那不当回事(每次放学的时候整理书包数他最慢)。时间到了,结果,全班只有三个平时比较慢的同学没有完成。当然,最后大家把目光都集中到了小伟的身上,我同样也想知道其中的答案,微笑着问道:"你刚才为什么不整理书包呢?"他站起来毫不犹豫地说:"我一分钟里整理不好书包!"话音刚落,大家情不自禁地笑了起来。"那么你平时整理书包一般要用多长时间呢?""最快两分钟,最慢要十分钟!"他仍然不加掩饰地说。大家听了,笑得更厉害了。

小伟好像一下子意识到了什么,马上补充说:"下一节课还有课,我现在整理也是白整理。""借口!""整理不好还找理由!"……大家七嘴八舌地议论起来。

没想到有的同学干脆站起来说:"老师,我觉得他应该相信自己,对自己充满信心。""我觉得他应该去做一做,什么事情不去试一试,怎么知道自己行不行呢?"小伟有点情绪激动,他理直气壮地说:"他们虽然整理得很快,但是没有我整理得好,我都是分门别类的放,这样找起来很方便。""我也是这样!""谁不是这样!"大家的情绪更激动,显然对他的发言充满意见,有的同学干脆将自己的书包提到了他的跟前让他看。

我知道,小伟只是想维护一下自己的面子。如果继续这样讨论下去,他不但不会改变什么,反而会和集体形成更为严重的对立,我决定先将他的问题暂时搁一搁。"同学们,小伟的想法也有一定的道理,如果你们还有什么不同的看法,课后请大家真诚地与他交流一下。"我停了停望了大家一眼,接着说,"你们刚才很能干,能在一分钟里整理好自己的书包!可见,只要我们抓紧时间,能做很多的事情。那么,这宝贵的一分钟从哪来呢?"孩子们思维的阀门又一下子打开!在接下来的时间里,同学们畅所欲言,滔滔不绝。

课后,我将小伟叫到我的跟前,微笑着说:"男子汉,今天怎么回事?"他腼腆地低下头,支支吾吾地说不出话来。"光讲质量,不讲时间可不行啊!"我笑着说,"只有做走在时间前面的人,才能做生活与学习的主人。"最后,我们一起分析了原因,在肯定他讲究质量的同时,相信他一定能有所进步,最后,我们还一起制订了努力的目标。这次谈话很愉快,他最后信心满怀地离开了办公室。

在后来的一段日子里,他的动作虽然还是比别人慢,但是和他自己比,已经快多了!看着他的进步,我也有了一些安慰,但也留下许多思考:

教育面对的是一个个独特的生命体,生命体的成长是一个必然性的历史过程。但是,作为教师,首先要相信和尊重学生。相信是一种信念,是对每一位学生都有发展潜在性的坚定信念。保尔朗格朗指出:"教育的真正对象是全面的人,是处在各种环境中的人,是担负着各种社会责任的人,简言之,是具体的人。"尽管个体之间存在差异,但都存在着多种发展的潜在可能性。苏霍姆林斯基也认为:"没有哪样的人,他的身上未被赋予天资和可能性……"

尊重学生,就是尊重学生个体间的发展差异。先天和后天教育环境的差别,必然导致学生个体之间发展的差异性以及个体内部各因素发展的不平衡性,这是客观存在。学生之间的差异性必将体现在"性向、兴趣、特长,以及学习和思维方式、认知框架与行进路线的区别"上。承认差异,尊重差异,更应以"积极的态度研究差异,发展个体的特长,使学生群体呈现出丰富的统一,为各种人才的成长打好基础、提供条件"。

课前预习,培养独立思维习惯

我国著名作家巴金说过:"孩子成功教育从好习惯培养开始。"俗话说,有了一个好的习惯,就等于成功了一半。对于正在成长中的孩子,有许多的习惯需要养成,比如热爱读书的习惯、善于提问的习惯、遵纪守时的习惯,等等。这些习惯,需要教师针对学生不同的年龄和心理特点逐步培养。

养成课前预习的习惯,充分地感知文本,了解文本的大致内容,可以更好地帮助学生理解课文内容,体会作者的写作意图和表达的思想感情,准确把握文本价值取向。实践越来越证明,学生课前对教材预习得充分与否直接关系到课堂教学的效率。学生课前对教材预习得越充分,课堂学习的效果就好,反之,课堂教学推进就存在困难。

课前预习,首先是让学生充分地感知教材。感知教材离不开读书,朗读课文要做到正确认读,字字音准,文通句顺。所谓"正确",即做到"六个不":不读错,不添字,不漏字,不唱读,不顿读,不重复。在此基础上,再让学生归纳课文主要内容,圈圈画画,质疑问难,完成书后的练习等。没有对教材的正确认读、充分感知,学生对作者的写作目的和作品的思想内涵便不能准确把握,课堂上对文本的价值取向只能是囫囵吞枣,甚至会张冠李戴。

作为课堂教学的组织者、引导者、评价者——教师,在上课之前,也必须要深入地钻研教材,吃透教材,准确、正确地解读教材,让教材解读尽量贴近作者的本意。上课前,教师要对文章的篇章结构、谋篇布局、写作意图,了然于胸。文章的行文之道、语言特点、词句表达,历历在目。这样,上课的时候,才不会"脚踩西瓜皮,滑到哪里算哪里"。课堂上,学生对教材解读不够深刻,或不够准确的时候,教师才能及时地发现、纠正、引导。

《狐假虎威》是沪教版二年级的一篇课文,讲的是狐狸借老虎之威吓退百兽的故事。这样的寓言故事,学生非常喜欢,而且大多数孩子在入学前已经读过这个故事,对内容和情节非常熟悉。

我曾听过这样一节课。课堂上,教师问了这样一个问题:"你认为这是一只怎样的狐狸?"学生纷纷举手,争先恐后地要发表自己的看法。有的学生说:"狐狸非常聪明。"有的学生说:"狐狸非常狡猾。"有的学生说:"狐狸非常会耍小聪明。"还有的学生说:"这只狐狸非常了不起,居然把'森林之王'——老虎哄得团团转。"……面对学生的"精彩"发言,此时的教师不但没有指出部分学生理解上的错误,还对学生的回答大加赞赏,表扬学生肯动脑筋。

这样的课看似热热闹闹,学生实则没有一点进步。课堂上,教师抛开文本的价值取向,甚至与作者的价值取向背道而驰,学生的价值判断、理解和欣赏能力更毫无长进可言。

再如,上海市二期课改教材二年级语文有这样一篇课文——《狮子和山羊》,教师在学生初读课文后提出了这样的一个问题:"同学们,狮子、山羊和豺狗给你留下了怎样的印象?"

学生们积极开动脑筋,有的说山羊是勇敢的,有的说山羊很聪明。学生说完后,教师加以了肯定。接着,有的学生说狮子很胆小,有的说狮子很愚蠢。教师听了很满意。最后,当有个学生说"豺狗很聪明"的时候,教师突然愣了一下,也许这个答案是她没有想到的,但是,教师马上调整了过来,反问学生:"豺狗我们能说聪明吗?"学生们一下子明白了老师的意思,纷纷改口说"狡猾"。教师听了,马上在黑板上写下"狡猾"二字。这样,教师预设的三个答案全部都在黑板上了。

学生之所以说豺狗聪明,是因为课文中有这样一句话:"豺(chái)狗是很聪明的。"对于这里的"聪明",学生并没有真正理解其含义。文中有这样一句话:"豺狗又提议说:'你沉住气,跟我一块儿回到洞里去,把这个冒牌(pái)的东西当着一顿饭吃了吧。'"课堂上,教师如果能引导学生去细读、品味这一句,学生便能感受豺狗的凶残与狡猾。

这便是典型的学生对教材内容不熟悉的表现。《礼记·中庸》指出:"凡事豫则立,不豫则废。"意思是做任何事情,事前有准备就可以成功,没有准备就会失败。学生是学习的主人,只有学生对教材充分感知,尽量贴近作者的本意,学生的学习才有意义。

品词析句,感悟价值取向

文本的价值取向更多的时候不是外显的,它隐含于文章的字里行间。学生对文本价值取向的把握最直接、最有效的方法,就是细读文本,品词析句。细读文本是层层剥皮的过程,是去粗取精、去伪存真的过程。课堂上,学生只有抓住那些重要的词句、细节描写,诸如人物的语言、动作、神态等,才能走进人物的内心深处,才能较为准确地体悟主人公内心丰富而复杂的思想活动,才能感受作品的人性之美。

沪教版四年级语文《父亲的谜语》一课,通过多次描写父亲的眼睛,为我们展现了一位饱经风霜、深深地爱着自己孩子的父亲形象。

父亲眯起眼睛看着我,悠悠地念着他的谜语。

再盯着父亲的眼睛瞧,觉得他那双笑眯眯的小眼睛也和夜空一样深邃、神秘。

父亲笑着说:"你再听啊——"他把眼睛闭上:"晚上关箱子。"又把眼睛睁开:"早上开箱子。"父亲把眼睛凑近我:"箱子里有面小镜子。你仔细看看,镜子里是不是有个细妹子?"

每当我噘起了嘴巴……笑眯眯的眼睛一张一合……

这些句子只有学生通过深入朗读,边读边想,边读边悟,才能感受到浓浓的父爱。

而有的文章则需教师引导学生抓住人物的动作和语言描写,去细细品味,才能有所收获。如沪教版四年级语文《看不见的爱》一课,对母爱的描写便非常有特点。文中有这样几段关于那位母亲的描写:

那位妇女坐在草地上,从一堆石子儿中捡起一颗,轻轻递到孩子手中,安详地微笑着。

　　他母亲对我笑了一笑。"谢谢,不用!"她顿了一下,望着那孩子,轻轻地说,"他看不见。"

　　"我告诉他,总会打中的。"母亲平静地说,"关键是他做了没有。"

　　他母亲并没有说什么,还是很安详地捡着石子儿,微笑着,只是递的节奏也慢了下来。

这几段看似平常的话,却将这位平凡而伟大的母亲刻画得细致入微。课堂上,如果教师不抓住"轻轻""递""捡""安详"等表示动作、神态的词语,引导学生细细品味其中蕴含的深刻的思想内容,学生便无从体悟。学生对文本的主观体验,便如无本之木,无源之水,缺少前提和基础,失去体验的价值和意义。

再如统编教材三年级语文(下)第二单元《鹿角和鹿腿》一课,本单元是寓言单元,要求读寓言故事,明白其中的道理,把图画的内容写清楚。教师在教学的时候,可充分借助自读自悟、品词析句的方法,帮助学生理解寓意。

下面是课文的第6自然段:

　　就在狮子灰心丧气不想再追的时候,鹿的角却被树枝挂住了。狮子赶紧抓住这个机会,猛扑过来。眼看就要追上了,鹿用尽全身力气,使劲一扯,才把两只角从树枝中挣脱出来,然后又拼命向前奔去。

一位教师在教学时首先出示这段话,提出如果去掉"却"字是否可以,学生在反复读的基础上,纷纷发表自己的看法——

有的说:"不能去掉,在这之前,它的角是占优势的。加上'却'就表示事情的转折。表示让鹿引以为傲的鹿角却给自己带来了麻烦。"

有的说:"不能去掉。鹿正在逃跑,如果狮子没有追过来的话,它的角为什么就莫名其妙地被树枝挂住了呢?"

(师补充:也符合课文的叙述内容。)

有的说:"'却'能表示出事情的偶然性。"

有的说:"鹿以前很为它的角骄傲,但是现在差点送了它的命。这是鹿没有想到的。"

学生在深入研读教材的基础上,有了自己的感悟和理解,透过品词析句,走进了文本,走进了作者的内心。

有人说,品词析句、语言积累是通往"语文之家"的"停靠站"和"加油站",是学生进行言语的实践运用与表达练习,成为言语上自我实现的人的基础。课堂上,教师如能胸中有教材,心中有教法,眼中有学生,遵循课堂教学的规律,从学生的身心特点出发,处理好二者关系,便能充分发挥文本价值取向在学生人文素养提升方面的作用,达到滋润学生心灵、启迪学生智慧、促进学生积极情感体验形成的目标。

巧用点拨，学科育人

《小学语文新课程标准》指出："工具性和人文性的统一，是语文课程的基本特点。"教学过程中，"培养学生高尚的道德情操和健康的审美情趣，形成正确的价值观和积极的人生态度，是语文教学的重要内容，与语文能力的提高、语文学习过程和方法的形成是融为一体的，不应把他们当作外在的附加任务"。

但是，在实际的教学中，教师在课堂上常常忽视了语文学科独特的育人价值。

最近，一位老师执教统编教材三年级语文上学期第15课《搭船的鸟》一课，孩子们在讨论翠鸟外形部分的时候，一个孩子说："翠鸟，你好漂亮啊！你要是我的小宠物就好了！"老师并没有及时发现学生回答上的问题，又找了一个同学，这个同学也说："翠鸟，我太喜欢你了。我想养着你！"此时，老师可能意识到一些问题，补充道："我们可以让它做小伙伴！"是啊，喜欢了不一定要占有，或者是必须拥有。教师及时纠正学生的说法，也是在纠正学生的错误认知。这恰是语文学科育人的优势所在。

在听统编教材一年级语文课的过程中，也曾出现这样的一幕。一位教师教学"b、p、m、f"几个字母，课堂上，教师紧扣教材特点，借助插图，通过讲故事、编儿歌、做游戏等手段，激发学生学习兴趣，学生始终保持高昂的热情。当讲到音节与音节也可以合成一个词的时候，教师引导学生认识"瀑（pù）布（bù）"一词后，让学生用"瀑布"造句。

第一个学生说："瀑布真美啊！"

教师没有及时抓住"啊"字做点评，又找了一个学生。

第二个学生说："瀑布真美！"去掉了"啊"字！

教师仍然没有做点评，又找了一个学生。

第三个学生说："星期天，妈妈带我到了大森林里，我看到了美丽的大瀑布!"

这个句子造得多好啊!既完整,又强烈地表达了自己的高兴和赞美之情!但是教师仍然没有给予及时的肯定,就这样过去了。

讲到了下面"爬坡"一词的时候,老师又让学生造句。

第一个学生说:"爬坡真累啊!"

教师没有做任何点评,又找了一个学生。

第二个学生说:"爬坡真累!"

老师还是没有发现问题,没有做点评,又找了一个学生。

第三个学生说:"爬坡好累!"

第四个学生说:"爬坡真热啊!"

老师还是没有做任何点评,最后老师又找了一个人。

第五个学生说:"星期六,妈妈带我去爬坡,太累了!"

五个学生都好像商量好似的,一味地强调爬坡的"累",爬坡的辛苦!为什么会出现这样的情况?

究其原因,首先,学生在用"瀑布"造句的时候,教师没有有意识地加以引导。比如,当第三个学生造句的时候,教师要及时地指出,这个学生的造句不但意思完整,而且让我们感受到了他的高兴。大家造句的时候,就是要把话说完整,说清楚。这样一点拨,学生在用"爬坡"造句的时候,就不会出现"爬坡真累啊"之类的短句子。

其次,当第二个学生仍然和第一个学生说一样句子的时候,教师可见机反问:"爬坡难道没有好处吗?"相信学生一定不会都是一个思维,还陷在"爬坡真累"的怪圈里。我想,爬坡的过程除了辛苦,还有很多好处,比如可以锻炼身体,可以锻炼我们的意志,登上坡顶后,可以欣赏美丽的风光,这种心情是别人体会不到的,等等。

教师如果能抓住这样的资源,及时地进行引导,培养学生积极的人生态度和健康的审美情操,这正是语文学科育人价值的体现。

相反,有的老师在这方面的意识就非常强烈,一位老师在教学统编教材一年级语文《拍手歌》一课时,课文中有这样一句话:"你拍七,我拍七,竹林熊猫在嬉戏。"教师通过屏幕呈现可爱的大熊猫,学生一下子就被熊猫吸引了。老师告诉大家,熊猫是我国的国宝,目前,只有我国还存有少量的熊猫。为了让熊猫能更好地生存下去,我们国家专门成立了自然保护区。学生就在这样的过程中接受潜移默化的影响。

再比如,一位老师在教学统编教材二年级语文《语文园地三》"识字加油站"的时候,引导学生进行"园"与"圆"字形比较。学生在用"圆"字组词的时候,有一个学生这样说"草圆(原)",这显然是不对的,教师及时发现,并将"草原"的"原"字写在了黑板上,为了引导学生记住这个字,教师编了一句顺口溜:"小白原来是我的好朋友!"编完后,她似乎不满意,对学生说:"老师编的这句感觉不够好!外面的'厂'字没有说进去,谁有更好记忆办法?"

有个学生说:"我在工厂里认识了小白。"简单明了,一语中的。教师及时地进行了表扬。

又有个学生站起来说:"小白在工厂里玩。"教师反应很快,马上纠正道:"工厂里可不是玩的地方,可以改成——"

"小白在工厂里做工!"学生马上补充道。

"这样就合情合理了。"教师微笑着说,"我要向你们学习,你们也是我的老师!"学生听了很开心。课堂上,师生之间其乐融融。

学科育人是"随风潜入夜,润物细无声"。它常常是隐形的,不需要教师多解释、说明,但是可恰到好处地照顾彼此的感受,教师将人与人之间的平等教育、互相欣赏、互相学习的精神,自觉地渗透其中,学生则在不自觉中感悟、品味、成长。

课堂上,教师要树立育人意识,学习语文,不但是学习语言、积累语言、运用语言,更是学习如何生活,如何做人。教师要善于抓住课堂上生成的资源,及时点拨、追问,在提高学生语文素养的同时,帮助学生形成积极向上的人生观、世界观和价值观。

追求教学过程的智慧

探索回归本真的古诗教学

《但愿人长久》一课,以故事的形式讲述了苏轼《水调歌头》(明月几时有)这首词产生的经过。课文内容浅显易懂,又是千古传诵的名篇,因此,课堂上我安排了背诵这首词的教学目标。没有想到的是,虽然课前布置了学生预习,早上也让学生反复朗读了这首词,但学生的背诵热情普遍不高,效果自然也不好。

为了进一步提高学生的学习兴趣,教学设计中,我想到曾听过有歌手唱过这首词,甚是好听,于是在教学设计中决定增加这一环节。

课堂上,在讲解内容的基础上,我将网上下载的王菲演唱的《水调歌头》播放给学生听,让学生一边听一边跟着唱。没想到学生热情高涨,一遍过后再来一遍,大有百听不厌之势。两遍过后,竟然有不少学生已经会背。课后出现的一幕更让我难忘,竟有二十多位学生站在讲台前,看着屏幕上的歌词(即这首词的内容),仍兴致不减地跟着音乐轻声吟唱。我怎么也没想到学生对歌曲版的《水调歌头》是如此感兴趣。

欣喜之余,也勾起了我许多思考。首先,惊讶于课堂教学的安排能够获得这样的效果。课堂上,我设计了这样几个教学环节:

1. 导入,揭题,介绍苏轼三父子,特别是苏轼。
2. 读课文,了解词的创作背景,初步感受苏轼和苏辙之间的手足情深。
3. 词文对照,了解关键句的意思。
4. 欣赏录音范读,并跟读。
5. 配乐歌唱,并学唱。

环环相扣,层层递进,学生的兴趣始终被吸引在课堂上。在唱词的过程中,学生不但了解了古代的词可以配乐吟唱,而且在吟唱的过程中,可感受词的意境,体悟苏轼对在远方的弟弟的思念之情。

惊喜之余,我又想,如果每一节课都能认真研究学生,找准学生的兴趣点、生长点,或是障碍点、发展点,那么,课堂教学的效率不就可以真正提高了吗?这也不正是新课程所倡导的核心理念吗?

我又想到了古诗词教学方式的多样化。现在,有许多教师在尝试"读诗、吟诗"的研究,而且也取得了较好的效果。我想,这本身也是符合古诗词教学规律的。

学生对古诗词的了解不多,教法上的调整如果能与学生的兴趣紧密结合,不但可以提高教学的效率,同时,也能使学生加深对我国古代文化瑰宝——诗词的认识与情感。

教会学生辩证地看世界

学生生活在一个开放的世界,他们通过各种渠道和途径接触我们这个丰富多彩的世界。进入学校以后,学生也将家庭教育、自我认知带到学校,他们已经不是一张白纸。面对这样一群孩子,我们不能从"零"开始,要基于孩子原有的经验开展教育教学工作,借助我们的教学内容,教会孩子用"两只眼睛"看世界,帮助学生形成和提高明辨是非的能力。

统编教材一年级语文《语文园地一》中有一篇"和大人一起读"——《小兔子乖乖》的文章,这是一首儿歌。相信大家都比较熟悉,内容如下:

小兔子乖乖,
把门儿开开。
快点儿开开,
我要进来。
不开,不开,我不开,
妈妈没回来,
谁来也不开。

小兔子乖乖,
把门儿开开。
快点儿开开,
我要进来。
就开,就开,我就开,
妈妈回来了,
这就把门儿开。

课堂上,教师通过读、演、说等形式,让学生在情境之中感受大灰狼的狡猾,小兔的机智、勇敢和聪明。同时,老师也告诉学生,在我们生活的这个社会也一样,既有好人,也有一些坏人。所以我们要擦亮眼睛,分辨清楚,不能被坏人蒙骗。

统编教材二年级语文有一篇课文《我是什么》,讲了水存在的各种形态以及它的好处和坏处。课文中有这样一段话:

有时候我很温和,有时候我却很暴躁。我做过许多好事,灌溉田地,发动机器,帮助人们工作。我也做过许多坏事,淹没庄稼,冲毁房屋,给人们带来灾害。人们想出种种办法管住我,让我光做好事,不做坏事。

这一段话讲了生活中水的好处和坏处,带有一点辩证的思想,希望学生用辩证的眼光看待身边的事物,我在教学的时候,首先让学生读这一段话,然后问学生:

"这一段话写了水的什么呢?"

学生议论纷纷。

有的说:"讲了水的脾气。"

有的说:"讲了水做过许多好事,也做过许多坏事。"

"同学们说得都对!那么课文中讲了水做过哪些好事?又做过哪些坏事?"我接着问。

然后师生之间就这个问题展开了讨论和交流。

在教学这一段话的时候,我紧紧抓住水的好处和坏处引导学生讨论,在讨论的基础上,让学生知道,生活中许多事物都有两面性,如果我们不能有效地进行管理和利用,必将给我们的生活和社会造成危害。

然后,我让学生说一说生活中还有哪些事物也都有两面性。学生们展开了激烈的讨论,有的说火,有的说电,还有的说雪……

是啊,在我们的生活中,无论是人,还是物,都往往具有多样性。教师在日常教育教学中,如能"润物细无声"地渗透和影响,学生就能学会辩证地看待我们生活的这个世界。

基于学生生活的作文教学

近日,听了一节五年级作文公开课——《今天,我真快乐》。

这是一节作文指导课,教师结合学生的秋游,重点指导学生如何去进行作文的选材。作文课上,教师以"情"导入,激发学生作文的兴趣,调动学生作文的积极性。学生的兴趣上来后,教师巧妙地将学生引入到作文的选材这一教学目标上。教师首先出示一组材料,并告诉学生,这些材料都来自学生的作文,请大家读一读,想一想,哪些材料今天的作文可以用。

选择一:
"嘟"一声哨响,赵老师高高地抛起球。
球没进,真扫兴!
"加油!加油!"观众席上的助威声此起彼伏。
不好!球落到对方手里。
我们的课间活动多么丰富多彩啊!
一个三步跨栏,手起球落,进了!
赢了!赢了!小丽和小华拥抱在一起……
清脆的下课铃声响了,同学们像小鸟一样涌出教室。
我捧着作文获奖证书,兴高采烈地向家里跑去。

选择二:
先来到知识区,听防止火灾的讲解。
海边挖蟹我还是第一次。
出发前,老师发了点心、水果。
尽管那里的房子比较贵,还是有很多人去那里买房子。
最让人高兴的是赛龙舟。
昨天晚上我十分高兴,因为……
这里集市可真热闹!

小宠物真可爱!

哈哈,我寻到宝了……

学生经过一番思考后,开始激烈地辩论起来。在材料"选择一"中,对于"球没进,真扫兴"这一材料,许多学生发表了不同的见解。有的学生认为可以放进去,觉得可以起到一个衬托作用;有的学生认为不能用,因为文章反映的是快乐,这件事不能体现快乐。对于学生这样的回答,老师告诉学生,这个材料在这里用是不合适的,因为今天是写一个片断。老师又告诉学生,即使失败了,也不应该不高兴啊,因为在这个过程中你感受了兴奋,感受了失败,和同伴之间有笑有泪、有喜有忧,这个过程本身就是让人难忘的。这时一个女孩马上站起来说:"我觉得友谊第一,比赛第二!"学生的回答及时帮助大家树立了正确的比赛观。

小小的波折以后,学生对于"选择二"中的"先来到知识区,听防止火灾的讲解"这一材料又展开了激烈的讨论。许多同学认为,这一材料应该写上去,理由是在活动中,大家刚开始的时候,确实是首先参观了防火灾展览,而且有的同学还补充,这一点在我们生活中很重要,了解了这些知识,就可以减少火灾的发生。但在这篇文章中,这一材料显然是不能用的。老师抓住时机,引导学生围绕"活动中我们做过的事是否都要写进作文"这一问题进行讨论。

经过大家的各抒己见,最后达成一致,活动中发生的每一件事,是否要写进作文,要根据作文中心来确定。这一材料不能体现文章中心,所以不能放到文章中去。用这样的方法,学生又将材料中的"这里集市可真热闹""尽管那里的房子比较贵,还是有很多人去那里买房子"等一一剔除。

综观此课,我认为有这样几个明显的特点:

首先,作文指导要贴近学生的生活。

作文是生活的反映。教师指导学生作文,从学生的秋季社会实践活动入手,既让学生不感到空洞,又感到亲切。秋季社会实践活动,学生有体验,有收获,让他们去写,自然乐意,而且,也避免了学生说假话、空话、套话。

其次,指导学生提炼生活中的材料。

生活是作文的源泉,但作文绝不仅仅是生活的简单再现,而是对生活的再加工。课堂上,老师在引导学生进行作文的选材上,可窥一斑。学生作文的过程,不但是学生反映生活的过程,同时更是学生表达自己对生活的看法、认识与思考的过程。看法与认识离不开生活中的人和事,人和事是学生认识社会的源泉。作文中,要表达某一看法,必然要列举事例,合适才为我所用,不合适定要舍得放弃。学生的这一认识水平提高了,作文选材的能力自然会提高,作文自然会有血有肉,形成自己的特色。

再次,引导学生树立正确的价值观。

作者通过文章来反映生活,表达自己看法与认识,往往带有鲜明的主观色彩。对于一个人生观、世界观正处于萌芽阶段的小学生来说,尤其需要教师的引导。该节课上,在球赛输赢的问题上,老师引导学生认真讨论,最后得出"友谊第一,比赛第二"的道理,相信学生有了这样的认识,下次在比赛的时候,一定会处理好输赢关系。

最后,作文指导讲究一个"真"字。

我听过不少的公开教学,其中有相当一部分是作秀的。课前演练多遍,到时表演一遍,实在让人嗤之以鼻。而该节课,给人留下的最深印象莫过于一个"真"字。学生的感受是真实的,作文的材料是真实的,教师的感情是真实的,让人情不自禁想到陶行知的一句名言——"千教万教教人求真,千学万学学做真人"。课堂上,教师向学生传真知,动真情,感动了学生,感动了听课的老师。

在这样一种氛围中,学生不但在作文中会努力去求"真",我想,久而久之,还会迁移到做人上,因为作文的过程,本身也是学生学习做人的过程。

语文课堂教学节奏的控制

节奏,指音乐中交替出现的有规律的强弱、长短的现象。课堂教学节奏,一般指课堂教学进程中的速度及其规律性变化。如果课堂教学采取适当节奏,张弛得当,疏密有致,抑扬顿挫,起伏和谐,行止有度,使学生的精神状态时而亢奋、时而舒缓、时而情趣盎然、时而困惑凝思,那么,就可以充分调动学生学习的积极性,提高学生智力,增强课堂教学效果。反之,就会降低教学效率。实践证明:凡是课堂教学效率高的教师,必定善于控制课堂教学节奏,具有控制教学节奏的能力。控制课堂教学节奏要讲究方法。

第一,根据教学内容控制教学节奏。

一般说来,教学内容的重点和难点,教师要放慢速度,缓而不松,疏而不虚,让学生有充分地时间去思考,理解消化;教材中浅易的内容,节奏宜快,还可以"跳跃",简略讲析;有些长课文,可以择要精讲,速度快些,做到长文短教;有些短课文,可适当补充一些内容,讲得深刻一些,速度慢一些,做到短文深教。

例如教学《可爱的草塘》,教者可抓住这篇课文的两个重点部分来控制教学节奏,一个重点内容是第二段,介绍草塘的大和美,让学生感受祖国山河的美丽;另一个重点内容是第三段和第四段,介绍北大荒的物产丰富,让学生产生热爱北大荒的思想感情。讲析这两个重点内容,速度要慢。其他内容,不是教学重点,教者只需简略讲析,节奏加快。这样张弛得当,有利于集中学生的注意力,提高课堂教学效率。

第二,根据学生在课堂上的反应控制教学节奏。

心理学研究表明:小学生注意的稳定性随年龄增长而提高,其发展的速度超过幼儿期和中学阶段。这与小学生心理活动的有意性迅速发展有关。有人对小学生在日常学习中注意稳定性做过研究,发现7~10岁儿童可维持20分钟,10~12岁约为25分钟,12岁以上儿童可维持30分钟。学生课堂上注意力呈现一个抛物线。学生思维的黄金时段是第 5 分钟至第 20 分钟。课堂上，如果不少学生因过分紧张而显得疲惫，教者就要舒缓一下节奏，采取适当方法调节一下课堂气氛；如果不少学生表现出松懈情绪，教者就要加快节奏，让学生振奋精神，绷紧思维的弦，动脑筋思考问题；如果不少学生因听不懂教学内容而忧心忡忡、愁眉苦脸，教者就要放慢教学节奏，回头重讲那些难以理解的内容，让学生听懂、理解。这样，根据学生在课堂上情绪的变化来灵活调配教学速度，使教与学"和谐共振"，可以增强教学效果。

第三，通过精心设计课堂结构控制教学节奏。

一堂课，应该是一部起伏有序、曲折多变的交响乐，富有强烈而和谐的艺术感染力。这就要求教者精心设计课堂结构，有时采用步步深入、环环相扣的纵式渐进的教学结构，有时采用横向联系、分层讲析的横式并进的教学结构，等等。

结构，包括文本的结构层次和教学的环节设计。有的时候，教学环节的设计是文本结构在课堂教学中的外显。文章体裁不同，结构亦有所不同，教师要善于掌握教材的结构特点。课堂上，教师教学思路清晰，教学环节结构紧凑，有助于目标的达成和提高学生学习的效率。

树立课堂教学的结构意识，要求教师要在研读教材的基础上，或大刀阔斧地删减，进行必要的文本拓展，或直扑重点、难点进行教学，将有限的教学时间运用到重点与难点的教学上。一般说来，开端要激昂感人，发展宜平缓趋强，高潮应迅疾高亢，结尾呈紧凑有力。整堂课结构完美，线索分明，节奏和谐，富有新鲜感。这样，有利于调动学生学习的主动性，提高教学质量。

第四，通过灵活使用教学方法控制教学节奏。

一堂课运用多种教学方法，有利于调控教学节奏。如运用讲读法、讨论法、情境教学法、愉快教学法、回归教学法等，可以使教学节奏缓慢疏松一些；运用质疑法、讲练法、发现法等，可以使教学节奏紧张快速一些。教学方法运用恰当，学生时而紧张，时而轻松，思维活跃，精神振奋，无不与高低起伏、张弛交叉的教学节奏有关。许多特级教师的语文课上得十分精彩，原因是多方面的，其中一个重要原因就是运用恰到好处的教学方法，控制教学节奏。这是值得我们借鉴的。

著名特级教师王崧舟老师执教《万里长城》一课的课堂实录片段很值得我们推敲学习。王老师在课堂上积极创设情境，巧妙地借助媒体，将讲、读、悟有机地融合在一起,引导学生以读促悟,以悟促读,多种方法的综合运用,调节了课堂教学的节奏,受到了较好的效果。

师:同学们只读了一遍课文就对内容有这样的感受,真不简单,但不深入到字里行间无法理解长城内在的形象。放声读第2自然段,一边读,一边琢磨、体会,这一段话里哪个句子使你变得非常激动,使你情不自禁地想赞美它。把最令你感动的句子,使你情不自禁赞美的句子用线画出来,把自己的感受、理解读出来。

(学生读书,勾画)

生:"它像一条巨龙横卧在……全长 6 500 多米。"这让我体会到长城长,气魄雄伟。

师:(出示长城图片,配乐读这句话)找一找,长城和"巨龙"之间哪些地方一样。

生 A:都很长。

师:你从长度上说。

生 B:他们都是高高低低,蜿蜒曲折。

师:你从姿势上找。

生 C:气魄都很雄伟。

师:你从气魄上找到了。

生 D:巨龙象征中国,长城也是象征中国的代表建筑。

师:你从巨龙的象征意义上找到了。

生 E:人们看到龙无不赞叹,看到长城也会赞叹。

师:你从人们观看时的心情来找。

师:巨龙根本不存在,而我们的长城却实实在在屹立在崇山峻岭,它是那样坚强、刚毅,当你想到这一点,再读这句话,把你此时此刻感受到的体会读出来。(指导读句子)

师:继续说,还有哪个句子令你非常感动,情不自禁想赞美它。

生:"成千上万的参观者登上长城,目睹了长城坚强、刚毅、庄重的形象,无不赞叹:啊,确实了不起!"我登过长城,长城的确坚强、刚毅、庄重,而且当时我也赞叹了。

师:这是活读书啊,把自己的生活积累调出来体验课文,这是真读书。

师：闭上眼睛，随着王老师的描述，你仿佛看到了成千上万人中有中国人、外国人，有老人、青年、小孩，有平民百姓、国家元首，有正常人、残疾人……把你想到的某一类人或一群人替换句子中"成千上万的参观者"再读。（学生写）

师：写完的大声读，把自己的感受和想象连起来读。

生A：一位双腿残疾、饱经风霜的八十岁的老爷爷在儿子陪同下登上……啊，确实了不起！

师：想一下，老人应该怎么读，再读。

生B：一位满头银发、年近八十的老爷爷怀着喜悦的心情……

生C：一群美国人跟着我国的导游……

师：你们是外语实验学校，美国人的夸奖能用英语说吗？

生：VERY GOOD！

生D：一个仅有三岁的小弟弟在妈妈的牵着下……啊，确实了不起。

师：肯定是个神童。这就是我们的长城啊，成千上万的人登上长城，无不赞叹，了不起！带着这样的感情，带着这样的赞叹，读这句话。

（生齐读）

师：这就是我们的长城，它的气魄是这样的雄伟，它的形象是这样的庄重，它的精神是这样的刚毅，它的品格是这样的坚强，让我们一起怀着对长城的敬意读第2自然段。

（生齐读，师把克林顿的话板书在黑板上）

师：难怪克林顿发出这样的赞叹：长城是一个奇迹，一个由伟大的民族创造的伟大的奇迹。

（指名读，齐读）

课堂教学节奏的控制，既是一门学问，也是一门艺术。课堂上，如果教师能够综合考虑，巧妙安排，使构成各要素搭配合理，穿插得体，衔接有序，融洽统一，构成整体节奏的和谐之美，就能给学生带来美妙的艺术享受，使他们在身心愉悦中学习、体悟，使课堂教学更加有效。

学生语言实践的三原则

2014年,我执教了沪教版三年级语文《想别人没想到的》一课。

课文讲述的是一位画师考查三个徒弟,看谁能在一张同样大小的纸上,画出的骆驼最多。大徒弟在纸上画满了很小很小的骆驼,二徒弟画的是许许多多的骆驼头,小徒弟虽然只画了两只骆驼,一只完整,一只露出脑袋和半截脖子,但画面却营造出数不尽的骆驼的情境,让人拍案叫绝。

课堂上,我带领着学生走进"文本",品味语言,激发思维,积极进行语言实践活动,取得了比较好的效果。备课的时候,我遵循了这样几个原则:

一是立足双基,夯实基础。

学生到了三年级,虽然学科教学的重点转移到了段的教学上,但是和两年级的词句教学还是应该有个衔接。课堂上,我在生字的教学中紧紧抓住"两"和"俩"的区别,引导学生在比较中根据字形区别字义。在此基础上,让学生默写"密密麻麻""许许多多""连绵不断"三个词语,既是预习的检查,又是表示多的词语的积累。

通过这样的设计,让基础知识教学仍然成为课堂教学的一部分,不但利于促进学生的预习,增强预习的针对性,而且,为课文内容的深入学习奠定了基础。

立足双基,是语文教学的首要任务,只有夯实了基础知识、基本技能,学生的发展才有底气。

二是品味段落,激发思维。

课堂上,我紧扣课题,从学生默写的三个词语——"密密麻麻""许许多多""连绵不断"出发,紧紧抓住文章中写三个徒弟画骆驼的句子。分别是:

大徒弟用细笔密密麻麻地在纸上画满了很小很小的骆驼。

于是他画了许许多多骆驼的头。

原来,小徒弟只画了几条弯弯曲曲的线,表示连绵不断的山峰,一只骆驼从山中走出来,另一只骆驼只露出脑袋和半截脖子。

此环节的设计,既是上一个环节词语积累的延续和推进,又直扑文章的重点。教学中,引导学生在反复朗读中品味语言,从关键字词的理解中感悟画的骆驼的多。在品读的基础上,引导学生借助语言,展开想象,体会三个徒弟在作画前的思维活动。

为了画出最多的骆驼,大徒弟想:＿＿＿＿＿＿＿＿＿＿＿＿＿＿＿

为了画出最多的骆驼,二徒弟想:＿＿＿＿＿＿＿＿＿＿＿＿＿＿＿

为了画出最多的骆驼,小徒弟想:＿＿＿＿＿＿＿＿＿＿＿＿＿＿＿

学生在说的过程中,课文中的语言得到内化,自己的语言也得到了提升。

三是迁移运用,提升能力。

学生在想象说话的基础上,我出示了写话训练:

听了画师的介绍后,我明白了＿＿＿＿＿＿＿＿＿＿＿＿＿＿＿＿＿

学生结合画师的话,联系自己学文后体会,有的学生说,明白了要以智取胜。有的说,明白了要学会反向思维,不要走入死胡同。还有的同学说,要学会由一点发散开去,要有创新,不能按常理出牌……

事实证明,学生学习语文的过程中,教师必须要为学生提供语言实践的过程,这样,才有可能将文本的语言在迁移运用的过程中变成学生自己的语言。

反思这一节课,我觉得也还有今后需要不断改进的地方,比如:

教师的资源捕捉意识和能力还需进一步提高。

课堂的最后一个环节,学生在写话的交流中,有的学生说,要想取胜,首先要学会智取,要有妙计等。这里,如果我能及时地抓住,通过反问,让学生进一步说一说该课中运用的"智取"或"妙计"是什么,学生在进一步的思考中就会逐步明白。其实,小徒弟之所以取胜,就是以虚代实,以少胜多。如果学生能够理解到这一步,那么对课文的理解深度将会提高。

课堂教学的组织细节还需进一步关注。

同样是写话练习,课堂上,一部分学生写得快,还有一部分同学写得慢。我当时看着那些写好的同学没事干,突然想到了美国课堂教学中常用的一种教学组织形式——"同伴分享学习"。于是,我轻声地说:"先写好的同学,可以去看一看别人写的内容,特别是你最想看的那个人。"此言一出,很多同学离开座位,但是我发现,有许多同学围在了小潘同学的桌子旁(因为小潘是班级里大家公认的写作高手,大家很想看看小潘这次写什么),可此时的小潘还没有写完,这么多人往他的身边一围,他明显受到了干扰和影响,无法再写下去了。我也突然意识到了此举的不妥之处,无奈之下,我只好提前结束同学之间的分享交流,迅速进行全班的交流,将干扰降到最低。

  课堂教学中,教师要在指导学生理解内容的基础上,引导学生逐步关注作者语言,学习作者表达,并积极创设语言实践的机会,引导学生在语言实践中积极进行迁移运用,将作者的语言逐步变成自己的语言,不断提高自己的语文素养。

追求新基本功的智慧

练好文本细读之功

作为教师,应该具备一些从业的基本功。我们在师范学校练就的"三字两话(画)",即钢笔字、毛笔字、粉笔字、普通话、简笔画已经远远不能满足当下教育教学的要求。

新时代教师应该具备一些符合时代特征的基本素养与能力。而"细读文本"是一位语文教师的首要基本功。这里要解决三个问题:

第一,何为"文本细读"。

这要先说"细读法","细读法"是20世纪英美新批评学派——语义学创造的一种具体的批评方法,它是建立在对文本语义的细致分析基础之上。所谓"细读"就是要细密的研究作品的上下文及其言外之意,它要求批评家注解每一个词的含义,发现词句之间微妙的联系,包括词语的选择和搭配、隐显程度不等的意象组织,等等。

这里借来用于语文教材中文本的解读和教学,探讨文本细读方法在教学中的适用性、可能性、教学模式以及教学效果。

而阅读教学中的"文本细读",用叶圣陶先生的话说就是"一字未宜忽,语语悟其神"。(意思是读书的时候,每个字都不能忽略,每一句话都要认真领悟其意思)吕叔湘先生则说:"文本细读就是从语言出发,再回到语言。"南帆先生说:"文本细读就是沉入词语。"还有其他种种生动表述:谭学纯说文本细读"就是穿行在话语之间",王尚文说就是"倾听文本发出的轻微细响",就是"逐字逐句摸索别人的行文思路"。

总而言之,文本细读就是指教师在反复阅读文本的基础上,深度分析作者的遣词造句、行文思路、结构层次、情感意境、写作手法等,力求多角度、多层面地进行解读,从简约的文字材料中捕捉丰富的信息,挖掘、筛选教学的资源。

第二,为什么要"文本细读"。

其一,语文课程的终极目标是让学生理解和运用祖国的语言文字。语言文字的理解和运用自然离不开语言文字本身。当老师舍弃了语言文字本身,过多的去关注教材所体现的内容,这无疑是舍本逐末。教法必须要服务于教材,回归语言文字本身,关注语言形式,必定依赖于文本细读。这就要求教师对于文本、对于教材、对于语言文字,有高度的敏锐感,有较强的语文意识。

其二,细读文本的功力是语文教师的必修课。它既是教师专业成长的必经之路,也是提高语文教学质量的根本保证。

其三,细读文本的过程也是和作者心灵碰撞的过程,教师有了阅读后的感悟、体验和理解,才能更好地将教师的情感体验与收获传递给学生,增加学生的情感体验,达到情感共鸣。教师对教材解读得浅,教得就浅,学生学得更肤浅。

其四,细读文本的过程也是确定教学内容的过程,为教师的"教",学生的"学"奠定基础。

其五,作者要"表情达意",自然在文本中注入"主题"与"思想"。教师通过文本细读,课堂上带领学生对文本一起去认知与重建,有助于生成学生的"意义",达成文本的"主题"或"思想"。

第三,如何"文本细读"。

在具体文本解读中,要做到读出高度、厚度、深度、广度。文本细读的过程常常是和教学过程的设计紧密相连的,接下来以王崧舟老师曾就如何进行"文本细读"的阐述与所举课例为例,做进一步说明。

其一,关注文本语言。

文本细读的起点一定是文章的语言。用朱光潜先生的话说——"慢慢走,欣赏啊!"就是要把"走"改为"读":"慢慢读,欣赏啊!"这就是文本细读。它不仅是一种方法,更是一种心态。有了这种心态,你才会潜下心来,专心致志,全神贯注地直面文本,它将直接影响你的教学设计。

作为语文教师,一定要用一双敏锐的眼睛,发现文章字词句段、标点修辞上的亮点,并且将自己解读到的亮点变成课堂上学生学习的着眼点。以细读词语为例,我们应当反复琢磨、体味隐含在词句中的深刻意义。

课例1:《一个小村庄的故事》中第1自然段是这样写的:"山谷中,早先有过一个美丽的小村庄。山上的森林郁郁葱葱,村前河水清澈见底,天空湛蓝深远,空气清新甜润。"

一位老师在教学这一段话时,先让学生读一读这段话,然后说一说留下什么印象,并出示:

山谷中,早先有过一个美丽的小村庄,山上的森林_____,村前河水_____,天空_____,空气_____。

让学生用书中的词语再来填一填,说一说感受,再让学生有感情地读一读这段话,然后教师旁白,学生闭上眼睛想象。

这个环节的设计,教师关注了词语,关注了朗读,并且做到了熟读成诵。然而教师忽略了"早先有过"。为什么要加上"早先有过"这个词语?联系全文,不难发现,全篇文章作者的心情是沉重的,压抑的。文章第1自然段第1句话便奠定了感情基调,沉重而充满了忧虑。如果我们扣住这个字眼,慢慢地读,慢慢地去品味,你就会发现这位教师的教法违背了作者的情感基调。教法要调整,不要过多地去渲染森林怎么样。最后要追加一个问题:这样的森林还有吗?没有了,你是怎么知道的?那么这一段该怎么读呢?通过"早先有过"就形成一种巨大的情感落差,让学生形成情感的张力。这样也就自然地转入下一自然段的学习。

课例2:《卖火柴的小女孩》课文第一句:"天冷极了,下着雪,又快黑了。"一个"冷"字,而且"冷极了",已表达出冷的程度,又"下着雪",更冷,还有天快黑了,又是一个冷。三个冷放在一起,层层推进。这是大年夜,寒冬腊月、冰天雪地——所有这些加在一起,该是个怎样的冷呀?细读之后,我们仿佛看到了那雪花纷飞、寒风刺骨的场面。如果说夜幕的下垂,好比轻轻揭开了故事的序幕,那么,原来这看似简简单单的环境描写,却让我们一下子就置身于故事的情境当中。读出了这样一层意味,后文中提到的小女孩光着头、赤着脚就更能唤起我们的同情怜悯之心。可见,每一个用词后面,都有一份意味深长。

总之,细读语言,从词与词、句与句、段与段的联系中揭示含义,把知识语言、文字语言变成心灵语言、智力语言,我们的语文教学,才能有意识、有方向、有技巧的以"艺术训练"来代替"重复劳作"。

课例3:梁晓声《慈母情深》中有这样一段话:"背直起来了,我的母亲。转过身来了,我的母亲。褐色的口罩上方,一对眼神疲惫的眼睛吃惊地望着我,我的母亲……"这段话很特别,"我的母亲"出现了三次,这叫一唱三叹,回环复沓。按照常理,作者应该把"我的母亲"放在前面,可是作者把"我的母亲"却放在了后面。三次"我的母亲"后面是省略号,不是句号。

作为语文老师，就是要在这些空白的地方细细品读。用电影术语来讲，这就是慢镜头，让你看得更仔细、更真切、更形象。

"背直起来了，我的母亲"，这时你会看到一个怎样的母亲，但作者没写，这是留白。这就要求你读出来，这可能是一个极其瘦弱的母亲，弯曲的、佝偻着背的母亲。作者第一次在这样的工作环境中看到自己的母亲，他不敢相信自己的眼睛，这怎么可能是自己的母亲呢？我的母亲不是这样啊！这些空白的地方是要用我们的想象，我们的体验，我们的生活经验去开掘它、充实它、拓展它。

其二，关注文本细节。

在对文本进行细读时，除了对文章的语言进行玩味、推敲，文本中的某些细节也是我们值得发掘的点。

课例4：《七颗钻石》是19世纪俄国文学巨匠列夫·托尔斯泰写的一篇童话故事。课文以浅显易懂的语言和清晰有序的脉络，为我们讲述了一个小姑娘在地球上发生了大旱灾，许多人和动物都焦渴而死之时，她为生病的母亲找水，而当得到水的时候却几次让水，使得水罐一次又一次发生神奇变化的故事。

文中有这样一段话："就在这一瞬间，水罐又从银的变成了金的。这时，小姑娘再也忍不住，正想凑上水罐去喝的时候，突然从门外走进来一个过路人，要讨水喝。小姑娘咽了一口唾沫，把水罐递给了这过路人。这时突然从水罐里跳出了七颗很大的钻石，接着从里面涌出了一股巨大的清澈而新鲜的水流。"

对于"突然从门外走进来一个过路人"要特别注意，这是一个细节。这是一篇关于爱的童话。从文章开头的找水喝，爱一直都是因为血缘关系，爱的境界也一直在提升，因此，这里的过路人很重要，把爱的境界一下子提高了。由血缘之爱提高到了爱所有人，到了博爱的境界。如果忽略了"过路人"这个词，一切便无从谈起。

其三，关注文本结构。

一篇文章的结构常常也是我们细读文本的重要一方面。结构常常体现作者的行文思路，谋篇布局。循着作者的思路去解读，更能准确理解作者的"情"和"意"。

课例5：统编教材二年级语文《枫树上的喜鹊》一课，全文分成两个部分，第1至4自然段为第一部分，主要写"我"喜欢渡口旁的枫树和树上的喜鹊。以四个"我喜欢"的句子作为文章的情感线索。四个"我喜欢"的句子反复出现，层层递进，体现了作者观察的细致。第5至13自然段为第二部分，主要写"我"

观察喜鹊阿姨教喜鹊弟弟。这一段作者主要是通过喜鹊的叫声展开丰富的想象。

援疆支教期间为泽普县小学语文教师作学科教学新基本功培训

文章前后两部分之间有着内在的联系,正因为作者喜欢喜鹊,才会去长时间细致地观察,在观察的基础上展开丰富的想象,并将自己对喜鹊的喜爱之情融入语言文字之中。

其四,关注文本背景。

每一篇文章都有其写作的背景,特别是一些经典作品、古诗词等。背景是语言产生意义的原因和前提。"得作者之用心",这样的解读才会更为真实丰满而深刻。背景虽然通常并不直接显现于文本之中,但却决定着文章的意蕴。

因此,考究作品创作的背景,需联系与作者相关的历史背景、文化背景等具体而微的情境,解读文本所蕴含的深刻含义。

也就是说,我们在进行"还原"分析的时候,最根本的是要"还",要"原",将作者写作的意图"复现"出来,将作者所表现的生活"复现"出来,越是接近作者的本意,就越能体会作者的情和意。

细读并没有确定的方法,细读有法,但无定法,运用之妙,存乎一心。

掌握课堂转化之功

何为"课堂转化功"？

文本资源是静态的，在开放、动态的课堂中，学生间的差异让课堂呈现出多样性、丰富性和不确定性，教师必须增强目标意识、资源意识，练就敏锐地捕捉、准确地判断、合理地重组、适时地推进，在资源不断被激活中，实现文本资源向课堂资源的有效转化。一句话，就是设计有效的教学环节落实解读出的文本资源。

如何实现文本资源向课堂资源的转化？需要关注哪些方面？我在教学的"上下求索"中深深地感到，教师需要树立两个意识：

一是目标意识。教学目标是一节课的"魂"，是一节课的"纲"。一节课教师教什么、教到什么程度都体现在教学目标上。

教学目标的制订要做到适切、具体、清晰、可检测。简单地说，目标制订要少而精，表述清楚、明白、具体，符合年段特点，包括该班学生的实际情况，目标要建立在学生的"最近发展区"上。一节课下来，学生能有收获，有进步，有发展。因此，制订好目标是上好一节课的前提与保证。要达到这一要求，教师不但要把教材读懂，而且要把教材看穿、看透，挖掘出教材的精髓。教师研读教材透彻，悟出来的道理就深刻，这样讲起课来就能"深入浅出""驾轻就熟"，也能够讲在点子上，正所谓"一语破的、一语解惑、一语启智、一语激情"。

我们都知道，识字与写字教学是一年级语文教学的一项重要任务，教师要着力激发识字兴趣，指导识字方法，培养识字能力。

课例1：一位教师在教学"耳""手"的内容时是这样设计的。

    1. 认读"耳"字。（正音）

    2. 利用电子田字格，引导学生观察笔顺和结构，然后跟着书空。（发挥媒体的示范作用）

3. 教师范写，边写边指导观察每一笔在田字格里的位置，同时说笔画名称。

4. 教师巡视，个别指导。

5. 教师将巡视中发现写得好的集中展示；存在的共性问题，引导学生观察，分别存在什么问题，学生对照检查，然后再写。

教师采用媒体示范、教师示范、集体指导和个别辅导相结合的方法，同时引导学生从观察字形结构在田字格里的位置入手来设计教学，能够有效地提高识字教学的效率。

课例2：一位教师在教学"站、生、行、弓"几个生字的时候，是这样设计教学过程的：

1. 呈现军队站立姿势图，引导学生观察，并模仿站立。

2. 认读"站"。师带学生读，学生听读。

3. 组词练习。（生：车站、站队……）

4. 学习"坐"。体会"坐如钟"，并展示"坐"。

5. 练习组词。（生：坐车、坐下、坐板凳等）

6. 跟教师读。

7. 小结：我们要站有站相，坐有坐相。

教师进行生字教学的时候，是采用创设情境和实践体验的方式来进行。课堂上，学得认真的，做得好的学生，教师会过去跟他说句悄悄话，通过及时地评价来鼓励学生。

课例3：一位教师在教学"日、月、水、火"几个生字的时候，是这样设计教学过程的：

1. 猜一猜，图上画的是什么？（依次出示"水""火""山""石""田""禾"等象形字）

2. 随机板书：日、月、水、火，出现教学内容。

3. 出示甲骨文"日"，了解"日"字演变过程。

4. 认读"日"，师领读。

5. 找朋友：给"日"组词。

课堂上，教师通过渗透字理文化，让学生观察汉字的演变过程，感受祖国文化的博大精深，激发学生对祖国语言文字的热爱，树立文化自信。

课例4：一位教师在执教《大与小》一课时，在识字环节是这样设计的：

同学们真棒！一下子认识这么多的生字。下面，方老师给这些字排个队，你们发现了什么呢？

觉　穿

自　己　衣

时　候　得　很　服

教师将上下结构、独体字、左右结构的字进行归类摆放，然后引导学生观察，发现生字结构特点，运用归类识字的方法进行教学，潜移默化地教给了学生识字的一个新方法——归类识字法，激发了学生识字的兴趣。

二是育人意识。学校是教育的场所，教育的核心目标是"育人"。学科、书本知识在课堂教学中是"育人"的资源与手段，服务于"育人"这一根本目的。

新基础教育李政涛博士说："'教书'与'育人'不是两件事，是一件事的不同方面。在教学中，教师实际上通过'教书'实现'育人'。所以，作为教师，需要先明白'育'什么样的人。只关注现成知识传递价值的教师，实际上是在'育'以被动接受、适应、服从、执行他人思想与意志为基本生存方式的人。当前中国的中小学教育，应把形成学生主动、健康发展的意识与能力作为核心价值，在教育的一切活动中都要体现这一价值。"

首先，在教学内容方面，我们要结合文本的具体特点、年段教学要求，进行知识点的训练。

课例5：一位教师执教统编教材二年级语文《枫树上的喜鹊》课文，在试教的时候，这一段是这样处理的：

指导朗读。读好句中关键字的重音。

朗读第一句时强调"枫树"，突出"我很喜欢枫树"。先请同学读一读，如朗读不到位，教师引导学生结合关键词重读。后全班齐读。

同学们结合我们校园里的枫树,想一想:渡口旁的枫树是什么样子的?可用哪些四字词语来形容?(枝繁叶茂、葱葱郁郁、树大根深、绿树成荫、生机勃勃、青枝绿叶、根深叶茂、密密层层、高大挺直)(出示,生齐读词语)

后来是这样设计的:

复习导入,激发"喜欢"之情。

1. 自由读第1—4自然段,画出带有"我喜欢"的句子,并思考:"我喜欢"的是什么?

2. 汇报、交流。

3. 出示四句带有"我喜欢……"的句子。

4. 朗读。

(1)指导朗读第1句,突出"我很喜欢枫树"。(这是一棵怎样的枫树?出示课文中的句子。齐读!)

(2)填空练习。

这真是一棵(　　　　　)的枫树!

比较一下,不难发现,一个小小的改动,折射出的是教师课堂教学理念的转变。原先找四字词语,仅仅是词语的积累,这些词语是孤立的、冰冷的。而通过句式填空的形式进行语言训练,学生不仅积累了词语,还积累了基本句式,这些词语也有了生命力!

从年段教学上来讲,基本句式的巩固和提升也是二年级的语言训练重点。教师的教学恰恰体现了这一年段特点。

语文学科具有丰富的育人价值,这是其他学科无法比拟的。教师还要善于发现、挖掘文本的育人价值,寻找情感突破点。

课例6:泽普二小孔靓老师执教统编教材三年级语文《鹿角和鹿腿》一课时,抓住"匀称"和"抱怨"两个词语,引导学生抓住重点段落,以朗读的方式促进学生对内容的理解,感受鹿角的美丽、鹿腿的难看。再通过当狮子逼近的时候,鹿腿帮助鹿狮口逃生,鹿角让鹿险些丧命的故事,让学生的情感随着故事的发展而发生变化,不再只欣赏鹿角、讨厌鹿腿。最后通过填空练习,巩固认识,强化这种情感认同。

泽普二小孔靓老师在教学中

那么,鹿角和鹿腿到底谁更重要?教师并没有随着课文的结束而结束,而是巧妙利用课后的习题,组织学生辩论。在辩论中,学生的认知和情感得到提升,认识到鹿角和鹿腿都很重要。学生也像小鹿一样,对鹿角和鹿腿的看法也在发生变化,由原先的欣赏鹿角到讨厌鹿角,由原先的讨厌鹿腿到欣赏鹿腿,最后觉得二者缺一不可,物有长短,各有价值。这样一种情感认同、价值认同,教师是通过一定的教学设计——拓展延伸来达成的:

四、拓展延伸。

1. 想象说话:鹿跑到一条小溪边,停下脚步,一边喘气,一边休息。它叹了口气,说:"两只美丽的角差点儿送了我的命,可四条难看的腿却让我狮口逃生!"鹿对角说:"角啊角,你虽然＿＿＿＿,但是＿＿＿＿。"鹿对腿说:"腿啊腿,你虽然＿＿＿＿,但是＿＿＿＿。"

2. 明辨是非:下面的说法,你赞成哪一种?说说你的理由。

美丽的鹿角不重要,实用的鹿腿才是重要的。

鹿角和鹿腿都很重要,它们各有各的长处。

(板书:物有长短　各有价值)

3. 课文迁移:我们身边也有这样的人或物,虽然其貌不扬,却有他(它)存在的价值。你能举例说说吗?

强化互动生成之功

课堂教学中,教师为实现学科育人价值,把课堂教学的进行过程,提升为师生主动合作的过程,通过多种意义与形态的对话,关注学生生命整体发展的能力。

如何"互动生成"?我在阅读了顾文秀、王晓的《生命自觉:新型教育者的成长》一书后,再结合自己教学实践深有体会。"生成",离不开对学情的了解和熟悉,离不开备课中的"预设"。备课中的预设不是侧重于教师的教,而是更多考虑怎么为学生预设。了解学生学习以前已经有了什么,过程中可能产生什么困惑,会提什么问题,喜欢什么样的学习方式,会有怎样的生活体验感悟,练习时又会出现什么错误……这样的教学设计,是"以生为本"的教学设计,备的更多是学生的学习可能,把学生学习过程中的已知和未知联在了一起,为他们更主动的学习提供可能与平台。

第一,备课中研读学生。

一是设计开放性的问题。

课例1:《萧伯纳和小姑娘》是沪教版小学语文第三册的一篇课文,也许是中西方文化的差异,学生在把握人物特点上容易产生异议,往往会把萧伯纳的幽默误认为是一种骄傲,因而把萧伯纳定位在一个骄傲的人。对于这一点,教师在备课中有所预料,先包容学生的不同理解。

在听读课文重点部分"萧伯纳和小姑娘"的对话后,教师抛给了学生一个颇具开放性的问题:"读了、听了课文,你对萧伯纳有什么看法?"

让不同的理解引发学生的辩论,再通过读一读、想一想和辩一辩等多种学习方式,激发学生多元视角和多维思考,引发了不同观点的碰撞,产生了思想的火花。此时,自主探究的兴趣萌发,创造性思维涌出。在学生不断与文本、同伴的对话中,师生的对话则偏重引导学生以往所缺的价值理解,对萧伯纳的客观认知也逐步水到渠成。可见,读懂学生,尤其要体现在让学生放开手脚和思维,在多元解读拓展创造中获得情感、态度和价值观的升华。

二是设计富有弹性的预设。

课堂教学中,教师常常把教学内容安排得满满当当。为了讲得滴水不漏,学生思考讨论的时空就常被压缩,学生只能被动疲惫地跟着老师转,这样的课堂,哪来学生自己的思维认知与情感体验?教学过程本身是一个动态建构的过程,课堂教学是千变万化的,再好的预设也不可能预见课堂上可能出现的所有情况,因此,教学中的预设应该充分考虑到课堂上可能会出现的情况,是有弹性的、有留白的预设,从而使整个预设留有更大的包容度和自由度,给生成留足空间,以便在目标实施中能开放地纳入始料未及的生成。

作为教师,一定要意识到"作秀"式的课堂早已过时,而学生的精彩才是课堂中真正的精彩!读懂学生有弹性化预设,课堂生成才更具有可能性与丰富性。

课例2:《一次著名的冲刺》是沪教版三年级的一篇课文,文章虽不长,却生动地描绘了马拉松运动员杜伦多·派特利在最后冲刺时刻五次摔倒、两次晕倒,最终在医护人员的搀扶下越过终点的感人场面。派特利不屈不挠的顽强拼搏精神,是最值得让学生去感悟和学习的,要让所有学生有所感、有所悟,势必要引导学生深入地与文本对话,鼓励学生大胆表达,唤起情感的体验,以达情感的共鸣。而这一切的实现和备课中开放的设计,有着极为密切的关联。

当教师揭示课题后,要求学生自由读课文,并思考:除了课题中讲到的"著名"以外,你认为这是一次怎样的冲刺?请用一个词来表达,并说出你的理由。

这一开放式的导入,激起了所有学生阅读的兴趣,大家纷纷表达了自己初读课文后的感受。同学们谈到了这是一次"艰难的冲刺""顽强的冲刺""激动人心的冲刺""惊心动魄的冲刺"……不同的感受使课堂呈现出丰富的资源,为学生的自主学习、主动发展创设了条件。

教师紧接着设计了"文中的哪些语句让你有这样的感受呢"的开放性问题,将学生拉回各自对课文的品读和体悟,让学生带着自己的感受默读课文重点段落,从文中找到有关的语句。学生的感受并非无中生有,人云亦云,他们个性化的阅读、独特的内心感受再一次掀起了课堂的深入阅读和精彩呈现。

我们常说,要关注学生个性化的阅读,珍视学生独特的内心感受和情感体验。但这些关注和珍视,如果没有课堂的有向开放将得不到体现,因而"把课堂还给学生",把开放的设计呈现于课堂,吸引所有学生的主动参与、主动探究,开放的课堂才会生成出更多的资源,才能感受到学生丰富的内心,体验到他们多彩的情感,才能演绎和生成课堂的精彩。

第二，合理安排学生"多向对话"。

教学过程中，如果只是"明星学生"撑场面，大部分学生就只能扮演"听众"角色，思维品质无法得到真正提升。究其原因，还是因为教师在教学过程中，没有面向全体学生，让学生相互之间展开对话。我们提倡的课堂中师生的对话是多向的，师与生、生与生，甚至形成一种交融的网状关系，强调交流是双向的沟通，彼此的给予。在表达、聆听、分享中，教师能触摸到学生的情感，甚至听到学生的心跳。这时，上课就成了一种享受，是让人心旷神怡的和谐幸福之旅。

开展合作学习是行之有效的生生对话方式。要让合作学习起效，不能停留在表面合作，需要精心组织，合理运用学习策略。

第三，课堂教学中互动生成的策略。

下面结合明强小学俞亚勤老师曾就这一问题展开的叙述为例作分析。俞老师认为，在日常教育教学过程中，课堂互动生成的策略主要包括以下几个方面：

一是从"点状生成"到"整体生成"——"织网"。

追求课堂动态生成的前提是有向开放，而往往开放式的问题导入，学生反馈出的各式信息、资源会十分丰富，但也多呈散点式。

课例3：五年级《烟台的海》一课，一位教师设计了"文章哪些地方让你感受到了海的奇特"这一开放式问题，预设学生会在分述部分的四个段落中找有关四季的句子；或会从内容、修辞手法、"景"、"人"等不同视角来体悟交流。很明显，生成的资源是点状的。

课上，这位有智慧的教师采取"织网"策略，将学生生成的对海的散点式感受织成了一张"烟台的海景观独特"之网，以"一幅画、一个背景、一个舞台"的归纳来编织，促成学生的点状生成迅速聚合起来，向整体生成转化，较好地达成了"感受烟台的海四季独特的景观，激发对祖国山河的热爱之情"这一教学目标。

二是从"浅层生成"到"深层生成"——"刨坑"。

课堂上，教师可能由于本身对教材解读不深入或对学生倾听不到位，面对学生呈现的资源，有时会表现出捕捉反馈不及时，或缺乏应对机智，没有进一步的评价、追问、重组来提升资源，受教案牵制急于赶教学。学生的读、悟、练、说往往不能深入，恰如蜻蜓点水、浮光掠影，我们把这种现象称为"浅层生成"。对于这一顽症，教师需修练内功，学会钻研教材，"刨坑"深挖。

课例4：一位教师执教《家是什么》，请学生"默读，画出最令自己感动的句子,试着读出你的理解"。

在交流中一学生声情并茂地朗读出热拉尔冒着生命危险找到幸存的亲生骨肉时悲喜交集说的一句话:"我又有家了!"教师点评道:"读得多么感人哪!相信你一定被感动了!"

"还有谁愿意读?"

"全班一起读!"

很明显,学生朗读中生成的差异资源在教师轻描淡写的评点中"滑"了过去。

而另一位教师在教学此处时,处理得让人拍手叫好:"你读得真感人!你是怎么理解他当时的心情——'悲喜交集'的?"(追问策略)

接着,教师让大家展开讨论:"热拉尔找到了女儿时,'悲'的是什么?'喜'的是什么?"(深究策略)

然后,又乘胜追击:"父女俩相见时会是怎样的情景?请展开想象把父女俩相见的场面描述具体。"(碰撞策略)

学生思维得以驰骋遐想,情到深处,教师说道:"我们已深深感受到父女相见时的那份复杂的情感,让我们带着这份感动再读读这个句子。"(释放策略)

同样来自学生的生成,不同的处理,效果大相径庭。教师只有舍得花时间牢牢抓住生成点刨坑深究,引导学生品析、读悟、对话、披文入情,才能激发学生形成深层次思考的意识与习惯,同时促成浅层生成转化为有深度的生成。

三是从"个体生成"到"全体生成"——"滚雪球"。

课堂上许多教师会犯这样的错误,将个别或少数学生出色的朗读、精彩的回答、独到的见解、深刻的感悟不自觉地理解为全班学生的"会"和"懂",那样的课堂成为一部分学生的天地,少部分学生得到了发展,但他们的智慧还没有变成全班的智慧,这就是个别学生的思维对全体学生的"替代"。

课例5:一位教师教学《蜗牛学艺》一课时,在整体感知环节,请学生说说课文讲了一个什么故事。在充分预设之下,老师顺利地指导学生从开始的"详细叙述故事"到最后"用简洁的几句话来概括内容"。

当时有一位学生说得清楚、简练、有条理。老师很高兴,为这一精彩生成而得意。课后,听课老师却点评道:"这个学生讲得真好,但这就代表所有学生都会讲了吗?为什么不让孩子们都学着说一说?多好的资源,给浪费了!"是呀,教师要学会"滚雪球",将一个学生的亮点变成更多学生乃至所有学生的亮点。通过"雪球效应",将优质的个体生成转化为全体生成,使教学的重心从面向个别学生下移到面向全体学生,这样的生成才是有效的、高质量的,是新课程所追求的生成。

四是从"错误生成"到"有益生成"——"点化"。

面对千差万别的学生,每堂课上,教师或多或少会接收到一些错误资源,但并不是每个错误生成都能被教师敏锐地捕捉到并加以"点化"。"点化"并不是简单地告知正确答案,而是让学生自己去发现并改正,促成错误资源向有益资源转变。

课例6:一位教师在教学《萧伯纳和小女孩》时,许多学生认为萧伯纳是一个骄傲自负的人,因为他竟对一个陌生的小女孩自吹自擂自己是世界闻名的人。此时教师牢牢抓住了这一错误生成,依托文本,从文中关键词语"萧伯纳开玩笑地说"来突破,让学生通过朗读、讨论,联系文章最后一节,明白了萧伯纳并不是一个傲慢自大的人,而是一位幽默、谦逊的人。这位教师机智地抓住文本的矛盾冲突展开教学,一个错误的生成,被化腐朽为神奇的"点化"之功转化为一个有益的生成。

五是从"单一生成"到"多维生成"——"引渠"。

学科丰富的育人价值,决定了每一堂课的生成都具有多效性。教师的生成定位,要充分体现学科特有的育人价值和学生成长需要。

课例7:四年级一堂单元小结课,学生介绍家乡的一处景点——七宝塘桥,教师不满足于学生只会按《赵州桥》一课从事物的几个方面来仿写,便以桥为例,引导学生同样写一个景点,还可以选择从不同方位、按不同时间等多种方法来写,使学生的能力得到了更高层面的迁移和激活。"单一生成"只是课堂预设的低层次目标,智慧的老师是一位"引渠灌溉"者,开通多种渠道,调整、重组教材,重视学生有序的、结构化思维方式的培养,把学生能力迁移、思维水平的提升作为教学的重中之重,使学生解决问题的能力与思维水平不断得到发展。

显然,课堂的生成是丰富多样的,无论是哪种类型的生成,无论是预设性生成还是非预设性生成,都须建立在教师对教材、学生的前瞻性研究基础上,寻求有效策略,这样的生成,才是高质量的动态生成。

以往的课堂上,我们把"生成"看成一种意外收获和出彩,把处理好非预设性的生成看成一种教师的"教育智慧"。而现在,"动态生成"是一种价值追求,把实现"动态生成"看成是对新型教师专业基本功的锤炼,当成彰显课堂生命活力的常态要求。

巧用点拨回应之功

"点拨回应功",即教师在课堂上对于学生生成性资源进行捕捉、总结和提升,智慧地点拨、推进,巧妙地形成新的生成性资源,促进课堂教学目标达成的能力。

课堂上,有了资源,我们如何准确地判断,及时地捕捉,智慧地点拨,就需要教师的"点拨回应功"。教师的"点拨回应功"如何练就?我在教学实践中体会到——

第一,要有意识地读懂学生。

读懂学生,即了解学生。在课堂教学的过程中,教师应具备了解学生的意识和能力。在了解学生的基础上,才能对教学预案是否符合学生实际作出判断,并及时进行必要的调整;在了解学生的基础上,才能与学生展开深度互动,有的放矢地促进教学与学生的发展。

课例1:下面我们看看苏教版五年级语文《烟台的海》一文中,一位教师对学生所作出的回应。

片段一:

师:通过自读,同学们发现《烟台的海》这篇课文与前三篇课文在写法上有什么共同点,又有什么不同点?

生:这篇课文和《桂林山水》一样,都是用总分总的结构来写的。

师:这是你的第一个发现,而且是在和前面学习的课文作比较后发现的。

(在这里,教师的语言强调了第一个,暗示学生其实还有其他的发现,还要去找,更强调了比较异同的方法,即通过和前面学习过的课文作比较来寻找异同。)

生:我还发现《烟台的海》一课中出现了和《繁星》一样的写法。不仅写了作者在烟台看到的海,还举了一个例子。

师:例子?谁的例子?

(学生的资源出来了,教师马上追问,并在追问中暗含提示"谁的",提示学生不仅是写物,更写了人。)

生:就是在这个季节里,在烟台的海边发生的事情。

师:海边人们的——

生:海边人们发生的一些事情。

师:小吴的思维非常棒。谁能把他的意思再清晰地表达一遍?

(学生在教师一步一步的提示下认识不断提高,但表达上仍不是很清楚,教师没有正面说他对或者错,而只是强调了他的思维能力强,老师的"思维非常棒"这个评语对学生来说是个极大的肯定和鼓励。)

生:这篇课文是按冬天、春天、夏天和秋天的顺序来写的。每一小节都有景物和人的描写。

师:(板书:冬 春 夏 秋)小吴,同意小肖的说法吗?

(在其他同学的帮助下,人物也出来了。这时,老师并没有忽视前面说错的学生,或者就是简单地让前面说得不够完整的同学再照着说一遍,而是十分诚恳地征求了那位学生的意见,充分地尊重了学生,并且间接地告诉他正确的表达应该是怎样的。而且在征求意见的同时,教师也在要求学生进行思索与判断。)

生:同意的。

师:课文不仅按照季节变化介绍了海,还在每一个季节中围绕了海景和人们的活动来写。小吴同学真聪明。(板贴简笔画:海浪 人们的活动)

(对学生再次鼓励。当一个学生对了一个问题弄不明白时,教师始终关注着他,直到他完全弄明白为止。)

教师让学生交流《烟台的海》和前面三篇课文的异同时,就是通过智慧的回应,一层一层地引导学生加以梳理,直至清晰,从而对本篇课文的写作特点有了准确的了解。

片段二:

师：第一小节一共有几个句子？你认为第几句可以作为文章的总起句？

生：我认为是第一小节的第二句："烟台恰是北面临海，所以便有了一份独特的海上景观。"

师：遇到困难了吗？

（当时学生举手的不多，而这个学生答完后，其他学生也有举手，并有学生小声嘀咕，教师并没有因为得到了正确答案而继续下面的教学，而是发现了学生的困难。）

师：刚才同学们犹豫了很久，什么原因？第一句话只是向我们介绍了烟台的海的什么？

（继续追问，一个孩子懂了不代表所有孩子都懂了，而孩子们有不懂的，有疑难的，恰恰是他们需要成长的地方。再次的追问，目的就是帮助学生分析与突破难点，帮助懵懂的孩子真正地搞懂。）

生：地理位置。

师：对了。让我们一起来把这个总起句读一读。

师：帮帮我，如果要用一个词语来概括烟台的海的特点，烟台的海是——

（体现了教师与学生处于完全平等的地位，这样说更激发了学生自主探究的学习兴趣。）

生：是"独特"的。

师：请大家再把总起句读一读，注意把"独特"两个字读好。（生读）

师：那么总结句呢？快速跳读文章的最后一小节。

生：我感觉是第二句："世世代代的烟台人在这里上演着威武雄壮的话剧。"

师：有不同意见吗？

生：我认为是第一句："烟台的海，是一幅画，是一道广阔的背景，是一座壮丽的舞台。"

师：这两句话在理解上有一定的难度，而且又出现在文章末尾的一个小节中。让我们学完课文再来研究，到底哪一句话才是文章的总结句。（教师板书：?）

（针对学生发生的疑问，教师处理的方法和总起句不同，总起句是比较容易区分的,因此放点时间帮助孩子们判断,而总结句有一定的难度,并且要在理解了全文的基础上才能做出更好地判断,因此教师不是急着揭示答案,而是让他们学习完课文再来研究,从而激发了学生学习的欲望。)

从刚才的两个"回应"片段中,我们感受到了一个教师课堂上是为了学生上课,课堂上有意识地去读懂学生,去发现孩子们存在的问题,教师的课堂节奏是针对孩子们的懂与不懂,真懂还是假懂,一个人懂还是大家都懂了来把握的。

第二,要形成有价值的追问。

教师不仅要事先设计好开放性问题,给予学生充分的独立思考时空,还要在教学过程中随时根据学生学习反应即时调整问题,形成有价值的追问。

课例2:一位教师在教学柳宗元《江雪》一诗时,为了突破古今人与事的距离难点,站在学生立场问道:"这么冷的天,这位老人真的是在钓鱼么?"

一石激起千层浪,有的学生说"老人是在独自欣赏雪景";有的学生说"老人十分孤独寂寞,每一行的第一个字连起来就是'千万孤独'";有的学生说,"老人是在磨炼意志,因为天寒正可以锻炼人";还有的学生激动地说"老人是在等待春天的来临"。可见,有了课堂的开放,学生就能主动地将自我融入学习进程,以各自独特的方式学习体悟,诠释语文的精彩。

我们倡导将平等、信任、倾听、多维评价等元素应用于理想课堂的构建中。以"倾听"为例,在教学过程中,教师和学生既是表达者,又是倾听者。师生、生生之间通过民主对话,在人与人的精神"相遇"中,使教育过程由单一的认知、理解全面深入到人际交流、人格感染、心灵对话中,使师生双方在教育过程中体验到自在、和谐、安宁、怡然自得。这是一种教育的和美之境。

课例3:原七宝明强第二小学的黄琳老师《慈母情深》教学实录片段:

生甲:我觉得梁晓声的母亲像一根燃烧的蜡烛,她拼命地工作,一刻也不休息,就是为了让自己孩子能够有书读。她的奉献精神让人很感动。

(这是班中课堂发言最积极的学生,口头表达能力也强。)

师:你能将这位伟大的慈母比作甘于奉献的蜡烛,说明你已经能感受到那比海还深的母爱了。谁能学习这位同学,用比喻的形式,说说自己眼中的母亲。

（沉默，教师指名。）

生乙：我的妈妈像一根木头……（其他学生的笑声和窃窃私语打断了回答）

师：（很认真地倾听，充满期望）往下说，把妈妈比作"木桩"一定有你的理由。（有意识地将"木头"改为"木桩"，因为木头让人感觉没有生命力，木头木脑。）

生乙：（头抬起来）我的妈妈像一根木桩（学生在老师的建议下进行了修改），因为我身体不好，妈妈就让我缠绕在她的身上，可以爬得高一些。

师：（轻轻按学生的肩膀）有妈妈这样坚实的身躯让我们依靠，是多么幸福啊。你有一个让人羡慕的好妈妈。

生丙：我的妈妈像一片大海，她有广阔的胸怀。当我犯了错误的时候，她宰相肚里能撑船，就原谅我了。（学生善意地笑了，发言的是一个调皮的男生。）

生丁：我要把妈妈比作春蚕，蚕吐丝给我们人用。我的妈妈就像春蚕一样，什么好吃好用的都给家里人，还做很多的家务活。

（在轻松的课堂气氛中，学生的思维活跃起来，发言的同学越来越多。）

一片沉默之中，有同学敢于站起来发表自己的见解，是需要勇气的。在没能顺利、成功地表达自己见解的情况下，不仅发言者的自信心和自尊心会受到伤害，坐在教室里的其他学生也会紧张地关注教师的反应。一旦教师没能做出正确的个别化辅导，那么会导致大部分学生对课堂交流的态度发生改变，不再说"心里话"，而改说"套话"。从这个片段中教师对学生乙的个别化辅导来看，由于教师的耐心倾听、智慧点拨和情感沟通，学生乙不仅完善了自己的答案，还实现了自我价值的肯定。而其他同学在感受师生宽松环境下的积极交流互动后，也放下包袱畅所欲言起来，他们在语言实践中增强了交流的信心与兴趣。

第三，有效提示中发散学生的思维。

2019年4月2日，新疆喀什地区泽普县小学语文教研活动中，泽普县第二小学王文静老师执教的《枫树上的喜鹊》一课，有一个展开想象说话环节，就巧妙地进行了发散点拨的提示。

课堂上,教师首先呈现了说话练习:看到下面的场景,你会想到什么?

我看见喜鹊阿姨找了一条虫子回来,站在窝边。喜鹊弟弟一齐叫道:"鹊!鹊!鹊鹊鹊!"
我懂得,他们的意思是:"＿＿＿＿＿＿＿＿＿＿＿＿＿＿＿＿＿＿＿"
喜鹊阿姨把虫子送到喜鹊弟弟嘴里,叫起来:"鹊,鹊,鹊……"
我懂得,她是在说:"＿＿＿＿＿＿＿＿＿＿＿＿＿＿＿＿＿＿＿"

然后让学生自由准备,再集体交流。

学生1:"妈妈,妈妈,我要吃!我要吃!"
(师:看来小喜鹊们都饿坏了,谁都想先吃!)
学生2:"妈妈,妈妈,你辛苦了!你先吃吧!"
(师:我们要学会感恩!感谢妈妈为我们的辛劳付出!)
学生3:"妈妈,妈妈,还是你先吃吧!"
(学生的回答由只想着自己,到想到了妈妈,教师及时地进行感恩教育。但是,学生的思维已经受到了限制,如何进一步启发引导学生,拓展口语表达的空间,需要教师及时地进行点拨。)
师:"同学们,喜鹊妈妈有六只小喜鹊,他们肯定会有哥哥、姐姐、弟弟、妹妹呀!他们还会说什么呢?"
(经过教师这么一点拨,学生的思维的空间被打开,智慧的火花再次被点燃。)
学生4:"妹妹,妹妹,还是你们先吃吧!"
学生5:"哥哥,哥哥,还是你先吃吧!吃了以后快快长大,替妈妈去捉虫子!"
(师:是呀,多么相亲相爱的一家人。)

学生的思维打开后,语言表达的内容更加丰富,学科育人价值也得到了有效体现。这样的"回应"也是我们所有老师的共同追求,让"回应"更有效地推进课堂,真正地提升孩子们的思维品质,使课堂成为一个充满生命张力的师生

泽普二小王文静老师在执教《枫树上的喜鹊》

共享的舞台。

  点拨艺术是老师驾驭课堂的基本功,需要教师坚持不懈的磨炼,需要教师具有较强的课堂调控能力、丰富的专业素养。面对动态的课堂,只有教师善倾听、巧捕捉、善点拨,我们的语文课堂才会精彩无限。

注重反思重建之功

人们通常将反思等同于"内省",就是对自己过去的思想、心理感受的思考以及对自己体验过的情景的描述、理解、体会和感悟,从中总结经验与教训。注重反思对人的自身发展具有重要意义。一个优秀教师专业成长过程离不开持续进行反思的过程。

教师养成课后及时反思的习惯,从亮点、不足和重建三个角度进行准确、深入地反思,能提高课堂效率、解决实际问题、促进学生的身心发展,同时能让教师提高到具有专业性质的学术层级上来,生成教育智慧,成为有专业能力的研究者。

如何进行"反思重建"? 如果从课堂教学的时间维度划分,可以分为课前反思、课中反思、课后反思。教师的反思一般以个体行为居多。

所谓课前反思,包括两个方面。

一是教师在进行教学活动前,对学生认知水平、教学内容、教学设计、教学过程等方面自觉地进行审视、预测和分析,查漏补缺。对学生学习状态进行分析,包括了对学生已有知识经验、知识结构、学习能力、学习方法、思维水平和兴趣爱好等的分析。教师既要了解年段学生的共性特点,也要了解班级学生的成长状态,将共性与个性相结合,进行动态分析,全面、准确把握学生的学习状态与生命成长状态。因此说,课前反思具有前瞻性分析设计的特点,重视课前的反思,能够提高教师的预设能力。

二是指教师在进入课堂之前,对自己前一节课教学的优缺点进行回顾,哪些优点在课堂上需要保持、发扬和放大,哪些缺点需要改进、完善和缩小,特别是要思考如何去改进上一节课存在的问题与不足,包括教学设计、教学方法与策略选择、教学语言、点拨与回应、课堂气氛的调控等方面。

所谓课中反思,就是在教学过程的动态推进中,教师能根据课堂上学生的表现和生成的资源,及时捕捉、判断、重组教学中生成的资源,及时对教学设计、教学方法、教学的组织形式等进行微调。教师发挥课堂教学过程"重组者"、动态生成"推进者"的重要角色。

所谓课后反思，是指教师在课堂教学后，对课堂教学的整体情况或局部细节进行反思，找出优点与不足，为今后的课堂改进、努力方向奠定基础。

无论是课前、课中和课后，教师不只把心思放在教材、教参和教案上，而是努力放在研究学生、倾听学生、发现学生上。这样，才不会把学生在课堂上的活动、回答看作是对教师教的配合，而是看作对教的过程的积极参与和教学过程创生的不可缺少的组成部分，才会把学生看作是课堂教学的共同创造者。

七宝明强小学的方芳老师在上完《神秘的恐龙》一课后，课堂上发生的一幕令她久久难忘。

按照教案设计，让学生围绕课题，思考"为什么说恐龙是神秘的"，找找书上有关的句子。

学生纷纷举手交流，根据学生交流情况，方芳出示句子准备让学生读一读。

这时平日里不太爱举手的小张高高举起小手，方芳不知他有什么事就让他起来说。他涨红了小脸兴奋地说："我知道恐龙为什么会灭绝的。"方芳一听，心里十分不高兴，心想：这问题我还没问呢？怎么这么急呀！刚想让他坐下来，过一会讨论，不想这时底下又冒出了几只小手，嘴上也迫不及待地说："我也知道，我也知道。"方芳一看，情况不妙，压不住了，只好顺水推舟地说："那就请你来说说吧！"平日声音轻轻的小张今日声音响亮，口齿伶俐地说："我认为恐龙的灭绝是由于天气变冷，地球上没有了食物，食草恐龙就死掉了，食肉恐龙就互相残杀，最后一只也因为没有食物而死了呀。"

有见解的男孩，还与课文中不一样呢！底下几位男生早按捺不住了，纷纷抢着要说。方芳一看有好几位平日不太爱发言的人也在其中。当他们站起来发言，显得那么自信，底下同学听得也异常认真，这热闹的一幕，是方芳课前始料不及的。她心里一热，真诚地为他们精彩的发言鼓掌。等学生发表完自己的意见后，她再让学生回到课文："课文中列举了哪几种原因，找一找，读一读，并比较哪一种你认为最有可能，说一说理由。"这时，学生的积极性一下子又调动了起来，小组内很快找到，朗读得很好，尤其是讨论更是人人参与，各有主见。方芳真正感觉到自己似乎只是一个旁观者，学生主宰了今天的课堂。

这一堂课使她意识到平日要求学生去倾听，而自己往往忽略这一点。课

后,方芳老师在反思中提出了三点思考:

1. 倾听能及时发现课堂生成。

今天课堂上的亮点,源于学生精彩的发言,而这发言没有根据老师的意志,完全是学生感兴趣的东西。今天倾听了小张同学的发言,抓住了课堂这一生成,及时调整了自己的教案,才使学生有了发言的机会,成为课堂的亮点。

2. 倾听能使学生感受到关注。

作为教师都知道要关注学生,而课堂上我们往往忽略这一点,更多地关注自己设计的教案、上课的过程。如果今天我按部就班地照自己备好的教案上下去,学生就没有了说的机会。当我倾听了小张和其他学生的发言,他们感受到被关注的自豪,个个信心十足,回答时语句也特别地连贯。

3. 倾听使课堂的教学得以升华。

课堂上一次无意识的倾听,使我真正意识到课堂上生机勃勃的一面应该是真正发挥学生的主观能动性,教师的备课应该随着学生的状态而调整、改进,这样的课堂才会有生命的活力。

倾听既是一项技术,也是一种艺术。教师一旦掌握了课堂倾听的技能,就会收到事半功倍的效果。倾听是一个主动的过程,倾听时需要教师注意:

(1) 真正发挥学生主体作用。要做到倾听,必须牢记"教师不要把学生当作知识的容器,而是要点燃学生心中的火炬"。教师要在课堂上更多地弯下腰去倾听学生的声音,敢于倾听不同的声音。

(2) 教师要学会反省性倾听。在进行反省性倾听时,教师好像一面镜子,通过教师的反应,诸如描述等形式,帮助学生弄清自己的真实感受,特别是在言语与非言语活动中所暗含的意义。教师的反省是为了避免误解或进一步澄清、确认学生发出的信息。教师要把这些暗含的意义解码为完整的信息,包括内容信息与情感信息,并恰当地表述出来,从而促进师生之间的相互理解,促进课堂交流的深入进行。

(3) 倾听要注意正确评价。就是教师要对信息进行权衡,包括信息的信度、说话人的动机、呈现的思想等。

从这一教学过程看,教师在教学的过程中,既进行了课中反思,也进行了课后反思。

当方芳老师的预设与课堂学生状态冲突时,她对教学进程进行了微调,选择了尊重学生的主体参与,暂时将自己的预设放一放,然后再巧妙地引导到自己的教学预设上来,这就是教师的"课中反思"。

课后,她针对课堂上出现的情况,从"倾听"的角度谈了自己这节课的感受与收获,这是"课后反思"。

还有的人将教师的反思分为课后及时反思、阶段小结反思和全程成长反思。

课后及时反思,是教师经常性做的一项工作,是指教师对刚上完课后的感触,或某一具体场景、环节留下的思考与认识。

课后及时反思,可以是教师的单独行为,也可以是在小组或更大研究群体中的任课教师的反思发言。无论哪一种形式,都需要教师自主进行。这样的反思是课后经常进行的一种行为,只要你愿意是每天都会发生的。教师的反思能力恰恰是在这样有意识地日积月累中,逐渐转化为自觉的需求与习惯。

阶段小结反思,指教师对某一阶段、某一方面问题的集中反思,它常常指向对语文教学指导思想的反思,有助于教师对自己教学风格的认识。

全程成长反思,这类反思多指向个人教育、教学的发展变化历程及其阶段,力图找出自己的成长轨迹,并借此明确今后的发展方向。

第三编

在学做"人类灵魂工程师"的日子里

  每个学生都是鲜活的生命个体,唤醒学生的生命潜能,启迪智慧,这是教师的神圣使命。人们常说,教师是人类灵魂的工程师。这是赋予教师的崇高职责,教师不仅要关注学生的读书学习,更要关注学生的生命成长,要最大限度地为个体自主自觉的生命成长提供发展的空间。教育教学中,教师面对的是一个个独特的生命体,生命体的成长是一个必然性的历史过程。作为教师,要立足于了解、研究每一个生命个体,发现优势,寻找潜能,为生命个体主动健康的发展提供帮助。

坚守生命成长的本真

爱是一棵树摇动另一棵树

俗话说:"亲其师,信其道。"意思是说一个人只有在亲近、尊敬自己的师长时,才会相信、学习师长所传授的知识和道理。在援疆工作时遇到的一件事,让我对这句话有了更深刻的理解。

那天下午,刚到办公室门口,发现隔壁二(5)班有几个孩子站在前门口,"叽叽喳喳"——一副很兴奋的样子。教室的门虚掩着。她们为什么不进教室呢?难道是教室的门被反锁了吗?我思忖着,走上前,决定一探究竟。

"你们为什么不进教室啊?"我问道。

"我们有一个小秘密!"一个小姑娘笑着回答。

"什么小秘密?能告诉我吗?"

"今天王老师过生日,我们想给她一个惊喜!"扎辫子的小姑娘说,"她和我们班的小阿是一天生日。"

"原来是这样,我能看看教室吗?"

"可以啊!"小家伙们不约而同地说。

我轻轻地推开门,只见教室里一派忙碌的景象。有的在制作贺卡,有的在整理教室,有的围在一起,像是商量什么。离我最近的一个孩子,正低头专心致志地制作一张枫叶画。枫叶也许是校园里捡的,金秋十月,正是枫叶最美的季节。火红的枫叶从她的手上轻轻地飘落在纸上,红艳艳的,煞是好看。我没有打扰她们,悄悄地离开了。

第二天,我跟王文静老师聊起此事,她难掩内心的激动与喜悦。她告诉我,这是孩子们第二次给她过生日。那天,她刚到校门口的时候,就有几个班干部在门口等候她,然后领着她走回教室。到教室门口,又有几个孩子拥上去,拉着她的胳膊一起走进教室。她在讲台前刚站定的时候,全班同学突然从课桌下面"冒出来",大声地说:"祝王老师生日快乐!"一切发生的如此突然,又那样地温馨。接下来,就是给她送花、送贺卡(全都是自制的)……还有的同学给她写了一封信,信中让"王老师不要生气,特别是不要生谁谁谁的气,那样会老得很快"。信中还说"王老师是全世界第一好看的人"(在孩子们的心目中,妈妈是这个世界上第二好看的人),她们会"永远永远永远爱王老师"……

现在,她们中有几个孩子,每天早上、中午来得早的同学,总会站在校门口,迎接她们的班主任——王老师。从一年级至今,每天乐此不疲,不管刮风下雨,严寒酷暑,从不间断。

一群只有9岁的二年级孩子为什么如此懂事,对王老师如此崇拜,引起了我进一步探究的兴趣。

据王老师回忆说,她在班级里也给孩子们过生日,后来因为学校有要求,就暂停了。至于孩子们为什么会对她如此近乎"疯狂"的喜欢,她也说不清楚。

不过,从她娓娓道来的几件事中,似乎能找到问题的答案。她只记得刚工作的时候就接手了这个班,当时是一年级,自己又是一名新老师,没有经验,于是觉得有事的时候要多和孩子商量着做。也许正是基于这样的想法,给了孩子一个和老师平等相处的机会,让师生之间互相信任、互相欣赏。

当时泽普县第二小学二(5)班部分学生在我的办公室留影

每当老师上课口渴,想喝点水的时候,王老师总会用商量的口吻说:"老师现在有点口渴了,想喝点水。"孩子们总会大声地说:"当然可以啊!"当王老师临时开会,需要离开教室的时候,王老师总会用商量的口吻说:"老师要去开会,你们在教室能安静吗?"学生总会有点生气地说:"老师,您要相信我们,放心地去开会吧!"在以后的日子里,每天校门口都有几个来得早的同学,等候王老师一起进校。泽普的冬天特别冷,即使是在零下二十多度的早晨,孩子们也和往常一样坐在冰冷的石凳上,守着,候着(王老师虽劝说多次,但都无济于事)。当老师晚上在学校值班的时候,总有附近的孩子过来给王老师送饭。王老师劝孩子不要再送了,孩子不但不理会,反而生气地说:"不行!我就要送!"然后气呼呼地离开了。

平时,王老师对孩子们的爱也是无微不至的。天冷了,当一些学生的手冻得干裂,王老师看在眼里,疼在心里,常悄悄将自己的护手霜送给她(他)们,并告诉她(他)们如何使用。当一个女孩的妈妈不在身边,爸爸忙于工作,有时没有时间照顾孩子。王老师将女孩带回自己的家,承担起了照顾孩子的重任。

也许正是王老师和孩子们之间的彼此关怀,让她们超越了一般意义上的师生关系。王老师在和孩子们相处的过程中,将现代教师的形象美和内在美和谐统一地呈现在学生面前。在孩子们心目中,她不仅是"美的化身",也是值得信赖的大朋友,更是难得一遇的知己。这,也许就是王老师的人格魅力所在。

高尔基说:"谁爱孩子,孩子就爱他,只有爱孩子的人,他才能教育好孩子。"马克思说:"只能用爱来交换爱,只能用信任来交换信任。"是啊,热爱孩子是教师生活中最主要的东西,而王老师对孩子的爱已经渗透进了每一个孩子的骨子里。

教师最吸引学生的教育魅力,首先源于教师的人格魅力。老师身上彰显的积极向上、追求真善美的精神,在潜移默化中影响、感染和熏陶着每一位学生,学生也必将"反哺"周围的人。人们常说,"随风潜入夜,润物细无声",也许就是这个道理吧。

教书育人就在细枝末节中

援疆支教期间,每天与这些善良、淳朴的孩子打交道,发生了许多触动我心灵的故事。

国语班的孩子有一部分同学家庭条件不是太好,为了激励孩子们好好学习,长大后建设边疆,我每节课后都会有一个小小的奖励。从起初中华牌铅笔(上海带来新疆的)、橡皮等学习用品,到后来奖励一些当地不产的水果(如小金橘等),以及后方学校来人的时候,为我带的元祖点心、"来伊份"的坚果、蛋干、核桃糖等,我都一一节省下来,当作小奖品。

课堂上,孩子们总是对我的奖品充满了企盼。刚开始的时候,我会告诉他们,自己对于课堂表现好的奖励什么,奖励几个人。到后来,我干脆保密,告诉他们我只会奖励一个人,这就更激发了他们认真学习的兴趣和热情。因为每一次都会有与众不同的惊喜。

一天在二(9)班上完课,做眼保健操的过程中,我便逐一巡视班级的每一个同学,一边看,一边想,今天该奖给谁?我的目光突然停留在坐第一排的一个女孩子身上。

她留着短发,浓眉大眼,长得甜甜的,和我同住梧桐小区。上学、放学的路上,或在小区里经常碰到。最近,她上课听得一直都很认真,虽然没有得到任何奖励,但是仍然上好我的每一节课。

有一次晚饭后,我们援疆教师到法桐公园附近的超市购物,在超市出口处,她突然出现在我的面前,和我打招呼。当时我很好奇,后来才知道,她妈妈在超市做保安,今天放学后直接到妈妈这边,趴在超市门口用来发宣传资料的长桌上做完了作业,正在等妈妈下班。有时是先回家,到亲戚家做完功课,再到妈妈工作的超市等妈妈下班后一起回家。多么懂事的孩子!

想着想着,眼保健操的音乐结束了,我在班级宣布:"今天的小奖品我要奖给……"

每一个学生都竖起小耳朵,睁大眼睛看着我,教室里一下子静得出奇。

"她!"我手指着坐在我面前这位可爱的小姑娘。(少数民族孩子的名字都比较长,一般前半部分是自己的名字,后半部分跟着父亲的姓,记起来确实不是一件容易的事,所以我只记住了班级里名字稍短的几个孩子。)大家都表示惊讶。特别是今天课堂上表现积极的几个孩子。我停了停,笑着说:"她每一节课听得都非常认真!虽然之前没有奖励过她,但她并没有气馁。"

我把她叫到跟前,从口袋里摸出一袋坚果,紧紧地攥在手心里,不让其他的同学看到,然后又迅速地塞到她的上衣口袋里。全班同学纷纷起立,伸长了脖子,都想看看今天老师到底奖励了什么小礼物。她既激动,又紧张,左手紧紧地捂着口袋,生怕飞了似的。这时已经有很多同学为了一看究竟,纷纷围了过来。她也在大家的簇拥下,回到了座位。离开教室的时候,我回头看了她一眼,越来越多的同学围在她身边。她一只手仍紧紧地护着装礼物的口袋,将身子尽量压低。

下午第三节课后的课间,门口出现了一个身影,正是她。她和一个同学来到我的办公室门口,笑眯眯地看着我,眨巴着亮闪闪的大眼睛,手搭着门框,甜甜地对我说:"谢谢您!"我被这突然出现的一幕感动了。我真没想到,自己的一个小奖品还让她单独过来对我表示感谢。

"不用谢!"我赶忙回答。

她开心地转身跑了。

第二天,我在写这个孩子的故事的时候,觉得一定要知道她的名字。课间,我又一次来到她的班级。她正坐在座位上,我走到她面前,让她把名字写在我的《道德与法治》书上。她拿起笔,端端正正地写下了自己的名字。就在我要离开的时候,她突然将一块巧克力递到我的面前。

"送给您!"她仍然甜甜地说。

"你自己吃吧!"我笑着回答。

但是她执意要给我,我怕伤害孩子的一片心意,收下了。

在回办公室的路上,我的心久久难以平静。难道她昨天晚上回家,也专门为我准备了一个礼物?

我突然想到了一个月前发生的一件事(2018年9月18日),我和明强小学的俞亚勤老师、潘玉华老师一起去与明强小学结对的泽普国营农场小学参加捐赠仪式(明强发动家长、学生为农场小学共捐400多本图书、近100个新书包），捐赠仪式结束后，各班学生队伍开始有序离场。我们几个站在场边，一年级的一个班端着凳子从我们面前缓缓走过。就在这时，一个瘦瘦小小的男孩，突然离开队伍，走到我们三位老师的面前，放下凳子，给我们三位老师深深地鞠了一躬，说："谢谢您！"当他抬起头来的时候，我们分明看到他的眼睛里噙着泪水。我们都被这突如其来的举动震撼了，突然有一种说不出的滋味。

闵行区七宝镇明强小学和泽普县国营农场小学开展"闵泽一家亲·携手共前行"活动

只是一次平平常常的捐赠活动，为何让他们如此感恩？后来了解到，这些孩子大多是贫困家庭的孩子，平时要靠政府救济生活。有的孩子书包要从一年级一直背到六年级，甚至到了初中还在使用。

爱，是一种情感，是一种不求回报的宽容、理解、包容、接受。教师的爱是无私的，不分贫富与贵贱。教师的爱就是对学生的尊重、爱护和信任，使学生真正感受到来自教师的温暖和呵护。

让孩子的生日过得有意义

那是一个周五,下班后,孩子吵着要吃匹萨,于是来到了离单位不远的一家萨利亚。

落座,点单……很快搞定,静等上菜。

趁这档会,我去了趟洗手间。回来的路上,远远地就看见一位双手架着拐杖的中年男子慢慢地走进萨利亚。"行动不方便,还要到人这么多的地方来。"我心里嘀咕着。

转眼间,我已走到他的身后,刚进餐厅大门,我就被一阵刺耳的吵闹声所吸引。原来,一位中年妇女正领着十几个孩子在我们座位的旁边坐下来。因为人太多,工作人员将靠墙的一排桌子拼在一起,变成了一张长桌。孩子们分坐两边。那气势着实不一般,光临就餐的孩子们几乎占了就餐人数的一半。他们好像在自己家里一样,旁若无人地叫着、喊着、吵着、闹着,那声音顿时塞满了整个餐厅。

一位中年妇女忙前忙后,一会儿安排座位,一会儿招呼服务员,一会儿安排点单,一会儿接别的孩子的家长打来的电话,不亦乐乎!就在这时,先前那位架着双拐的中年男子停在了孩子们的前面,开始说话了:"每个人看一下菜单,点自己喜欢的!""哦,原来是一起的!"我心里嘀咕着。

我扫了一眼这些孩子们,他们都没有穿校服,也没有我熟悉的孩子。"好像不是我学校的孩子。"我的心里又嘀咕着。

我刚落座,就听到有的孩子在小声地议论着。"嘿,老师!""在哪呢?""哦,对了,我知道是徐老师!"……一听到"老师"二字,我的心里咯噔一下紧张起来。"坏了,出事了,老师的脸今天算丢尽了。"我的心里嘀咕着。

我转头看了一眼,有几个孩子见我转身看他们,忙和我打招呼。我笑了笑,然后忙转过脸,不去看他们。没想到和他们"对"上了以后,有的孩子还故意从我身边走过,和我搭讪,问我教哪个班,是否认识他,还主动告诉我他们是哪个班的。有的孩子更热情,特地跑过来叫我一声:"老师好!"唉,孩子们,其实我当时的感觉一点也不好!我真不希望你们当着这么多人的面叫我"老师"。我觉得"老师"二字此时是多么的神圣!

旁边的那位中年妇女看见了,可能一下子意识到了什么!忙对大家说:"孩子们,小声点!老师就在边上!"

坐在我旁边的女儿一个劲地问我,他们是谁?我只是淡淡地说,他们是我学校的学生。可是女儿还不满足,不停地追问着,教过他们吗?他们怎么会认识我?……我只能耐心地向她作解释。

吵闹声还在继续着,家长还在忙碌着。我不敢再看他们,更不敢看周围的其他就餐的客人。我在想,是不是要换个座位。可又一想,那样是不是太明显了……"不行,我总该做点什么吧?"我心里嘀咕着。

于是,我把一个主角模样的孩子叫到跟前,笑着问:"今天,你们搞什么活动呀?"他有点紧张,可能意识到了什么,说:"今天我过生日!""哦,我说怎么这么多人呢。这么多人来给你过生日,说明你的人缘很好!"我停了停,看着他,又接着说,"徐老师祝你生日快乐!你是今天的小寿星,他们都听你的!你今天选择在这里过生日?"他点了点头。"这里是吃西餐的地方,更加强调安静,你一会小声地提醒他们,要他们压低声音说话呦!"他认真地点点头,走开了。

他没有辜负我,刚一回座位,就像个大人似的,不停地让大家说话小点声。

果然,声音比先前小多了,但是没过一会,吵闹声依旧。弄得边上的那位中年妇女不停地对我表示歉意!

十分钟过去了,二十分钟过去了……我觉得今天时间过得特别慢。半个小时里,我如坐针毡,只顾低头吃饭,抬头看门外,或是与家人交流,尽量回避身边这群快乐的"小天使"们!

渐渐地,孩子们陆陆续续走出餐厅。我去买单的时候,听见两个服务员小声地嘀咕着:"啊!终于清静了!"买好单,回到座位,我发现一排长桌上已经没有几个孩子,先前架着双拐的那位中年男子也还坐着。他也许就是我们今天那位小寿星的爸爸吧?前面忙碌的那位中妇女可能就是小寿星的妈妈吧?我和爸爸打过招呼,便匆匆离开,离开大家的视线。

刚走出餐厅,又被一阵吵闹声吸引。原来,妈妈正带着一群孩子赶往停车场。哦,他们要前往下一站。为了不至于太尴尬,我尽量和他们保持距离,我真不希望他们再当着这么多路人的面叫我"老师"!

看着他们渐渐远去的身影,我的心里默默念叨:孩子们,要学会低声说话。

晚上,我怎么也睡不着。我不停地想,孩子过生日,请大家大吃一顿,本无可厚非。但是,该怎样过一个有意义的生日,真值得我们的家长好好思考一番。

我们常说,教孩子五年,为孩子想五十年。可是,我们真该想想眼前的现实,培养了孩子四年,孩子连基本的吃饭礼仪都没有学会。没有现实,哪有未来! 我们的教育究竟哪出问题了?

美国教育家杜威提出,学校即社会。我国教育家陶行知提出,生活即教育,社会即学校。教育脱离学生的生活,只有表面的热闹,换不来学生真正的成长与发展。

教育要落地,生根,发芽,结果,必须要关注儿童的生活,走进儿童的生活。坐立行走,言谈举止,衣食住行,待人接物……这是每一个人生活的重要组成部分,儿童也不例外,无论是现在,还是未来,都不可或缺。教育,如果游离于儿童的生活世界,不能走进孩子的内心世界,帮助孩子养成良好的显性的行为习惯、生活习惯,那只能是隔靴搔痒,白费力气。这样的教育不能说是成功的。

孩子的成长离不开生活。教育,就是要从抓好生活中的每一件小事开始。持之以恒,锲而不舍,这样才能在孩子的心里留下烙印,行动上有所体现。

戒指"风波"的处理与思考

一天中午,班主任吴老师匆匆来到办公室,找分管学生工作的老师,恰巧那位老师不在。我忙问怎么回事?"小雪今天带来一枚戒指,游泳课回来后就不见了。家长说,价值不菲,打算报警!"吴老师急匆匆地说。

"先让家长别忙着报警,我们先找找。"我安慰道。

我连忙奔向教室,教室离我的办公室很近,出门走几步就是教室。只见小雪正坐在教室门前的长凳上哭呢!看样子很伤心。

我把她带到办公室,小雪仍然哭得很伤心。她坐在我的面前,我问道:"你的戒指什么时候带来的?"

"今天早上带来的。"

"有谁见过吗?"

"没有,我没敢拿出来。"

"什么时候发现没有的?"

"就是游泳课回来的时候。"

游泳课是今天的第二节,每周一上午10点,孩子们都要去附近的中学游泳馆,一直要到11:30才能回来,所以,每周一的第二节课,我只能上20分钟,然后不得不停下来,让他们准时出门。从10点到11:30,整整一个半小时,这段时间有谁去过教室?谁会拿走戒指?太不确定了。

"你的同桌看到过吗?"我又接着问。我想,如果她带来的话,她的同桌最有可能知道这事。

"没有!"小雪肯定地点点头,然后又补充道,"早上拍照的时候,我是去厕所拍的。"

"什么拍照?"我充满了疑惑。

"早上妈妈打电话来问这个事情,我就跑到厕所拍了照给妈妈看。"

原来,妈妈发现戒指没了,早上打电话来(孩子有电话手表)询问此事。孩子紧张,带着戒指悄悄地跑到二楼的女厕所拍照给妈妈看,妈妈看到后确认了,就放心了。因为是妈妈的结婚戒指,所以妈妈的担心可以理解。

"你怎么会把妈妈的结婚戒指带到学校来?"

"是昨天妈妈把我的书包当成她的包了,不小心装到了我的书包。"小雪抽噎着说。

还有这事?我心里充满了疑惑。妈妈怎么会如此大意呢?显然是孩子在说谎。

小雪是我的课代表,孩子的自尊心极强,我没有继续盘问,让她把同桌叫来。

不一会儿,她的同桌进来了。小梁平时是一位比较内向的孩子,言语不多。小雪把他叫进来后,我就让她先回教室去了。

"这个小盒子见过吗?"我举着小雪装戒指的小塑料盒子对他说。

他一脸的平静,说:"这是我同桌的。她上个星期带来过。"

"她今天也带来了,里面的东西你知道谁拿了吗?"我追问道。

他看着我,好像不知如何回答我。我顿时觉得有戏。

"我不知道谁拿的。"他不紧不慢地说。怎么办呢?是不是要吓唬一下?……于是,我把孩子的妈妈打算报警的事说了,我强调,一旦警察来校,这个事情学校就插不上手了,就会由警察来处理……没想到他仍一脸的平静,不紧不慢地说:"我不知道谁拿的。"

凭一个老师的直觉,我觉得这事跟他不相干。我又走进教室,班主任吴老师也在,我问她:"今天谁没有游泳?"吴老师想了想,说:"有一个,晨晨!"此时的晨晨已经不在学校,他的爸爸上午已经把他接走,带他去医院看病。

我连忙拨通了晨晨爸爸的电话,向他说明了此事,请他帮忙询问。没过一会,孩子的爸爸打来电话,说:"徐老师,非常对不起,戒指是自己的孩子拿的,马上回家取戒指,然后送到学校。"没过一会,晨晨被爸爸带到了学校,一同带来的还有小雪的戒指。

孩子爸爸再三表示歉意。但我还是想知道事件的经过。晨晨低声告诉我,上午大家都去游泳后,他一个人在教室里等家长,闲着没事,就在教室里转悠,看到小雪的桌肚里有一个小盒子,于是就打开看看,发现了这枚戒指,以为是个玩具。因为之前班里也有同学会带假的戒指过来,于是他就玩了起来。就在这时,他的爸爸突然出现在教室门口,他来不及把戒指放回到盒子里,于是就悄悄地攥在手里跟爸爸离校,去了医院。

  我相信孩子说的都是实话。为了保护孩子幼小的心灵,我没有在班里批评他,更是回避了"偷"这个字眼。但是,我还是不愿意放弃这样的教育机会。我告诉他:"未经过别人的允许不能随便拿别人的东西。"孩子低头不语。"哪怕是玩具也不行!"我又补充道。

  "今天小雪找不到戒指急坏了,她的妈妈更是着急。如果是你找不到自己心爱的戒指,也一定会很着急,对吧?"

  "徐老师,我错了。"孩子低着头,小声地说。

  我知道他是真的感到事情的严重性了,也认识到自己的错误了。他一向是一个内向、胆小的孩子,我相信这件事一定会给他留下深刻的印象。

  后来,我把与孩子的沟通过程和班主任做了大致反馈。

  戒指"风波"就这样结束了!但是在处理事情的过程中,我一直小心翼翼。有句话这样说,一句不合适的话或一次欠考虑的评论,无意中会给原本融洽的师生关系带来破坏。

言传身教让孩童善性不灭

自然界的和谐之美,历来被人们称颂。由此而衍生出的自然教育,也影响颇大。

巴尔博士评价《M.S.斯特娜的自然教育》一书中有这样一段话:孩子的心是一块奇怪的土地,播上思想的种子,就会获得行为的收获;播上行为的种子,就会获得习惯的收获;播上习惯的种子,就会获得品德的收获;播上品德的种子,就会获得命运的收获。

这段精辟的语言论述了这样一个观点:孩子的心是单纯的、可塑的,关键取决于教育者的教育行为。

在日常的教育教学中,我始终坚信一点,孩子总是希望学好的。人们也常说:人之初,性本善。为此,我常常潜心研究自然状态下的教育效果,让一切教育行为"润物细无声",无声胜有声。所以,我不但时刻注意自己的榜样示范作用,还有意将自己要说的话,要做的事,在不经意间传达给学生,并让学生心领神会。

记得有次"晚托"班,我刚走进教室,看见教室的地面无人打扫,桌椅也较乱,于是我故作感慨地说:"啊呀,我们的班级怎么这么乱呀?怎么没人关心我们这个集体呀?"说完,我就径直走向讲台,收拾起来。这时,正在座位上看书的小羽首先站起来,高兴地跑过来:"我来排桌子。"话音刚落,坐在一边的晟晟、昊昊也不约而同地站起来,加入这一行列。这时,我趁机说:"既然大家这么热心,那就分一下工吧。"不一会,大家自发的分好工,就开始分头行动整理教室。

你瞧!小羽正在按次序地排着桌子,小李和昊昊在认真地扫地,晟晟在细心地擦桌子。看着一张张歪歪斜斜的桌子在他们的努力下逐渐变得整整齐齐,我由衷地感到高兴。

我走下讲台,望着整齐的桌椅,干净的地面,用一种惊讶的、赞赏的口气说:"呦,真整齐!全校今天肯定是我们班的桌椅排得最好。""嗯,地扫得也很干净,我都不忍心踩了。"……听了我的话,我发现他们做得更带劲了,脸上洋溢着得意的神色。后来,这些小淘气真的去把全校的教室都看了一遍,当他们带着一脸的笑容走进教室的时候,我能想到他们此时内心的喜悦与自豪,他们正在享受着劳动带给他们的幸福与甜蜜的滋味。

第二天"晚托"时间,我走进教室时,发现他们又在整理教室了,同时,还和二(1)班的同学争论着,说要超过他们。看到这一切,我暗自高兴。

还有一件事,至今印象深刻。

我在新疆泽普县第二小学(以下简称"二小")援疆支教期间,曾因学校工作需要代五年级一个班一周的语文课(平时担任二年级3个班《道德与法治》学科教学工作,一周6节课)。

记得刚进班的第一天,学生根本不把我这个代课老师放在眼里。这也难怪,在"二小",凡是代课的老师,一般都是其他学科临时抽调过来的。

周一学完了《圆明园的毁灭》一课,书后有背诵课文的要求,我布置大家晚上回去好好背一背,明天一早检查。我再三强调,我代课一周,希望大家能给我留下好印象,孩子们拼命地点头,一副很认真的样子。我的心里自然也很高兴,觉得高年级的孩子懂事了很多。

第二天一早,我早早地走进教室,没想到班长已经在教室前面带领大家晨

在泽普县第二小学临时代课五年级语文

读,我心里又是一阵窃喜,觉得这个班的班干能力特别强,学生果然懂事多了。我微笑着在讲台前站定,准备检查背诵,结果还没开口说话,班长先讲话了:"老师,他们一个都不会背!"我一听,顿时凉了半截,刚刚的高兴劲早已全无。昨天答应好好的,为什么今天会是这样的局面呢?难道学生是当面一套,背后一套?我想,绝不可能!我决定深入了解一下。

我问他们为什么没有完成背诵,没想到这帮小家伙居然跟我说:"老师,我们一紧张就会忘背!""原来我教了一个'紧张班'!"我调侃道。学生笑了。后来,大多数同学告诉我,作业做得太晚了,没有时间背了!我继续问,作业都做到几点,没想到的是23:00前完成的寥寥无几,有的到24:00,有的人到凌晨一两点,我的内心有点震撼。晚上布置的作业都是按照他们的语文老师走之前交代的作业去布置的,怎么会做得这么晚呢?难道他们平时一直做得这么晚?我的心里有点隐隐作痛,开始心疼他们,觉得他们太辛苦了!后来一了解,才知道学校第二天有"迎检"活动,全校大扫除,自习课全被占用,学生本该学校完成的作业来不及做,只能带回家完成,所以完成的晚了。

听完,我并没有批评他们,而是告诉他们,学习语文,背诵尤为重要,只有多积累,我们的表达才会更丰富。我给他们讲"熟读成诵"的道理,并且跟他们约定,明天早上我要继续检查背诵这两个自然段,不过是老师先背给你们听(这也是我从教以来一贯坚持的原则,凡是要求学生会背的,我首先会背),学生一听顿时来劲了。"真的吗?"他们表现出半信半疑的样子。"当然是真的!而且明天会背的我还会有重奖!"我肯定地说。当天,为了保证学生有充足的时间背诵,我把一天的作业量拆分成两天完成,还利用自习课的时间,让学生完成一部分家庭作业。有的学生甚至在学校就完成了所有的回家作业。

第二天早上,当我再一次跨进教室的时候,看到班长仍然站在讲台前面,不过这一次看到我,她什么都没有说,我的心里又咯噔了一下,立刻紧张起来。

我在讲台前站定,笑着问:"都会背了吗?"

"会了!"底下传来震耳欲聋的声音。

"那我们开始检查!"

"老师,你不是说过先背给我们听吗?"一个声音在下面嘀咕着。

"当然是我先背给你们听!"

接着,学生看书,我开始背起来。这样的课文多年以前我已会背,昨天晚上又复习了一遍，背诵自然不成问题。我一字不差地背完后，学生们大为惊讶，竟然情不自禁地为我鼓起掌来。

"接下来轮到你们背了，谁也能一字不差地背出来？"我带着挑衅的口吻说。

"我！"坐在中间一个胖胖的男孩自告奋勇。

我佩服他的胆量。

他开始认真地背诵起来，学生也打开书，认真地听着，看着，找着。时间一秒一秒地过去，大家始终没有找到一处错误。他真的准确无误地背了出来。下面又响起一阵热烈的掌声。

"太了不起了！"我情不自禁地说，"奖励你一块'脆香米'！"当我将"脆香米"递到他手中的时候，他的脸上洋溢着喜悦与自豪。其他的同学可能没想到老师真的会给他一个大大的奖励，纷纷投来羡慕的目光。

其他的人我安排组长一一检查，没想到很快就查完了。

他们的语文张老师在走之前强调，中午的时间要进行每日一听写。当天听写词语结束后，班级全对的只有4人，错误的词语按照语文老师的要求必须要订正。那么，订正几遍呢？学生看着我，等待着我的答复。我对大家说："本周我代课，徐老师说了算。你们说，自己订正几遍可以记住就订正几遍，但是不得少于两遍。"

有的学生说订正5遍，有的学生说订正10遍……没想到的是，放学前全部完成了订正。后面的几个中午，学生听写词语正确率越来越高，最多的时候，全班有超过80％的同学是全对。

因为从早到晚连续上课，最多的时候一天6节课，我的嗓子开始吃不消了。到了第三天，我的嗓子已经失声，几乎讲不出话来。但我仍然坚持着。

没想到，孩子们也很懂事。中午，一位少数民族孩子主动给我送来了润喉糖。他告诉我，自己喉咙不好的时候，妈妈就是让他吃这个润喉糖好的。

上课的时候，我对大家说，徐老师的嗓子哑了，所以课堂上大家要多交流，说话的声音要大一点，让全班都听到。学生们仿佛一夜之间长大了，课堂上，他们好像一个个都是"学霸"似的，争着发言，我的课堂就这样被他们"推"着前进。

转眼一个星期过去了，我的代课也快结束了。周五早上，同样是给我润喉糖的孩子，从家里拿来了四粒枣送给我。

周五第二节课是我的课,当我走进教室的时候,数学老师也在教室。没想到数学老师竟跟我提出要听我的语文课,着实让我有点惊讶!虽然我不知道什么原因,也表示学科不同,没什么好听的,但她还是坚持要听。

那天的语文课,可能是一周来学生状态最好的一次。我的嗓子哑了,不能多说话,声音很小,但是学生的声音一个比一个响,大家好像已经忘记了有数学老师听课,完全沉浸在课堂的情境之中。这一点,可能是数学老师也没有想到的。只见她听得津津有味,一边听一边还记着什么。学生读书的时候,她也看书;学生回答的时候,她也仔细聆听。课堂上,她好像把自己也当作了一名学生。

中午听写完后,我坐在教室前的讲台边改作业。突然下面的小玉对我说:"徐老师,你就留下来教我们吧!"她这一说,就像一粒石子投进了一汪深潭,漾起阵阵涟漪。有不少学生附和着说:"就是,就是!徐老师你就一直教我们吧!"我一听,心里既感到幸福,更感到不安!幸福的是,我一周的代课能得到孩子们的认可,由衷地感到欣慰。

周五放学的时候,我悄悄地离开了。一周的代课就这样结束。

周五的晚上,我突然收到"二小"杨校长的短信。她告诉我,一个孩子的家长给她打电话沟通,问是否可以让我来带他们的语文课。家长打电话的时候,这位家长的女儿(就是小玉)一直在边上哭。

"没想到一个星期就有如此深厚的情感,孩子太喜欢徐老师了,太不舍这位老师了!"杨校长转达了家长对我的评价。

我感谢了家长对我的认可。后来听杨校长说,当天晚上,陆陆续续又有几位家长给她打电话沟通此事,她当然是不会答应的。我也是不会答应的。

杨校长跟我说,我有空的时候,可以去看看她们!我答应了。

两星期后的一天,我刚出办公室,三个孩子跑到我跟前,她们手拿扫帚,其中一个就是小玉,还有两个,是灿灿和浩浩。我一一叫出了她们的小名(班级孩子很多,我习惯用一种亲切的称呼去叫她们)。我很纳闷,她们的包干区也不在我这栋楼的三楼啊!她们告诉我,她们是来找大队辅导员的,可是大队辅导员的办公室在一楼啊!她们居然说:"瞎逛逛!"我立刻明白了。原来她们是利用打扫卫生的时间专门找到我这看看我。

我看着她们,笑了。她们看着我,也笑了!

每个学生都是老师的瑰宝

今年学校安排我担任五(5)班的班主任,工作的第一年就任教高年级,甚感压力。

开学一段时间后,我发现班级里的孩子们有一个非常显著的特点,那就是特别爱看书,无论是男孩,还是女孩,每天下课的时候,门前走廊上总是看到三三两两的学生簇拥在一起。他们或蹲、或站、或俯,在专心致志地看书。

后来经过了解,得知这个班从三年级开始,在班主任的引导下,大家越来越喜欢阅读,班级学生逐渐养成了阅读的习惯,并形成了浓厚的阅读氛围。大家有什么好书、新书,总是轮流看,直到全班几乎人人看了一遍为止。

当时,班里还有一种现象,叫"走读"。"一附小"的孩子家庭条件都比较好,许多孩子家都有书房,家长为孩子买了很多书。大家经常利用双休日到同学家去阅读。这样,既节省了自己买书的钱,可以读到更多的书,还可以增进彼此之间的联络和感情。

作为语文老师,看到这样的现象是发自心底的高兴,也由衷地感谢前面的语文老师在培养孩子们阅读习惯上的努力。

为了延续良好的阅读传统,我在课堂教学的同时,常常为孩子进行好书推荐,常常组织"悦读分享会",让大家畅谈读书的体会;开展"阅读小明星"评比,激励孩子不断进步。

当时,班里有一个女孩,名叫小帆。她是大家公认的"阅读明星"。她不但读的书多,而且思维缜密,口头表达和书面表达也是出类拔萃的。

记得有一天,我见她一个人在走廊上看书(往常她的身边总是站上一两个人),就走上前,想看看她最近在读什么书。她见我来了,抬起头,微笑着看我。我笑着问:"最近在读什么书?"

"初中语文。"我有点惊讶。拿过她的书,果然是初中语文课本。

"怎么读起初中语文课本来了?"我好奇地问。

"最近班里同学家的书都看完了,暂时没什么书可以看。"

我打开她正在看的一页,原来是一篇古文。

"这你也能看懂?"

"基本上能读懂。"

我看着眼前的这位小姑娘,心里充满了喜欢,更有钦佩。

有一天,小帆来到我跟前,兴奋地对我说:"徐老师,我想在班级开一个图书馆。"

"图书馆?"我有点摸不着头脑。

"我们班虽然许多同学都喜欢看书,但还有一部分同学还不太爱阅读。我想把自己家里的书带过来,免费借阅给大家看。"她认真地说。

我看着眼前的这位小姑娘,真是有说不出的感动。这本是老师该做的事,现在她主动替我分担。

"书带过来放在哪呢?"我笑着问她。

"我找到了一个好地方,班级隔壁楼道墙上有一个小橱窗空着,我可以把它利用起来。"真是个细心的小姑娘啊!

我知道那个橱窗,每天进班级的时候我都会从边上走过。橱窗不高,孩子们伸手就能够得着,外面还有一个玻璃门,带上一把锁就可以锁上,倒真是像一个精致而小巧的书柜。我常常在想,这个空着的橱窗到底是用来做什么的呢?没想到小家伙先想到了利用它的方法。

我同意了她的想法。第二天,当我再一次从这个橱窗前经过的时候,发现它已经大变样。里里外外被擦得干干净净,橱窗门上贴上了"小小图书馆"的海报,还制定了借阅规则和奖励措施。海报设计颜色亮丽,版面新颖、活泼,老远就能看到。那天课间,有许多同学围在"图书馆"前看着,议论着,还有不少其他班的同学。

从那以后,她和班级几个女生,轮流管理"小小图书馆"的借阅工作,虽然比平时忙了不少,但写在她们脸上的是喜悦。"小小图书馆"的工作在她们的打理下一切都是那样井然有序。班级里原先有几个不太爱看书的孩子,终于被带动起来了,常常是争先恐后地去借书,课间三三两两簇拥在一起读着。

每过一个星期,"小小图书馆"里几十本的书都会更换,让班级同学每个星期都有新书看。在看书的过程中,这位小帆同学还会进行阅读指导,帮助大家更好地理解内容(因为这些书她都已经读过,有的书甚至读了好几遍)。就这样,班级的阅读氛围在她和几个女孩的带领下,越来越浓厚。后来,小帆在五年级的时候,报考中国科技大学少年班被成功录取。

  自从班级出现了"小小图书馆"的创意后,好像一下子激发了大家的灵感。一位名叫林芝的女孩,爸爸妈妈都在银行工作。她把银行存取款的流程带到班级,在班级成立"梦想银行",倡议让大家把零花钱存起来,要用的时候再来领取,帮助大家养成不乱花钱的习惯。大家把钱存在银行里还会有奖励(所谓的奖励,就是她自己出钱为大家购买的学习用品等)。为了确保大家存款的安全,她专门找了一个铁盒子,带锁的,还聘请了班级几位身材高大的男同学担任"保安"。"梦想银行"存款最多的时候,曾一度高达数千元,我为她们担心过存款的安全问题。不过她告诉我,她们已经想到了各种应急预案。事实证明,是我多虑了。一学期来,安然无恙。学期结束的时候,她把大家存进"银行"的每一笔钱如数退还给大家,当然还包括奖励。

  班级里还有一位学习一般的男生,也向我提出申请,要成立班级"魔方社团"。我有点为难,但是为了不打击他的积极性,我答应了。心里想,如果成绩下降了,我就"取缔"他的社团。没想到,他不但把自己平时玩魔方的技法教会了很多同学,自己的成绩也直线上升。

  看着眼前这些社团的"团长""行长""馆长"们,我深深觉得,作为老师要相信每一个孩子。正如于漪老师所说:"每个学生都是宝贝。"教师相信孩子,就是相信孩子发展的可能性,孩子才会将他人的欣赏与信任转化为成长的自信与动力。

滋养生命成长的底色

成长从学会承担责任开始

在班级管理过程中,班主任既要相信学生,发挥学生的主体作用,将班级管理的主动权交给学生,又要发挥教师的主导作用,在学生成长的节点上给予有针对性地指导与帮助。

刚进明强小学,任教三(1)班语文,同时担任该班班主任。

三年级的孩子,自我意识逐渐增强,课间开始有了自己的"小圈圈"。下课的时候,经常看到一些孩子在走廊上追逐嬉闹,虽然提醒多次,但是班级几个捣蛋鬼仍然我行我素。看着他们那股使不完的劲,我意识到该给他们做做规矩了。但是教育的时机在哪里呢?

一天,机会终于来了。泉泉和玮玮在课间追逐,玮玮推了一下泉泉,泉泉一不小心摔在了地上,把嘴唇磕破了,流血了。泉泉大概是忍不住疼痛,"哇"的一声哭了,玮玮看着泉泉泪流满面,一时不知所措。有同学马上把这件事告诉了我,我虽然心里暗喜,知道机会来了,但是仍然担心孩子的伤势,匆匆来到泉泉跟前。玮玮在一旁,不敢正眼看我。要是平时,你说上两句,说不定他还要顶上几句呢!"今天,我可要好好地让你长点记性。"我想着。

我安慰了几句泉泉,马上拨打了双方父母的电话,因为这样的教育不能缺少家长的参与。半个小时后,双方父母均来到学校。我提出玮玮的家长带着玮玮陪泉泉一起去医院,家长听了愣了一下,估计她还是第一次碰到要带自己"肇事"的孩子一起去医院这样的安排,犹豫了。我告诉她,孩子耽误的课我可以帮他补上去,但是,自己做的事要学会自己承担后果。家长见没有商量的余地,带着孩子一起陪泉泉去了医院。第二天,复查的时候,我同样让孩子也陪同一起去。

经历了两次的陪同,我发现孩子变了,课间再也看不到他疯跑、疯玩的场面。我决定和他聊一聊。

那天,我将他叫到我的办公室,问他:"泉泉的伤势怎么样了?"

"好多了,昨天看完医生说就不用去了。"他回答道。

"哦!"我应道,"课间休息的时候还跑吗?"

"不跑了。"他小声地说。

"为什么?"我追问道。

"陪着去医院太麻烦了,人太多了,要排好长时间的队。"他非常肯定地说。

"他的伤势不重吧!"

"不重,但是医生给他清洗伤口的时候他痛得哭了!"

我停顿了片刻,看着他,他有点紧张。

"交给你一个任务!"我笑着说。

他看着我,有点摸不着头脑。

"请你做课间监督员!"我说,"发现有追逐打闹的你提醒一下,愿意吗?"

他沉思片刻,说:"好的。"

我们的谈话就这样愉快地结束了。

第二天,他早早地就"上岗"了,一下课便来到教室门前走廊。我还特地给他找了一个红袖章戴在胳膊上。他更神气了,工作也更努力了。

孩子犯错了并不可怕,只要班主任处理得当、及时,帮助孩子从错误中汲取教训,引导孩子从错误中汲取成长的"因子",这样才能真正利用和发挥错误的价值。

在教育与自我教育中成长

班级开展了"值日班长"轮值活动,深受大家的喜爱,这也是我探索教育与自我教育的一个平台。班上有一位叫阳阳的男孩,给我留下了深刻的印象。

那一天,早操后回教室的途中,我问他:"累吗?"他认真地回答:"没什么!"他的回答有点出乎我的意料。事实上,做值日班长,从早上来校到晚上离校,要做很多事情,甚至课间休息的时间也很少。更让我惊讶的是,那天下午放学的时候,天起了雨,奶奶照例来接他,他居然扶着奶奶从三楼一步一步地走下去。这让我十分惊讶这样的变化。

在接下来的两个星期里,他无论是上课,还是作业,都认真了很多。和以前比,简直判若两人。平时,他给大家的印象是动不动就以拳头解决事情,上课不认真听,做作业动作超慢,还磨蹭,对语文、数学、英语、音乐、自然等学科毫无兴趣,唯一有点兴趣的就是体育课,但就是体育课也常常惹出点事情来。因为爸爸妈妈都比较忙,平常一直由奶奶照看。每天放学后奶奶来接他的时候,对于奶奶的关心总是不领情,有时还对着奶奶大吼大叫,甚至出言不逊,这一点连家长也颇为生气,可是无论怎样教育与批评,总不见好转。但这小小的值日班长居然让他有这么大的变化。

在阳阳做值日班长的这段时间里,我一直与其家长保持着良好的沟通。这种学校与家庭之间的默契也为阳阳的转变起到了推波助澜的作用。

记得阳阳做值日班长的前一天晚上,他的妈妈发来一条短信:"阳阳挺兴奋的,不停地说着小班长(在他学号之前已经担任值日班长的同学)做的事!"

第二天,阳阳的值日班长做得很出色,得到了值日班长"评价小组"的一致好评,给了他四颗星,他高兴地笑了(最高可以得五颗星,他是活动开始至今获得评价最高的同学)。看得出来,他非常高兴。回想起下午的时候,他的妈妈还发来一条短信,希望老师鼓励鼓励他:"今天是阳阳做值日班长,对吗? 阳阳满在乎的,不管做得怎么样,老师表扬一下吧,我知道阳阳以前在学校表现仍然很差,但在家确实进步了不少,我想试试多表扬他,让他对上课有点兴趣!"

看完了家长的短信,我心潮涌动。是啊!像他这样在很多人看来满身是缺点的孩子,确实太需要老师的表扬、同学们的认可了。平时的教育教学中,他们得到的更多的是批评,极少体验过表扬的滋味,更少有"出头露面"的机会了。评优跟他没关系,选班委轮不上他,就连选小组长也得要老师为他"开后门",但常常是自顾不暇,惹得同学怨声载道。集体中,他太需要这种舞台来展示自己了。一旦给他们机会,他们也能做出个样子来。今天不就是个很好的例证吗?

我想,这种感觉是他从未体验过的。这是一种被尊重的感觉,这是一种成功者的感觉,这是一种意识到自我存在价值的感觉。这种感觉是他在集体中找回的。这种感觉也只有集体才能给他。苏联教育家苏霍姆林斯基曾说过:"只有当一个人亲身体验到高尚的道德关系的良好影响时,在精神上做出努力以求得进步的时候,才能进行自我教育。"

思想源于认识,认识来自实践,实践产生体验,体验唤醒学生的生命自觉,这也许就是教育所有的真谛所在!

做一个言而有信的好老师

上午语文课的时候,为了进一步调动大家学习的热情,我对学生完成每一项语文任务的情况都给予打分。

说到"打分",那还要追溯到开学前的暑假。假期里,我集中研究了魏书生等人的教改实验,在班级推出了"无限制积分"的激励办法,内容涉及预习、上课、家庭作业、作文等几个方面。对于不能完成,或是完成质量不高的同学,还和大家一起商量了三种"自我惩罚方式",即"为别人或为集体做一件好事以补偿歉疚心理;为大家唱一支歌并获得超过半数人的认可;写一份情况说明(不少于100字),并获得至少20人的签字认可"。

今天所学的《五彩池》一课是一篇写景的记叙文,描绘了我国四川省境内的著名旅游胜地"黄龙寺——九寨沟"里的一个景点——五彩池。课文语句优美,非常适合学生的朗读。

课堂上,学生读得也很投入。在读到课文第二段的时候,为了指导学生读好五彩池的特点,我提出要与学生比赛朗读,如果读错了,老师也写"情况说明"。没想到学生情绪高涨,有的甚至鼓起掌来。接下来读的时候,学生听得特别认真,教室里简直静得出奇,我心里不由得紧张起来。在读到"池子的边沿是金黄色的,像一圈圈金色的带子把池子围成各种好看的形状;有的像葫芦,有的像镰刀,有的像脸盆,有的恰似盛开的莲花……"一句的时候,一紧张把"池子"的"子"读成了翘舌音"zhi"。

刚读完,全班同学纷纷举手,为我指出其中的错误。我为了掩饰,啰里啰唆讲了很多(至今回想起来,也不知当时讲了什么)。可全班同学好像对我的解释并不满足,也不领情。他们看着我,看着我,好像在期待什么……

我想,说出去的话,泼出去的水,作为老师应该履行承诺。

"好!这个情况说明我一定写!"我最后很肯定地说。然而孩子们好像并不满足,也似乎不太相信我说的话,有的学生当场质疑:"老师,你说的是真的吗?"其他的同学也用怀疑的目光看着我。

因为在他们看来,老师怎么可能会写呢,即使说写也只是嘴巴上说说罢了。写"情况说明"那是针对学生的,因为在开学初讨论的"无限制积分"方案里并没有老师写情况说明书这一条。

我见大家还在怀疑我刚才的话,于是又肯定地告诉大家:"老师说写就一定会写!"学生们又是一阵热烈的鼓掌,好像在庆祝他们的胜利!

"那你什么时候完成呢?"坐在前面的杏子追问道。没想到他们还不死心。看样子必须给他们一个明确的答复。"放学前完成,而且会找20个同学签名!"

哗!下面又是一阵热烈的掌声。

"不!应该找全班签名。或者至少40个人签名!"

"为什么?"

"因为你是老师!"

"老师也应该和大家平等呀!"

…………

经过一番争论后,总算平静下来,我承诺放学前完成,并找20个同学签名。就这样,这一小小的风波才告一段落。课堂教学又继续往前推进。

下课了,我像往常一样拿起书本走出教室。没想到,一个男孩追我到教室的后门口。我一看,是小韩。只见他笑眯眯地说:"徐老师,你真的会写情况说明吗?"我见他还是有点不相信我的话,又肯定地告诉他自己一定会写的。"那你什么时候写呀?"他又说了一句,水灵灵的眼睛满是疑惑。在他看来,老师平时这么忙,怎么有时间写呢?"中午!"我笑着回答。听完我的回答,他像一只快乐的小鸟飞走了。

在回办公室的路上,我的脑海中像放电影一样,反复出现刚才的一幕。看样子,这份情况说明是一定要写了!我心里想着。嗯,就当是和学生彼此建立信任的一次机会,自己也可以借此体验一下学生写情况说明的感受。

忙碌了一个上午,转眼到了中午。午饭后,我回到办公室,刚想进班去看看卫生打扫的情况,忽然想起了自己的情况说明还没写。于是,拿出学生每次写情况说明的稿纸,开始认真地写起来:

今天的语文课上,为了进一步激发大家的读书热情,我想出了一个办法，和大家比赛读。没想到大家的热情非常高。同时，我们约定，谁有读错的地方，谁写"情况说明"，大家欣然同意。我在读的时候，因为紧张，把"池子"的"子"读成了"zhi"。我甘拜下风，心服口服。在此，肯请大家原谅我，我以后课前一定会做好准备工作，把书读得再流畅些、熟练些。

签名：徐老师
2013.10.30

不到五分钟，我便写好了。接下来，要拿到教室请大家签字。该先找谁呢？对，先找老徐（班级的一位同学，因为跟我是本家，又比班级的另一位姓徐的女同学年龄稍大，所以我亲切地称他为"老徐"，他也欣然接受。班级还有一些同学，平时我都不叫全名，都有一个亲切的称呼），他是我的本家，应该会给我个面子，其次再找小马、小倪、玥亮……

我手里拿着"情况说明"，心怀忐忑地来到教室门口，看到有的在下棋，有的在看书，有的在打扫卫生……我站在教室后门口，叫了声："老徐在吗？"老徐没有应声，有几个同学倒是一下子围了过来。我看到了小马、小倪、玥亮也在，就说："小马先看，然后小倪、玥亮，一个接一个，不要抢。"小马刚接过我的情况说明，还没来得及看，一双双小手都争先恐后地伸了过来。转眼间，稿纸已经被小李抢到了手中。他刚想看我写了什么，又有更多的手伸到了他的面前。我的心立刻紧张起来，千万别出什么事！撕坏了，可就完了。我立刻上前，在"乱军"之中"夺"下我的"宝贝"。大声宣布："一个接着一个！别着急！"我又递到了小马的手中，然后用哀求的口吻说："小马，我最喜欢你了，你看完后帮我签个名吧！"小马笑笑，什么也没说，拿着我的稿纸走了，很多同学继续围了过去。我想我还是先离开一会，临走前，我不忘加上一句："大家看完后，都要给我签个名啊！"

很快，下午的第一节午会课下课了，我迫不及待地走进教室，想看看有多少人签了名。教室里很安静，没有人拥在一起，好像并没有人关心我的"情况说明"，我的心里立刻紧张起来。

我的"情况说明"在哪呢？我心里思忖着。"谁看到了我写的情况说明？"我叫了一声。这一叫不要紧，许多同学的目光一下子飘了过来，有的还拿着字典跑了过来。"老师，我发现你的情况说明里有一个错别字！"

"我也发现了！"

"确实有一个,我查了字典!"

我的心里又紧张起来。

"不会吧,写完后,我还特地看了一遍,怎么会有错别字?"我心里嘀咕着。

"哈哈,老师,你把'恳请'的'恳'写成了'肯定'的'肯'了!"

"对,我查了字典。'恳请'的'恳'不是这样写的。"说着,他就把字典捧到了我的面前。

我一下子有点懵了。因为情况说明里有错别字是要重写的,而且签名的同学如果没有发现情况说明里的错别字,也要写一份"情况说明"。天啊,千万别拖累签名的同学,辜负了他们对我的信任。

这时,"情况说明"也回到了我的身边。我仔细一看,天哪!真把"恳"写错了。我脑海中忽然想起读小学时经常把"恳请"的"恳"写成"肯",多次被老师批评的事情,没想到若干年后这样的事情又在上演。

"再写一份!再写一份!签名的同学也要写!"同学们围了过来,起哄似的叫着,好像今天他们也要好好地"惩罚"我一下。我一看,"情况说明"的下面只有一个同学的名字——"玥亮"。于是,忙向大家求情,大家见我一副"可怜"的样子,也就放过了玥亮。

我又拿出一张稿纸,认真地写起来。

"老师,你原先的格式也不对,少个题目!"不知谁在边上冒了一句。因为我要求学生写"情况说明"之前都要加个题目的。

"好的!"我欣然接受。

于是,我铺展好稿纸,认真地写起来(或者说照着刚才的又抄起来):

关于语文课上"池子"的"子"读错音的情况说明

今天的语文课上,为了进一步激发大家的读书热情,我想出了一个办法,和大家比赛读。没想到大家的热情非常高。同时,我们约定:"谁有读错的地方,谁写'情况说明'。"大家欣然同意。我在读的时候,因为紧张,把"池子"的"子"读成了"zhi"。我甘拜下风,心服口服。在此,恳请大家原谅我,我以后课前一定会做好准备工作,把书读得再流畅些、熟练些。

签名:徐老师

2013.10.30

我趴在教室前面的桌子上写着,边上围着的同学不停地七嘴八舌地议论着。

"老师写情况说明可真是件稀奇事。"

"这份情况说明,我一定要签名,留个纪念!"

"等徐老师写完后,原先的那份情况说明我一定要过来留个纪念!"

"我要把徐老师写情况说明这件事写进我的日记,太有意思了!"

…………

很快,我就抄完了,围在边上的同学争着要签名,还有的同学要讨我的第一份"情况说明",我说:"这是老师成长的见证,不能给你们!"

之后的每一节课间,我都会早早地就来到教室,恳请每一位同学为我签个名,没想到大家都很乐意。有的人一直跟在我的边上,不停地给我数签名的人数,按照约定,第二份"情况说明"要至少有40个同学的签名。渐渐地,我感到后面越来越难,每当我从前门走进教室的时候,有些同学便从后门走出教室。原来,他们想故意"刁难"我。因为,当天签不满40个同学,第二天便要全班签名。

后来,在我的努力下,全班共有44位同学为我签了名。这件事总算渐渐平息了。

晚上,我怎么也睡不着!不停地想着白天发生的事情,总觉得它带给我的思考太多。

孔子言:"亲其师,信其道。"师生之间,建立彼此的信任是关键,教师对学生的影响往往是从改变师生关系开始的。生活中,师生之间,亦师亦友,学生既亲近老师,又对老师有点小小的畏惧。师生之间的交往正是在这种互动与交往中不断前行。

看学生就如看镜子里的我

刚接这个班的时候，就发现这个班的班干工作能力特别强，尤其是每周的班会课。

班会课前，中队长（也是学校少先队大队长）张小明（化名）都会主动问我："老师，这节班队课您这边是否有安排？"一开始，我不明白他的意思，以为他问是不是要上语文课。一次，我随口说了一句："没有。""那我们就讨论一下班级的卫生。"他告诉我。我同意了。

让我没想到的是，班会课前，几个中队委就开始分工合作，有的负责在黑板上写班会课的主题，有的负责整理桌椅，有的安排发言的同学……一切都井然有序。

上课了，中队长早早地站在黑板前，主持当天的班会课。他首先告诉大家今天班会课的主题，以及为什么确定这样的主题，然后组织大家开始讨论。每组都要派人发言，完全忽略了我的存在。我只能像个学生一样，坐在教室最后一排，静静地看着、听着。教室里静得出奇，比我上课的时候还要安静。我真有点搞不明白，中队长是怎么做到让大家如此遵守纪律？

渐渐地，我觉得我是多余的人，所以有的时候班会课我也不过去了。

有一次，我偶尔经过班级前面，透过走廊的窗户，看到大家仍然是坐得端端正正，教室里仍然是安安静静。

我刚要离开，突然看到讲台边上还有一个同学，在靠近北边窗户的地方正蹲着马步。那人不是别人，正是我校财务的儿子——小李同学。只见小李半蹲着，双手向前平伸，一脸的痛苦，估计蹲了不短时间，但他丝毫不敢乱动，一直保持那样的姿势蹲着。中队长不时地过来看看，有时还厉声喝道："再蹲下去一点！"小李虽然嘴上嘟囔着什么，但也只好照办。

我既佩服中队长的"威严"，又为小李担心。这小家伙因为自己的妈妈是学校财务，所以优越感比较明显。但是今天，班级干部管得他开始怀疑人生了。不知道中队长是"杀鸡给猴看",还是要"杀杀"小李平日的"傲气"与"威风",反正一副不依不饶的样子。

我看了一会,觉得这样下去不太好!一是如果被小李的家长看到了,还以为我教的呢,不好交代。二是这事要是传出去,影响也不好。

我轻轻地敲门,轻轻地进去。中队长见我进来,看了我一眼,又继续主持他的班会课。我举手示意有话要说。得到了中队长的同意,我询问了黑板前小李蹲马步的原因。中队长告诉我:"上课乱插嘴!"话很短,但很有力。我边上的同学小声对我说:"是他自己不遵守纪律。活该!"我一听,估计是他"惹众怒"了。但是,总不能让他一直蹲马步。于是,我开始给小李同学"求情":"中队长,刚才小李同学表现还是可以的,就再给他一次机会,我相信他下面不会再乱插嘴了!"

中队中一脸严肃地说:"看在徐老师的面子上,不让你再蹲了!"好家伙,没想到我的求情被中队长识破了,我一脸的尴尬。"记住了吗?"中队长最后强调了一句。小李同学认真地点点头,回座位了。

我坐在那,陷入了沉思。我打开记忆的闸门,拼命搜索"蹲马步"的记忆。却始终找不到,孩子究竟是跟谁学的惩罚措施——蹲马步呢?

课后,我决定亲自问问中队长本人。他告诉我,以前的张老师就是这样惩罚犯错学生的。原来是这么回事,我终于搞明白了。不过我还是提醒他,作为班级干部,对待犯错误的同学要多提醒,多帮助,不能用这样简单的方法来教育与管理。中队长最后接受了我的建议。

生活中,我们常常见到这样的现象,老师喜欢用教鞭敲桌子让学生安静,"班干"管理班级的时候,也喜欢用教鞭敲桌子让学生安静;老师上课的板书非常漂亮,学生也会模仿老师,把字写得漂亮;老师喜欢运动,必然会带出一群喜欢运动的孩子;老师喜欢读书,班级必然有浓厚的读书氛围;老师穿得干干净净、整整齐齐,学生也喜欢把自己打扮得漂漂亮亮……

英国诗人斯宾塞有一句名言:"儿童是父母的镜子。"其实,儿童也是教师、学校、社会和他自己的一面镜子:

如果孩子生活在批评中,他便学会谴责。

如果孩子生活在敌视中,他便学会了好斗。

如果孩子生活在恐惧中,他便会忧心忡忡。

如果孩子生活在鼓励中,他便学会自信。

如果孩子生活在受欢迎的环境中,他便学会钟爱别人。

如果孩子生活在安全中,他便学会相信自己和周围的人们。

如果孩子生活在友谊中,他便会觉得他生活在一个多么美好的世界。

作为一位大人,我的身体里体现了可能性,给孩子充当了榜样。孩子总是在尝试学我们的姿势、我们看的东西和做事情的方式、反应的方式、消磨时间的方式。当我们看到孩子身上折射出来的我,会不禁产生怀疑:这是我们希望看到孩子的行为举止吗?假如不是,这是我希望自己的行为举止吗?

我们常常要自问,孩子所有的成长都是好的吗?是我们期望的吗?我们已经是一个拥有许多习惯、信念、价值观、感情以及一连串经验的记忆和历史了,可是孩子比大人具有更纯洁的发展天空。要让孩子更好地成长,我们就必须尝试新的模式,改变一下自我,或者将新的视野融入并深深植根于我们的内心深处,从而成为孩子面前那面最好的镜子。

诱惑面前师生的共同抉择

明天就要期中考试了,师生们都在抓紧时间复习,希望能有个好"收成"。我正埋头批改着学生的作业,一个老师很兴奋地跑过来,悄悄地跟我说:"我不小心看到试卷了,有三篇短文,一篇是《荷叶上的水珠》,一篇是《书》,还有一篇是《卧薪尝胆》。前两篇我们都做过,《卧薪尝胆》没来得及看清是什么……"

听了她的话,我不知该说些什么。这时,她又说:"有两篇习作都在我的那本书上,我去拿来复印!"我半开玩笑地说:"阅读的工夫关键在平时,这可是舞弊呦!"她有点不好意思地说:"没什么!"不一会儿,她来了,帮我们班的也复印好了。她走后,我就思忖着如何处理这件事。

下午,第一节是我的课。学完了课文,我神情严肃地对大家说:"同学们,老师遇到了一件两难的事情,想听听大家的意见。一个老师给了我一张试卷,她告诉我,这次期中考试中的阅读部分有99%的内容就是在这张试卷上。如果我发给大家做,大家的成绩肯定会很好,但这是舞弊,弄虚作假。可是,如果不发给大家做的话,那么我们班的成绩又会比别的班级低。同学们,你们说该怎么办呢?"说完,我便举起了这张试卷。学生们立刻有点愕然!但很快作出反应。

小胡同学首先举起了手,大声地说:"老师,我不要,因为如果那样的话,成绩肯定就是假的。"我知道,有的学生是为了迎合老师才这样说。这时,又有学生说:"我也不要,如果今天作假的话,以后肯定会露馅的。""这不是真正的成绩,我也不要!"

大家就这样七嘴八舌地议论着。我抓住机会,趁热打铁说:"对!做这张卷子必然会提高大家的成绩,校长还会夸奖我教得好,但这样的夸奖我不要!"大家认真地点点头。

这时,有个学生突然问我:"老师,你只是说可能在上面,又没说就在上面。"话音刚落,立刻有几个学生也在下面附和着。

"99%,那肯定就是在上面了,这还用问!"旁边的同学立刻补充道。

"老师,你说的是真的还是假的呀?"一波未平一波又起。又有一个学生对我刚才说的话产生了怀疑。

"老师说的,还能有假。"

"老师当然不会骗你了,不然怎么会是老师呢?"有的同学马上给予了反驳。

"我骗过你们吗?"

大家都摇了摇头。

"那好,你们说怎么办?"

"马上销毁!"有个同学提议。

"对!"大家几乎异口同声地说。

"好!那我现在就当面把它撕了。"说着,我便将试卷撕个粉碎。

"同学们,现在我们可要靠真本事去完成期中考试这张答卷了,有信心吗?"

"有!"学生热血沸腾地说。于是,我带着大家就这样复习了。每一个人都是那样的专注、投入。我知道刚才的一幕已经产生了特殊的效果。

学生随着年龄的增长,其认识水平也会不断提高,有些问题可以通过组织学生讨论、辩论的方式,来达到明辨事理的目的。同时,辩论的过程也是师生思维火花互相碰撞的过程,有利于将问题越辩越明朗,把道理越说越清楚,这样也有利于班级内良好的舆论氛围的形成。可是,有的时候,并不是所有的学生都参与了这场讨论,或没有自己的主见与认识,在没有想好自己该怎么做的时候,往往有一种从众的心理。也许有的人心里确实有一些想法,只是当着全班同学的面不好意思说而已。

日常生活中,我们常常遇到这样的情境,需要你抓住教育的时机,主动采取行动,但是我们又常常没有时间坐下来仔细筹划如何行动。为了让教育的情境产生教育的时机,有时需要教师须站在与某个孩子或一群孩子的关系位置上采取适当的行动。换言之,在每一个情境中,教师必须以行动来显示怎样做才对孩子好(并不排除那些不好的行为)。这样的教育生活,才是最根本的人的价值的体现。

下午专业课的时候,教室里只有五六个人,其中包括班里两个学习有困难的学生,我显得很忧虑的样子,说:"琪琪,明天的考试你准备好了吗?""准备好了!"他小声说。"要不,我再去向老师要一张试卷,今天晚上你回去做一遍吧!""对呀!琪琪,要不你做一下吧。"旁边正在写字的小涵表示赞同。"不用,我回去妈妈会帮我复习的。"琪琪肯定地说。"那好吧!小胡,你呢?"我又转向了边上的小胡同学。我知道,她是很会说话的,平时又爱占点小便宜。刚才她是第一个反对的,我希望她现在能说出真话。没想到她和刚才一样的坚决。至此,我相信刚才她没有说假话。我的心里也踏实多了。

学生们的举动超越了老师

新学期,我新接了一个班,随着了解不断加深,我和孩子们之间的感情也日渐深厚,甚至有时候哪一天出去参加教研活动,半天工夫看不到他们,还真有点想他们。而学生呢?当我再一次回到教室,出现在他们眼前的时候,他们竟会热烈地鼓掌,有的男生还调皮地说,真想上来抱抱我。也许是我的真诚打动了孩子,也许是他们第一次接触到男教师。可是,在接下来的一次次活动中,孩子们的表现让我惊奇。

开学初,为了鼓励大家看书,我和班级的图书管理员一起去图书室精挑细选了55本课外书,放到班级的书架上。转眼,一个月过去了,还书的时候,图书管理员突然发现少了两本书(事实上,之前也担心过书会弄丢,考虑过借书登记的做法,但是,我始终相信学生不会那样)。经询问,全班同学都没有人拿这两本书。按照常规,应该全班同学共同赔偿(有言在先)。于是我把这件事交给了本月的执勤班长——婷婷,让她和其他几位班委成员商量一下此事的处理方法(之前我曾单独向她表达过我的意见,即全班分摊)。

今天中午的"午管会"上,我让她宣布此事的处理方法。我静静地坐在教室最后一排的座位上,等待着她把我原先设想的方案跟大家说一遍。只见她在讲台前不紧不慢地说:"我们还书的时候,有两本书丢了……,这两本书一共是二十七块一毛。中午,我只找了三位班委商量了一下,其他的同学都在大扫除。我们四人商量的结果是,我出七块,扬扬出六块……"听了她宣布的结果,我突然震住了,觉得我的心被狠狠地刺了一下,浑身上下热血翻滚。此时的我,感觉是如此的渺小。回想当初在全班面前教育大家书弄丢了共同赔偿的情景,真的是无地自容。其实,他们的家庭条件也不算优越,可是,今天眼前这不起眼的"小不点",让我由衷地自愧不如!觉得他们的境界已远远在老师之上。我又突然想到了"教学相长",觉得我真的要好好向这些孩子学习。

我定了定神,想进一步了解问题的究竟。"你为什么要出的比他们多呢?"

我故意不解地、大声地问。"因为我是班长,而且有一本书找到后,是扬扬去帮我还的,我应该谢谢他!"她的回答非常简短,我哑然无语。唉!我不知现在该对全班说些什么?我站起身,一边往前走,一边情不自禁地说:"多么了不起的'班干',关键时候主动承担责任。同学们,这就是我们班的班干部!"同学们可能也没想到班干部们会做出如此的决定,他们也愣住了,静静地坐在那,一声不吭,教室里简直静得出奇!

我来到了讲台前,表情很严肃。我突然意识到我也应该承担点责任,对自己的心灵做点补偿,说:"作为班主任,我也有责任!不能全由你们来承担!我出五块!"话一出口,又意识到,我出得太少了!比班长还少!孩子们平时的零花钱可是省吃俭用积攒起来的,很不容易。于是我又改口道:"不!我出十块,应该多出点!"

听完这句话,下面开始有点骚动起来。这时,有几只小手悄悄地举了起来,我听见有个男孩在下面小声嘀咕着什么。我有点担心,是不是又有不同的想法?我把他叫了起来,没想到他说:"老师,我出一块!""我出十块!"旁边的一个同学不等我叫他,迫不及待地站起来大声地说。坐在前面的中队长也早早举起了手,我也想听听他的意见。"老师,不用你出,我一人来出这二十七元一角!"孩子们的情绪越来越激动,有许多同学也纷纷举起了手。我知道他们想说什么。我说:"这件事就这样,明天我把钱带来交给班长!"。

第二天早上,我如约带上10元钱走进教室,把钱给了班长,没想到她的手里紧紧攥着好几枚一元硬币。我问她:"谁给的钱?"她说:"我五块(钱),小晟两块(钱)一角……"她突然支吾起来,"还有林林的五元钱我没有收,还有阿杰的二十元也没有……"就在这时,阿杰突然跑了过来,从班长的手里拿过那张十元纸币,硬塞到我的手里,说:"徐老师,怎么能要您出钱呢?我带了二十元过来,加上他们的,刚好!"我没有接受他的意见,执意将十元钱给了班长。我觉得我不能失信于孩子们,我希望这样能换回我心里的片刻宁静与慰藉。之后我听说,班长推脱不掉阿杰的软磨硬泡,接受了他的十元钱。

事情虽已结束,但是我的心这几天却怎么也不能平静,班长的妈妈也是本校的老师,所以班长和我之间没有了那种距离与陌生感,她常常在课间同学面前或是拉我的手,或是抱着我。而我,因为担心这样会让孩子们感到这种与众不同的关系,造成心理上的影响,于是我常常把她推开。不过,经历了这件事后,我真想好好的抱抱她,对她说:"瞧啊!这就是我们班的班长!"

长期以来,人们更多时候只是把孩子作为教育的对象,而忽视了学生生命体的存在,没有看到生命的活力与潜在性。我们总是希望孩子们按照自己的要求去做,觉得这样对他们才有好处,他们才会进步。因为我们坚信,老师永远是对的!老师就是权威!但是在这件事上,我相信,学生所受到的教育和获得的体验,远远超过我原先预设的教育方案。

　　在长期的教育教学中,我越来越感到:相信和尊重学生,是教育的真正开始。所以,班级的事情我或交由学生去处理,或全班提出,听听大家的意见。我想,今天这件事情的发生,也许是偶然中的必然吧!我相信他们,并将事情交由他们去处理,同时尊重他们的处理决定。孩子们在做事的过程中,正在经历着一场从未有过的成长体验。如果说学校是社会的缩影,那么班级则是这个社会系统中最基本的组成单位。孩子们在这里学习知识,学习与人交往与沟通,学习承担责任,学习处理遇到的各种不同事情,等等。他们的生命成长和个体的人生经历紧紧地联系在了一起。

绽放生命成长的精彩

斐然成绩难盖成长之烦恼

他,今年五年级,人长得不高,瘦瘦的,一双机灵的眼睛充满了智慧。他思维敏捷,数学成绩突出,生活中也很会精打细算。他家庭条件优越,妈妈为公司白领,经常出差;爸爸在杭州工作,一星期回来一次。教育孩子的责任,主要由妈妈承担。而在杭州上幼儿园和来沪读小学期间,他基本是爷爷或奶奶接送。

今年,我担任他的班主任。这一学期,他先后参加过多次区、市乃至全国的数学竞赛,成绩斐然。他有自己的好朋友,但不多,和好朋友之间经常为一些小事而翻脸。他本人也常常为此而烦恼,并试图去改变这一现状,可总是不理想,得不到同伴的认可。

同学对他的评价是"爱财如命""抠门"。从低年级至今,因为担心自己吃亏,常常和同学因为一点小事而斤斤计较,甚至大动干戈。

有一天,我将他找来,跟他闲聊。话匣子打开后,他开始讲述自己的故事。

从杭州来到上海读书,上学的第一天,爷爷在校门外再三叮嘱:"上学以后,不要太让着别人,否则会要吃亏的。"开始,他对这句话不以为然。

上小学后不久,自己的生日来了。妈妈为了让他在新的集体中搞好同学关系,给了他一盒糖,让他到学校与同伴一起分享。没想到自从那天以后,课间总有几位同伴主动找他一起游戏。后来,他也经常从自己的储蓄罐里拿出一些零花钱,买些好吃的分给大家。可是,他渐渐地发现,每次都是他请客,别人从不请他。突然有一天,他发现自己的零花钱越来越少。他粗略估算了一下,每天拿出三五元钱请客,一个月下来就要花去九十多块钱。那时,父母一个星期给他的零花钱也不过二十元,再加上平时买学习用品剩下的零钱,一个月下来也不过就是一百来块钱。他想,如果把这些钱省下来,一年下来就可以积攒一千多块钱,这可是一个不小的数目。于是,他决定不再请客,而是把家长给的零花钱投进储钱罐。自从他不再请客后,同学们和他的关系也渐渐疏远,有的同学开始说他"抠门"。

为此,他很苦恼,也很委屈。这时,他想起了爷爷说过的话,觉得有点道理。随着时间的推移,他的朋友越来越少,就连住同在一个小区的同学也疏远了他。为了赢得朋友,他在经过一番思想斗争后,决定拿出一部分零花钱出来请客,但是,只有以前的一半左右(大约一两块钱)。同时,他开始和大家约定,轮流请客。渐渐地,他开始发现,只要给同学一点点小恩小惠,同样可以达到原先的效果,而且,在请别人吃的同时,还可以吃到别人的东西。这段时间,他过得很快乐。

这种现状一直维持到了二年级。可是,二年级发生的一件事让他至今记忆犹新。那是二年级上学期期中考试的前一周(虽然是几年前的事情,但是他记得特别清楚),他的爸爸从国外带回两支圆珠笔,他决定送一支给班里的好朋友——刘烨(化名)。那天,他将那只漂亮的红色圆珠笔带到学校,送给了刘烨。谁知当天上午第四节体育课上,几个同学在一起打球的时候,刘烨口袋中的那支圆珠笔不小心掉在地上,恰巧被抢球的他踩碎了。当时的刘烨马上让他赔一支。他顿时傻眼了,心想:笔是我送给你的,只是不小心踩坏了,怎么反而让我再赔你一支?无论他怎么理论,刘烨只认准一点,笔送给了他,就是他的,弄坏了,就应该赔偿。刘烨的态度让他懊悔莫及,他觉得这好人真是做不得。这时,他突然觉得爷爷的话很有道理。同时暗下决心,这支笔不赔他。

从三年级开始,在和同伴交往的过程中,他开始学着赚钱。班级里流行什么,他便留心小区附近的文具店,比较哪家店里卖的东西便宜,然后通过帮同学买东西,来赚取中间的差价,如红领巾、悠悠球、钢笔、卡片呀之类的。少则五毛,多则一块、两块。这样,一个星期有时能赚上十几块。

一连串的故事,让我深深陷入了沉思。一个学生价值观的形成与他们的经历紧密相连。主人公的一次次经历,虽然几年过去了,但仍历历在目,可见这些事对其影响之大、触动之深。鲜活的经历,让他逐渐认可并开始相信爷爷的话:不要太让着别人,否则会要吃亏的。这句话变成了他自己的价值取向并用来指导自己的行为。

同学们中存在的这种不正当的交往方式,教师和家长没有及时发现、有效引导,也是导致主人公出现这一状况的重要原因。学生在成长过程中,离不开家长的教育与引导。而主人公的父母亲,因为工作的关系,平时很少与孩子进行情感的沟通与交流。每次与孩子见面,最关心的是学习,其次就是带孩子出去吃或玩。经过和班主任的交流,家长开始重视对孩子的教育,每次回家都要找孩子谈心,给他讲道理。开始,孩子还听,但妈妈的时间没办法得到保证,缺少教育的连续性和有效的监控,所以收效甚微。这样,家长也开始失去信心,于是孩子又回到了以前的生活。

学生生活在群体之中,总想找到自己的位置,也希望得到同伴的关注。随着年龄的增长,他们更在乎同伴的评价,这也就是我们常提及的"非正式群体"对学生的影响。这一时期,如果老师不注意及时引导,特别是培育一种积极向上的班级舆论氛围,学生会经常执行"非正式群体"内部的游戏规则,而将班级、学校的要求置于脑后,甚至有的同学还会出现心理障碍。

当然,他的这一观念的形成,跟爷爷的"入学教育"有着直接的关系。学校生活是社会的缩影,学生在这个"社会"中担当着不同的角色,同时也在学习处理各方面的关系。一次次的经历让他渐渐确立了自己的处事原则,即和同学交往中以不损害自己的利益为出发点。所以,和同伴之间经常为一点小事而争执不休,便一点也不足为奇。由此也可以看出,家庭教育中,应以正面教育为主,同时,在适当的时候,可以告知孩子社会中既有好的一面,也有阴暗的一面。社会中的人也是形形色色的,有的人乐于奉献,有的人贪图小利,有的人热情大方,有的人斤斤计较——与人交往,要学会付出与谦让,这样才会赢得别人的尊重和朋友的友谊。

为了有效地进行教育与疏导,我从以下几方面入手开展工作。

一是联系家长,改善家教环境。

这一次谈话后,我联系了主人公的妈妈,把这次谈话的经过和他的妈妈进行了一次长时间的沟通,指出他儿子出现今天状况的原因。同时建议,妈妈本人减少出差的机会,使家庭教育的主体真正转移到妈妈的身上(因受教育的程度不同,爷爷奶奶更多地是提供主人公生活上的满足),除了多给孩子一些亲情,更要及时掌握孩子的思想动态。另外开个家庭内部成员会,统一思想,统一行为,一起致力于改变孩子身上的状况,为孩子积极创设一个和谐的家庭教育环境。还有,请爷爷选择恰当的时机与孩子沟通一次,尽量消除先前遗留的影响。

二是引导反思,进行行为重建。

孩子现在是五年级,已经具备了一定的判断与自我反思能力,建议家长在与其谈话过程中,引导孩子进行行为反思,找出问题的症结所在:和同学之间关系紧张究竟是什么原因？家长可以选择一件事和他一起剖析,直到帮他认识到自己身上存在的问题为止。

三是创设条件,促进行为跟进。

针对孩子的这一现状,我建议家长有意识地安排一些场景、情境或带领孩子参加社区的公益活动,让孩子去体验付出的乐趣。如端午节来临之际,家长可以和他一起包些粽子,送给小区里的孤寡老人等。事也凑巧,这段时间里,外公病重住院,妈妈既要忙于工作,又要照顾外公,显得很疲惫,有时妈妈也会带上孩子去看望外公。我也抓住机会,让他不要给妈妈增添不必要的麻烦。

四是正面引导,培养良好班风。

培养良好班风,建立舆论导向,为学生的生命成长营造一种积极、向上、健康的环境,是班主任工作的重要内容。随着学生年龄的增加,学生在集体中开始关注同伴的评价,并逐渐形成多个大小不一的"非正式群体"。在这个群体中,他们有自己的"领袖(或权威)人物",有自己的游戏法则。这些"非正式群体"对学生的的价值观和行为方式的影响之大,常常是班级的集体教育远不能及的。作为班主任,除了要善于抓住学生身边的小事、突发事,甚至矛盾与冲突,引导学生讨论、辩论,提高他们明辨是非的能力外,还要认真倾听学生的表达,了解学生的思维状态,分析学生当前的价值体系和行为准则,便于进行有针对性地指导。另外,还可以定期找"非正式群体"中那些处于"领袖"级的人物进行沟通,交流,了解其思想状况。

五是定期联系,调整"家教"策略。

打通了家校之门,敞开了心灵沟通,家校取得了一定程度上的默契后,我和家长一直保持联系,互相了解孩子在家、在校的表现,特别是对孩子身上发生的一些典型事例进行深层次地分析,查找问题根源,一起探讨,不断调整教育策略,做到对"症"下药。

经过这样深入的沟通和持续的跟进,孩子的思想在慢慢改变,与同伴的关系也在渐渐改变。

心理疏导解开认死理误区

一天课间,班级的"双胞胎"和几个女生慌慌张张地跑进办公室,手里拿着一本《新华字典》,边跑边喊:

"徐老师,这个字到底念什么?"

"你的读音很重要啊!这可关系到一个人的死活呦!"

看着她们慌里慌张的样子,我心想:这帮孩子还真会小题大做,一个字的读音有这么重要吗?我凑上前,顺着她们手指的方向看去。原来是一个"凤"字,"这个字字典上的读音不是很清楚吗?"我笑着回答。

"老师,这个字到底念什么呀?"

她们似乎对我的回答并不满足。

"读 fèng 呀!"

"小凤说这个字不读'fèng'!"

"老师,你确定吗?"

"我们都说这个字念 fèng,可小凤偏说这个字念'fòng'。我们把字典拿给他看,他把我们的字典都扔了,还要跳楼呢!"

她们你一言,我一语地抢着说。

对于她们的话,我还是有点似信非信。但看着她们那紧张的样子,我隐约感到了问题的一丝严重。

"现在小凤在哪?"我连忙问。

"在班主任的办公室呢!"听了她们的话,我稍微松了口气。毕竟有老师在身边,也能保证孩子不至于做出什么过激的举动来。

就在这时,上课的铃声响了,孩子们转身离开之际,我再三叮嘱,回到教室后,不要再为一个字和小凤去辩解,先让他冷静一会。孩子们应了一下后,像一群放飞的鸽子飞出了办公室。

为了一个字的读音,就要跳楼,这样的举动让我有点惊讶。想想孩子平时的表现,我怎么也不能理解他的行为。

就在我还没有从刚才的一幕中回过神来,班主任带着小凤走进了我的办公室。只见孩子哭哭啼啼的,一脸的怒气,好像刚跟谁吵过架似的。

班主任显然对刚才的事情也有点生气,他对我说:"徐老师,你说说看!为了一个字就要跳楼!这样做对吗?"班主任这么一说,我才感到事态的严重。看样子,刚才班主任和他的谈话,孩子心中的结并没有解开。

"为了一个字的读音就要跳楼,那肯定不值得了!"我头也不抬,严肃而坚定地说。

"可是,他们确实念错了!我从小到大家里人都是这样念的。"孩子丝毫不做一点让步,"他们故意把我的'凤'字念得很重,听起来就是'大粪'的'粪'!"孩子一边说一边哭泣着。

我知道,孩子的倔劲又上来了。他一向都是这样,常常因为一点小事,非要搞得惊天动地。

我一边看着他,一边思忖着该如何进行下面的谈话。就在这时,同办公室的一位老师看到了这情景,走了过来,语重心长地说:"我听出来了。确实是他们都念错了。你应该这样想:他们明知是错的,还要这样念,你看,他们最蠢,只有你最清醒,最聪明。"孩子听了,好像一点也不买账。我能看得出来,他听出了老师的话外音,也应该知道到底谁念的是对的,谁念的是错的,只不过希望能得到一点关注和同情。

看样子,这一招没有奏效。我一本正经地对他说:"你知道你的行为的后果是什么吗?"

我看着他的眼睛,他也看着我。"你想过学校吗?想过老师吗?你想过你的父母吗?……"被我一连串的反问他有点惊讶了。

"你跳楼了,恐怕你的父母亲也不会活的好的,你爸你妈就你这么一个孩子,你没了,他们会多伤心!他们老了,谁来照顾他们?"

我打算用人的心灵深处最脆弱的情感去打动他。只见他一边面无表情地听着,一边一副破罐子破摔的样子,半天挤出了一句话:"我管不了这么多!"

被他这么一说,我真的是有点来火了。可是我见他嘴上虽这样说,但心里还是有点触动了。不过又开始把成年烂账全翻了出来:"他们平时一直故意这样叫!惹我生气!我跟他们说过多少次了!他们就是不听!"

"你说了不听!可以告诉老师嘛!"

"告诉老师他们也还叫!"说着说着,他的火气又上来了。

看样子,这小家伙不吃软的,我心里琢磨着。于是,我顺着他刚才讲话的意思,话锋一转,语气也变得不屑一顾了。

"办公室的老师跟你讲了这么多,看样子你还是没有想通。既然你不考虑别人的感受,不为别人着想。想跳楼也可以,不过不要在学校跳,建议你找个高点的地方,就到上海的东方明珠电视塔吧,最高层的,这样跳下去也能再看一眼上海的全景。"

边上的班主任听后,笑了!他也许没想到我会这么说。同办公室的老师也笑了。没想到小家伙听完后也偷偷地笑了一下,但很快又镇定下来。

"没出息的家伙!"我的情绪越来越激动,语气也越来越严肃。

"一个男生居然被几个女生哄得团团转!让你哭就哭!让你跳楼你就跳楼!你平时的聪明劲哪去了?"他也许没想到我会这么说,有点被震住了。

"你不是一向很聪明吗?不容易被别人左右吗?现在怎么就被几个小小的女生控制了呢?你想想看,这要是传出去,岂不是一个笑话。"他的眼睛直直地看着我,一言不发。

"有本事的话,你就控制住自己的情绪!下次别人再气你的话,你就不让他们的阴谋得逞!反过来气气他们!"他的眼睛里闪烁着神奇的光芒。他似乎明白了什么。

"丁零零!"下课的铃声响了,转眼一节课的时间过去了。"好了,先回去准备上课!把老师的话好好想一想吧!"我最后说道。

看着班主任和他离去的身影,我悬着的心久久不能平静,不知刚才的激将法对小家伙能否起作用。

在接下来的几天里,我一直注意观察他的表现。他仍然是那样一副玩世不恭的样子。不过,每次与我在教学楼走廊相遇的时候,他总是有意回避我。我真希望他能从这件事中好好地走出来,能智慧地处理好身边的每一件事。我也相信,凭着他那个聪明的小脑袋,一定会想明白这个道理。

后来,我一直想找他再谈一次。一是想知道那天他要跳楼前的真实想法,二来进一步做做他的思想工作,但是一直找不到合适的机会。

记得在青少年实践基地的三天里,又传出了他要跳楼的消息。当我赶到他所在的寝室时,发现他正站在寝室的窗户边。他看到了我,生气地说:"我没说要跳楼呀!我只是想站在这里透透空气!"唉!原来虚惊一场。

转眼两个星期过去了，我觉得此事不能再拖下去了。那天，我的语文课结束后，将他叫到了门前的走廊上，又和他聊起了此事。"你那天在教室真的要跳楼吗？"我关心地问。"嗯！"他点点头。我的内心一阵紧张，但也很庆幸，毕竟这样的事情没有发生。

"那你现在再发生这样的事，还会跳楼吗？"我接着问。

"我干吗要跳楼呀？"他坚定地说，"他们要叫我张凤（fèng）雨（化名），就让他们叫吧！我就当作是'奋发图强'的'奋'，我要'奋发图强，勇往直前'，那不是很好吗！"他一本正经地对我说。

"是啊，这样去想多好啊！你的'凤'是'凤凰'的'凤'，'凤凰'可是中国古代传说中的百鸟之王。"他一听，脸上立刻露出一丝得意的神情。

早晨的阳光格外柔和，一缕阳光斜照在他的脸上，是那样的灿烂。看着他离去的背影，我的心里也踏实了许多，真诚地希望他能敞开心扉，去享受美好的校园生活，享受童年成长的快乐。

我们通常说，做一个父母或老师就是对孩子寄予期盼和希望。对孩子寄予希望，与其说是一种行为还不如说是一种面对孩子的方式。希望给我们的是一个简单的宣言："我不会放弃对你的希望的。我知道你可以造就你自己的生活。"希望是我们对孩子的发展的各种可能性的耐心和忍耐，信念和信任，体验到我们的信任的孩子由此而收到激励，对自己充满了信任。信任激发了信任。信任的希望激发了孩子，是他们能够对自己的前途和发展充满自信。

玩是孩子开启世界的钥匙

不知从什么时候起,班里渐渐兴起了陀螺热。这些陀螺,千姿百态。有的是在文具盒的下面安个球,有的是化妆品的小瓶子,有的是把橡皮粘在小尺上,有的是把瓶盖改装一下……五花八门,奇形怪状。

刚开始玩的陀螺还跟真的有点相似,到了后来,已是完全两样了,陀螺全是自制的。每天下课,学生便三五成群地围在一起进行比赛,不时地爆发出阵阵喝彩声。我想:是制止呢?还是任其发展?

有一天,我特意观察了这帮小家伙们的陀螺比赛。

你别说,还真有意思!教室里老师坐的小圆凳,成了他们比赛的擂台。他们三三两两地围着一张圆凳子,在上面进行陀螺比赛。从最初比谁的陀螺旋转时间长,到现在开始碰撞,比谁的陀螺经得住撞击。比赛很有意思,教室的小圆凳,四周高,中间低。大家把陀螺拧得飞转,然后抛在圆凳上,落在圆凳上的陀螺会自然地往中间凹下去的地方移动,当全集中到一块的时候,便会互相碰撞。碰撞中,有的陀螺便会被甩出去,落到地上。这样,每次最后停留在圆凳上的陀螺就是比赛的获胜者。

现在,小熠已经成了每次比赛的冠军,被大家称为"常胜将军",他的陀螺也被取了一个好听的名字——"陀螺王"。这一荣誉使他很自豪。每每提到此事,他的脸上总是挂着幸福的喜悦。

那天,他们的比赛刚结束,小熠就跑到我的跟前,告诉我他又获胜的消息。我把他拉到跟前,说:"你的陀螺能借给我看看吗?"

"可以!"他很爽快地说。

我接过陀螺,几个陀螺迷也立刻围了上来,七嘴八舌地说:"老师,他的陀螺很厉害的,从来没输过。"

"不过他的陀螺很恶心的。"

"喂!老师,你千万不要打开,他的陀螺里面装的是泥巴和电池。"

一旁的小熠听了,有点不服气,他昂起头说:"脏又怎么啦,我的陀螺是外表不中看,但是很有用!它就能赢!"

我拿着陀螺,掂了掂,果然挺沉的。我又拿过小晨的陀螺,试了试,很轻,玻璃瓶上伤痕累累,而且已经有裂痕。我问大家:"你们想过吗,为什么小熠的陀螺能取胜?"

一问激起千层浪。大家你一言我一语地议论开了,有的说,他的陀螺很结实;有的说,他的陀螺比自己的大;有的说,他的陀螺比自己的重……

"好好想想吧,要想取胜是要多动点脑子的。"我最后故意扯起嗓门说。

过了几天,小熠像发现新大陆似的,兴奋地跑到我跟前,激动地说:"徐老师,我发现了一个奇怪的现象。你看!"他边说边演示起来。

只见他手里拿着他的化妆瓶——"陀螺王"在我的办公桌上熟练地一转,化妆瓶迅速地转了起来。"你看!你看!刚才我是平放在桌子上旋转的,但瓶子转着,转着,它马上就立起来了!"

为了验证他的说法,他又演示了一遍。果然,化妆瓶旋转以后,刚开始还是一个面和桌面接触,但转眼间就立了起来,只有瓶底的一个角和桌面接触。

"真是太神奇了!"我惊讶地说,"这是为什么呢?"

"我也不知道。"他立刻回答,"真是太奇怪了!"

"那你想搞清楚其中的原因吗?"我问他。

"当然想!"

"那好,我推荐你去看看《少年百科常识》《十万个为什么》这一类书,或者上网去查一下,然后把你发现的这一新大陆告诉大家,好吗?"他欣然同意。

虽然,他现在还没来告诉我问题的最终答案,但他的探究意识已经悄然而生。我为他的玩感到高兴,我更为他的"会"玩而感到由衷的高兴。

有人说,最有效的学习方式,就是在玩中学。玩是孩子的天性。现在的孩子在学校也许受到了太多的约束,这样不允许,那样不准做,孩子的个性处处受约束。人们常说要关注学生个体,我想,除了要关注学生原有的知识基础、生活经验、个性特征,我们更要关注学生的兴趣爱好,学生群体中业已形成的学生文化,尤其是玩(其实,孩子们的玩也是一种文化)。作为老师,应正确对待孩子们的玩,不能一看到孩子们有什么稀奇古怪的游戏,就立刻阻止。这里有个真实的故事:

一天,老师看到一个孩子趴在地上像虫子一样游,立刻走上前去,把他拉了起来,并告诉他不能趴在地上,那样很脏。后来,这位一年级的孩子在日记中写道:"那天,我趴在地上学着虫子的样子走路,我感觉虫子走路是很累的,我想,还是做人好……"

听呀,这就是一个孩子趴在地上的最初想法,这一举动也许就是一个孩子好奇心的萌芽,可就在它刚开始萌发的时候就已经被我们"尽责"的老师给扼杀了。我们提倡教师对学生要充满爱心,然而,学生在接受老师提供爱的过程中也付出了代价。

前几天,又有一个一年级的孩子来向我报告,有人玩纸飞机了。我想,玩纸飞机有什么错误呢?我走过去,看到几个孩子正在玩掷飞机的游戏,扔得最远的同学高兴得就像一只快乐的小鸟,而有的同学虽然满头大汗,可就是扔得没有别人远。小家伙们看见了我,以为我是要去没收他们的飞机呢,个个神色紧张。我走过去,笑眯眯地说:"同学们,报废的飞机应该让它停在哪?""垃圾箱!"小家伙们异口同声地说。"好,不过我要提醒大家,要想让你的飞机飞得更远,超过别人,是要动点脑筋的!"我故意抬高嗓门说。小家伙们听了,显得更带劲了。

"一、二、三,开始!"话音刚落,小家伙们手中的飞机立刻飞了出去。我想,他们肯定能发现其中的奥妙,一定也会像这飞机一样,越飞越远。

今日事今日毕,小赖不可长

一直到下午放学的时候,阳阳的作业一样也没有完成。我生气地宣布:"放学以后留下来,完成了再回家!"他听了,一副无所谓的样子。我心里有说不出的气愤。

放学后,因为我就站在教室的门口,他没有机会"逃"回家(以往他总是会趁老师不注意的时候,悄悄地溜走),坐在座位上。我走到跟前,压住火气平静地说:"抓紧时间,完成了就可以回家!"

没想到他听了动也不动一下。我有点火了,严肃地说:"老师跟你讲话没听到吗?"

嘿!听我这么一说,他的牛脾气倒上来了。居然对我大声说:"这么多作业,我什么时候才能完成呀?我不做!"

我听了,真是气不打一处来。每天做作业总是跟你东躲西藏,不是少做这样作业,就是那样作业没带。现在让他把这两天的作业补一补,他居然还跟老师发火。

我生气地说:"谁让你自己每天总是拖拉作业,现在放在一起当然多了。今天不完成就是不可以回去。"

我决定好好显显我的"师道尊严",我生气地看着他,摆出一副丝毫没有商量余地的态度。他见了,竟然也跟我较劲了,开始把桌子上的作业本、书、文具盒等一股脑儿地塞到了桌肚里。坐在那里,不是用脚重重地跺地,就是用手狠狠地拍桌子,嘴里还一个劲地嘟囔着:"反正已经完不成,我今天就不做。"没过几秒钟,他突然从座位上滑下,趴在地上嚎啕大哭,边哭还用手使劲地拍打着地板,好像受了多大的委屈似的。我惊呆了,教室里的几个同学也惊呆了。

我知道,他又在跟我"耍无赖"。不过,像今天的举动几年来倒是第一次。以前也不过就是摔摔钢笔、放声大哭什么的。

突然,我又一下子意识到了什么,这可不行,赖不可长,得想个办法让他自己起来。

我忽然想到,早上校长在广播里讲话的时候提到今天是她护导。我看着他在地上哭天喊地的样子,不紧不慢地问坐在他旁边的一个同学:"校长早上是不是说今天放学要巡视校园?""嗯!""是说过的。"几个同学抢着说。他听我这么一说,哭声戛然而止,抬头向教室门口看了看。无意间,他看到了一些同学偶尔从班级门前经过时,总会探头朝里面张望一下。

"人可要注意自己的形象啊!否则走在校园里别人在背后议论可不是一件好事。"我抓住时机,补了一句。接着,我又故意看了看手表,自言自语地说:"嗯!时间差不多了,校长应该快巡视到我们这边了!"没想到我刚说完,他"骨碌"一下从地上爬了起来,坐在凳子上,开始小声地抽噎着,还时不时地用手拍打着桌面。

持续了几秒钟后,他忽然站起身,径直朝教室门口走去。他的这一举动让教室里的所有人又都怔住了。

我忙问:"到哪去?"

"我出去吹吹风!"

看着他那激动的神情,满脸的泪水,我似乎明白了什么。

"顺便把脸洗洗干净。"我补充道。

我知道他的小心思,他只不过想趁校长到来之前,找个机会给自己台阶下。

记得他的妈妈说过,他出去走上一圈,心情平静了一些后,会马上回来的……

教育现象学重要开创者马克斯·范梅南说:"爱和关心孩子是教育学的条件。"教师在几十年的教育生涯中,会遇到个性、生活背景等各不相同的学生,我们无法选择学生。马丁·布伯说,老师和全班的学生见了面,教师和孩子之间就构成了一种特殊的、有别于亲情的关系,一种教育关系。一个教师就成了教育者,而对孩子的教育爱成了教育关系发展的先决条件。

我正想着,只见他迈着大步,昂首走了进来,脸上还带着未干的水,他径自走向自己的座位,好像刚才的事情全然没有发生过一样。我暗暗好笑。来到座位上坐定后,他仍然一言不发地坐在那。我猜想,刚才他出去的几分钟里,发现我没有跟出去,也一定想了很多。

"从放学到现在,已经过去一个小时了。如果你把它用来做作业的话,恐怕已经完成的差不多了。不过,现在如果马上就写,应该也不算晚!"我心平气和地、关心地说道。

他迟疑了片刻,然后开始拿出一样样该做的作业,装出若无其事的样子说:"老师,是不是我做完了就可以马上回家!"

"那当然了!快!抓紧吧!"我笑着说。

只见他开始认真地做起作业来。看着他现在的样子,再想想刚才的样子,真是让我哭笑不得,心里更是不禁一阵暗喜。

对于他这样的学生,平时在家一直以自我为中心,怎样让他树立集体意识、责任意识、规则意识,我深深地感到,作为教师必须要研究每一个孩子的秉性,抓住时机巧妙地进行教育,让学生明白,哪些事是自己必须要做的,而且是必须要做好的。

不一会儿,他已经完成了一项作业,脸上写满了成就感。

我又适时地对他进行了一番教育,告诉他"今日事今日毕"的道理,在以后的一段时间里,他明显好多了。

我的班主任工作"三字经"

教了二十几年的书,做了七八年的班主任,常常在思考一个问题:"今天我该如何做班主任?"结合自己班主任的工作经验,觉得以下这三个字很重要。

第一,让,即班主任在工作中要学会让位,多给学生搭建舞台,创造条件。

到了中、高年级,随着学生年龄的增加,他们的能力也越来越强,他们希望有更多的机会参与到班级的管理与活动当中。班主任虽是班级工作的组织者、领导者,但也要习惯于由主角变为配角,由主导变为引领,从台前走到幕后,将包办变为放手。

工作中,班级原先的班队会、班级文化的布置、班级活动的策划等,要越来越多由学生去完成,学生在发挥能量的过程中,不但能实现自己的价值,也能增强自信,锻炼能力和才干。

班级原先的早管理都是由我来组织,有时甚至是我领着大家读。但是常常因为学校工作上的事情,不能按时进教室。于是,我把早管理、午会课、自习课等都交给了班长,让班长进行分工和安排。没想到,她召开了班委会,进行了内部分工,拿出了具体安排表张贴于班级,让每一个学生都参与进来,得到了全班同学的认可。

今年,为了进一步体现学校校本课程特色,学校教了我们一套乒乓操。

每天做完早操后,全校学生一起挥动拍子,做着编排的各种不同的乒乓动作,特别有感觉。但是,随之也带来一个问题,每天总是有少部分学生忘带乒乓板。这可怎么办呢?

这天,我和几个班委放学后留在教室,一起商量如何解决大家的乒乓板"遗忘症"。有的说,如果下次谁没带,就扣他5颗星。有的说,让组长每天提醒。有的说,每天记在作业本上。还有的说,在教室里放个小橱子,专门用来放乒乓板。不过最后都一个一个被否定了。

这时,"小机灵鬼"璐璐出了个主意:"这样吧!我们把讲台下面的抽屉收拾干净,然后把大家的乒乓板整齐地摆放在里面!"

"恐怕不行,这样一来,每次拿、放乒乓板时,讲台前岂不要闹翻天了?而且这么多人一起拥到讲台前拿乒乓板也需要不少时间吧?"我说道。

"我们也许可以准备几个盒子,让同学们按小组放。正逢中秋节,每家每户都吃月饼,剩下的月饼盒正好可以派用场。"宁宁一拍脑门,出了个金点子。

这真是个好主意,于是大家说干就干。

第二天,每个班干都带了几个月饼盒过来,有铁质的,有硬纸板做的,还有竹篮子的……各式各样,非常漂亮。大家一起动手挑选了一些大小合适,能放进讲台抽屉的月饼盒。然后,班长利用早读的时间宣布了此事,并把月饼盒按组标上序号,提出了今后取放的要求。

从那以后,班级里再也没有出现空着两手进操场的同学。各组之间还展开了竞争,看哪一组的乒乓板摆放整齐,拿取的时候安静有序。

工作中,有了班主任的"让",才会有学生的"生长"。"让"的是机会,是权力,是尊重。学生获得的不仅是锻炼,是平等,更是发展的主动权。

第二,思,即要求班主任要有主动反思、换位思考的意识。

反思是对学生、对工作、对自己行为与思想的再认识的过程。换位思考,即把自己当成学生,站在学生的立场去想问题。养成主动反思、换位思考的习惯,有利于发现教育规律、预防教育偏差、提高教育的针对性和实效性。

记得前不久,班级有一位刚转来的学生作业没带,拿别人的作业交上来被我识破。在和该生的谈话中,他的回答令我吃惊,他先说自己罚抄20篇课文,又接着说罚跑操场10圈,最后又说每天下课到办公室来站着。一个比一个厉害,而这些惩罚措施,我们班从来都没有。这大概就是以前的班主任常用的处理事情的手段吧。没想到,他现在虽然离开了以前的学校,但是对于老师惩罚他们的手段记得还是那么清晰。

前不久发生的一件事也让我印象深刻。学校组织全校师生为"手拉手"互助学校捐书。为了鼓励学生第二天多带书,我宣布,带书的同学每人可以加五颗星。事后发现还是有几个同学没有带书,有家庭条件不是很好的,有平时不爱阅读的……这时候,我发现加星在这件事上不合适。这是一件公益性的事情,本身就是每个人的自觉行为,加星只会让学生感觉是在完成任务,而且也失去了事情本身的教育意义。

于是,我把这个问题提交给学生讨论,没想到学生的思想境界远远超出我的想象,他们都一致要求取消加星,觉得这是大家应该做的,帮助有需要的人是每一个人的责任和义务。

第三,学,即是说班主任要有学习的意识,特别是向学生学。

现在的学生知识面广,思维活跃,具有很强的创造力。向学生"学"就是要学习学生独特的思维方式、乐观的生活态度、敢于挑战的毅力。事实证明,学生在许多事情的处理上更胜老师一筹。

自习课的时候,教室里格外安静。依依(化名)也一改往常的吵闹,埋头写着什么。我有点奇怪,轻轻走过去看个究竟。她大概是太投入了,我站在她身边好久都没有发现。她不停地在小纸条上写着,有的写着"敏敏收",有的写着"潘潘收",有的写着"丹丹"收。

就在这时,她突然发现了我,显得有些紧张,连忙收起自己的"宝贝",塞进了桌肚。我让她拿给我看,她很不情愿地交给了我,一边递给我一边说:"我在给她们写道歉信。""我可以看看吗?"她起先有点犹豫,然后点点头。

我拿起一封信,上面写着"丹丹收",打开一看,几行歪歪扭扭的铅笔字映入我的眼帘:"丹丹:丹丹姐姐对不起!我和她们玩是为了救出她们。具体情悦(应为'况'字,写错了)请问敏敏。和我做朋友好吗?请看好再打'√'。好□,不好□。依依写。"旁边还画了一张笑脸,其他信的内容大体相同。阅罢,我既惊讶又感到一丝欣喜。我笑了笑,没说什么,把"信"又还给了她,径自走开。只见她又继续忙碌起来。

自习课下课后,她便忙着分发自己的信了。拿到信的同学觉得很新鲜,兴奋地、大声地念着。站在一旁的依依有点不好意思,不停地提醒大家小点声,别让那个人知道。坐在我前面的潘潘看完信后,只见他拿起笔在旁边写道:"我们已知道,要想和我们做朋友,就看你以后的行动了。"

丹丹看完后在上面写道:"因为你已经睬('理睬'的意思)过了,如果你不睬她们,我就跟你做朋友,你得跟我保证。"

婕婕看完信后又好气又好笑,在上面写道:"字写错了还想跟我做朋友,没门。看得懂就跟你做朋友。"

后来,我看了看婕婕的那封信,确实让人好笑。上面写道:"王成 jié(应为'婕'),对不起王成 jié!我知通(应为'道')是我不对。我和她玩是为了救出她们,具体事情请问敏敏。依依写。"和其他的信一样,旁边仍然不忘画了一张笑脸。

看着眼前这一群活泼可爱的孩子,看着一直让我操心的依依,我突然觉得她是那样的可爱,那样的让我钦佩。我想,平时我似乎有点太自我了,我一直将自己的是非观强加在他们的身上,让他们按照自己的意志和方法行事。唉!我怎么忘了"青出于蓝而胜于蓝"呢？真是太小瞧他们了。

现在的孩子,大多都是独生子女,他们的交往范围相对狭窄。在和同龄人的交往中,有许多孩子存在交往的障碍与困惑。但是,他们又渴望得到同伴的认可与接纳,希望有自己的好朋友。而当出现矛盾的时候,他们的自我本位意识又体现得相当明显,常常认为问题出在别人的身上。不难看出,依依今天的行为表现了她渴望得到同伴的谅解以及对同伴之间这份友情的珍惜。在发生误会时,他还运用了生活中最传统而现在又最时尚的沟通方式——书信,且收到了意想不到的效果。

书信,这种曾经是人与人之间主要沟通方式的手段,在社会生活日益呈现出信息化趋势的今天,已逐渐远离人们的生活。但现在书信成了依依解决矛盾、化解误会最有效的手段。我想,作为一个班主任,如何选择合适的方式进行教育,这不正是我要学习的吗？

看着依依脸上那满意的笑容,我突然间又想到了心理学上有名的"霍桑实验"。虽然它进行的是企业管理研究,但却给教育也带来了一定的启发,即在班级这样的正式组织中也存在着学生间自发形成的非正式群体,这种群体有自己特殊的行为规范,对人的行为起着调节和控制作用。看得出,依依现在正是这个"小社会"中的一员,她正对自己的某些行为进行反思,希望得到同伴的原谅,并希望能够继续成为这个组织中的一员。

由此可见,对于学生身上出现的一些问题或是学生之间的矛盾,如果老师能了解他们生活的背景和交往的范围,也许一些问题可以迎刃而解。我想,这大概也就是人们常说的"儿童文化"吧！

作为班主任,在工作开展的过程中,我们常常会凭经验做事,开展一个活动的时候,我们常常会参照自己曾经的做法。的确,经验让我们自信,经验为我们节省了时间,但是,效果却会差强人意。当我们重心下移,将活动的策划、组织、实施等工作交给学生的时候,或是让他们参与一起策划的时候。他们常常表现得很兴奋,很重视。他们会分工协作,查找资料,布置场地,排练节目……他们学会了取长补短,团队合作。这样的活动常常能吸引更多的学生参与,活动效果自然比较好。

第四编

教育随笔

随笔,是文学体裁中散文的一种。它不拘一格,形式多样,短小活泼。

教育随笔,顾名思义,就是谈自己教育教学思想观点的文章。它讲述的是自己做过的事情,诉说的是自己的心里话,解决的是教育教学中遇到的实际问题,是自身宝贵经验财富的积累,是自己感性行动和认识沉淀为理性思考的内化过程,它来源于实践,但是又高于实践。

有人说,写教育随笔是一线教师及时反映教育教学实践活动中思想火花的最快捷方式,是教师进行教育理论、教育思想、教学方法总结的良好形式,是提高教师写作能力和科研能力的有效手段,是教学反思的理性提炼。

用真诚和师爱去感染学生

在"一附小"工作的第二年,学校又安排我担任五年级语文教学工作。大概是上一个班带得还不错,得到了领导信任,让我继续留在五年级任教。但是,今年的五年级却是典型的"三低"班级,即及格率低、优生率低、平均分低。面对这样的班级,该如何入手?

巧的是,今年和我搭班的仍然是经验丰富的顾老师。于是,我向她讨教。顾老师是个性格爽朗的人,她把自己的经验如数家珍地娓娓道来,比如要关注后进生,要找优秀生与他们结对;课堂上要关注不同的学生,让优等生"吃得好",中等生"吃得饱",后进生"吃得了";要注意家校联系,取得家长的配合与支持……听了她的话,我的心里一下子踏实了许多。

为了获得更全面的信息,我又走访了曾经教过这个班的几位班主任和学科老师,了解班干部的工作能力、后进生的形成原因、优等生的提升空间、学生的兴趣特长、家长的教育投入、学生体育、音乐、劳技等学科的表现,以及班级孩子的学习状态,等等。

晚上回家,我开始分析"学情"。根据学习态度、学习成绩、家庭教育等情况将班级学生分类,再将后进生根据了解的情况再分类,比如有的是基础比较差,有的是头脑聪明但玩心太重,有的是学习态度不够端正,有的是家长不管不问,还有的是家长管不了的……

基础差的,制订辅导计划。从基础知识开始,比如,汉语拼音、字音、字形、笔画、笔顺;再到语文学习的基本技能,比如,词语的理解和运用、主要内容、中心思想的概括、文章的谋篇布局、表达方法等方面,进行系统而有计划地辅导。

玩心太重的,实行"人盯人"的策略。安排班级干部"一对一"结对,一个"班干"的同桌安排一个"帮扶对象",督促好这些同学的上课和课后作业。

学习态度不端正的,老师定期找谈话,进行不间断跟踪,并且和家长取得联系,希望家长定期和孩子谈话,明确学习的目的。

家长管不了的,进行家访,了解具体的原因,和家长协商具体可以操作的策略,让家长积极有效地介入孩子的教育。

基本思路理清后,开始着手安排辅导工作、结对工作、家访工作。在与部分家长沟通后,确定了8名同学作为功课辅导对象,每天放学后进行半个小时针对性辅导。从最基本的拼音开始,如认识整体认读音节、声母、韵母……对于每天学得好的给予一定的奖励。这样,这些孩子的学习热情高涨,学习的效率大大提高,出现了你追我赶的局面。我也在家长接孩子的时候,及时沟通孩子的表现,并提出需要家长配合的地方。家长被我的用心付出和真诚所感动,纷纷表示支持。有了家长的支持与配合,这8位孩子的学习开始一点一点进步。

一位叫张倩影(化名)的女孩,爸爸是个警察,妈妈是开服装店的,夫妻双方都没有时间照顾孩子,从一年级开始,就出现了成绩跟不上的现象。家长也很着急,四方寻找"家教",但效果都不明显。到了五年级,班级一共55名学生,她的成绩班里排在48名(刚工作的时候,学生的评价主要还是百分制,没有实行等第制)。经过一个月的课后辅导,第一次单元测验后,倩影同学进入了班级前30名,孩子的自信心大增,对其他同学也产生了积极的影响。

一个月后,班级干部开始轮换(当时,为了让更多的同学得到锻炼,班级小干部我采用每月一轮换的方法),因为倩影同学非常爱劳动,待人真诚,学习进步又特别大,被选了班级的劳动委员。更令我没想到的是,自从她做了劳动委员,班级的卫生几乎就不用我操心。那一个月里,她每天在黑板上安排好劳动的岗位,并做好督查工作,我班每周都获得"卫生流动红旗"。尽管她在班级卫生方面花了不少时间,可她的成绩不降反升,上课听得更认真,作业做得更漂亮,书写也越来越工整。人也变得更自信,更大气。在第二单元的测验中,她继续保持上升的势头,进入了班级前20名,又一次让全班同学刮目相看。到了11月份"班干"轮换改选,班级同学又不约而同地推选了她,而且是全票通过。那天,她也有点惊讶,没有想到这样的结果。也就在那天,我悄悄地告诉她,晚上放学后的辅导班不用参加了,她有点不舍,最后说:"那我可以帮一个同学吗?"我的心里一下子充满了温暖和感动。多好的一个孩子,怎会如此的善良与懂事?我点点头,她心满意足地跑开了。期末考试的时候,她又给了全班一个惊喜,语文班级第5名,语数英三门学科总分班级第9名。她所带的那位同学也由原来的不及格变成及格了。

她的变化如此之快是我没想到的,但是却真真切切地发生了。我想,既有我对她进行的针对性辅导,为她及时补上落下的知识,也有班级同伴对她的认可与鼓励,更有她自己的勤奋与不懈努力。

班级里还有一位男孩,名叫孙杰(化名)。爸爸妈妈都在批发市场做服装生意,经常天还没亮就得出门,天黑了还没到家,孩子一个人就成了自由人。爸爸妈妈每天给他一点伙食费,用于一日三餐,剩下的留作孩子零花。孩子每天像个流浪儿,放学以后,就在学校门前的一条街上晃,从这家店逛到那家店,一家一家地看,一家一家地买。直到天快黑了,才买点吃的,一边吃一边走回家。回家以后,主要就是看电视,作业早就忘到了脑后。

对于这样的孩子怎么办?我决定进行一次家访。那天,他的父母亲都在,但他们也表示自己确实是没有时间照顾他,爷爷奶奶身体又不好。面对家庭的困难,孩子的无辜,我和家长商量,每天放学后,孩子留在我的办公室做作业,一方面我为他辅导一下功课,一方面等家长。家长两个人中有一个人抽出时间,赶在天黑之前来把孩子接走。家长被我的真诚和负责所打动,答应了。从那天起,孩子每天放学到我的办公室,坐在我的办公桌边,我一边根据他作业的完成情况,做些辅导,一边跟他讲些自律自强的故事。课堂上,尽量给他创造回答问题的机会,不断增强他学习的兴趣。在我和家长的共同努力下,他的学习成绩也在稳步提高。

小班化教育的"小"与"大"

2002年,我放弃"一附小"优越的条件,只身来到上海,在一所民办学校——上音荟思实验学校(现为"上海市民办协和双语尚音学校"),开始新的教育生涯。

这是我工作以来第一次接触民办学校。开学初的新教师培训,确实给了我很大的冲击。感觉在"一附小"学习的知识,形成的教育教学观念,已经不能胜任一个民办学校老师的教育教学工作。民办学校追求的和公办学校的完全不同。这里附上几篇原荟思教育机构总裁林海标先生对教师培训时所用的材料,从中可以看出民办学校的办学理念以及对教师的要求。

精　神

在物欲横流的今天,人要保持点精神是一件十分不易的事情,故此,我认为,如果我们要让我们的教育成功的话,不是其他,而是是否能建立起我们自己的一份精神。

什么是精神?我们又需要怎样的精神?

我知道,对于这两个问题,"仁者见仁,智者见智",不可统一,也无法统一。在此,我只是想谈谈我的个人见解。

我以为,精神是一份理想,是一份不屈从于现实的追求,是一股可以为了这份追求而承受痛苦的力量,是一种可以为这份追求而放弃现实名利的选择。

我们的文化,或许是悠久历史的原因,或许是近代政治的原因,或者是我们太贫穷的原因,一切的一切,使我们的文化,失去了一份精神。我们愈来愈多的人成为了现实的奴隶:我们读书是为了一张文凭,一张文凭是为了"好工作","好工作"就是好收入……一切都是被社会的大流牵着鼻子!我们有多少人想过,读书是为了养育一份精神,工作是为了体现这份精神,这份精神的发扬就是一份价值的回报!

最近,我一直在思考这样的问题,我们的教育到底是干什么?我们到底教育孩子什么?

如果说,我们只教孩子知识,这不就为了知识而知识,那么,掌握知识到底干什么?

如果我们只教孩子空乏的道德行为,那岂不让孩子们形成一种"虚伪"?

所以,我在想,我们的教育到底是为了解放人还是束缚人?

然而,我也在想,如果我们的老师,我们的家长都没有一份精神,那么又如何去教育我们的孩子?

这一系列的问题,愈来愈使我感到,该将"教育"的神圣之冠摘除了,教育未必是对人的发展,教育也有可能成为人的枷锁。因此,理性地对现有教育的批判,是为建立一种新颖的,以发展人为本的教育的基础。而发展人的教育必然是一个理想的但又是艰辛的历程。如何在这个艰辛的历程中寻找到一份乐趣、一份愉悦、一份激动,这就需要一份精神。所以,我以为,我们需要一份真切的、真实的人性精神,我们需要一份支撑起自己、指引着自己的创新精神。

关于学校管理的断想

1. 管理的本质在于资源效益的最大化,所以别将学校管理与企业管理在认识上人为地区分。其本质是一样的。

2. 资源效益最大化的根本在于核心竞争力的保证问题。企业如果没有核心竞争力就不可能盈利,学校也一样。只不过不同的企业,或企业与学校的区别在于核心竞争力的内容是不同的。

3. 核心竞争力的本质在于满足于消费需求的创新能力。综观世界上所有的成功企业或学校,其质量的标准是不断随着社会需求的变化而变化的,或者说,是企业或学校的新标准带动着社会需求的变化。(这一点尤其在IT行业可作例证)

4. 学校核心竞争力的本质在于对学生智能的发展力上,所以我们必须认清教育质量的内涵是什么的问题,否则,一切质量的概念都是空乏无力的。

5. 一切管理方式都是围绕着保证学校的核心竞争力上。也就是说,那些制度建设、教师管理等都是为了保证核心竞争力的手段。手段的采用是适时、适度的,是没有统一标准的,只要适合于核心竞争力的就是最优的。所谓"道可道,非常道",我理解就是如此。

6. 我以为学校管理的核心就是教师发展。别指望已经有完全吻合教育新目标的老师，因为你自己对新标准也只是停留在一种思想层面。也正因为如此，是一种新思想与教师们共同去实验的行为过程，是一个共同创新的行为。因此，教师管理的本意就是为教师创建良好的发展平台。之所谓为平台，就必须做到公平、公正，要做到公平、公正，就必须要管理者做到开明与严格、包容与原则相兼。这就要让管理者放下"自我"，以"无我"之状态去面对。

经过一周的培训后，我们终于迎来新学期的开学日。这一年，恰逢启用新校舍。经过林海标先生的亲自规划和设计，新校舍和公办学校的校舍在建筑理念、功能布局等方面完全不同。学校占地不大，但设计精巧，整个建筑呈淡米黄色，四合院式的教学楼，圆形的多功能厅，优雅的琴房，设施完备的学生宿舍楼，宽敞的食堂，再加上道路两边绿树成荫，花草茂密，俨然是一个花园。进入学校，令人心旷神怡。

今年是学校成立的第二年，一年级有3个班，二年级有3个班，三年级有2个班，四年级有2个班，五年级有2个班，预初有2个班，共14个班，全校一共有296名学生，每个班20名学生左右。我当时任教的是二(2)班。一个班只有19个人。19个人，这是我从教以来所教班级人数最少的班级。要知道，在"一附小"的时候，任教的班级基本都是50多个人。人少，让我有了更多的机会和学生接触，让我有了更多的精力研究课堂，让我有了更多的时间走进学生世界。

上音荟思的校舍设计，就彰显鲜明的办学特色：着力提升艺术素养，促进学生德、智、体、美全面发展。学校实施"小班化教育"两班三教室，充分保证学生的个性发展(分别设文学、英语、音乐、生活等情境室)，实施"互动式教学模式"，师生互动、生生互动、学习者与导学环境和谐互动。

课表设计上，采用大小课间相结合(大课间20分钟，小课间10分钟)、部分学科两节连上的方式等，充分发挥民办学校在自主办学方面的优势，不断创新办学特色。

小班化人数的少，直接决定了学校管理者，包括班主任和任课老师要换一种思维方式去组织和落实教育教学工作。

运动会的时候，因为每个班人数少，一些体育比赛项目就要充分考虑到这一点。比如50米接力、拔河比赛就要适当减少人数，这样每个班才能确保参赛的人数。

小班化的课堂也和公办学校的不一样,因为人数少,所以教室里除了课桌,还有书包柜、书橱、阅读区、科技制作角、作品展示区、休息区……休息区里摆满了各种益智玩具,有棋类、乐高以及各种拼装玩具等。

学生少,教室学生的座椅摆放也和公办学校的课堂不一样,由"秧田式"的摆放变成了小组围坐式。因此,教师的教学方法也需作相应的调整。课堂上,教师要充分发挥小组合作的作用,让学生一起参与问题的解决,以培养学生的团结协作能力与责任感。

2003年,是我到上海的第二年,我参加了闵行区首届新教材教学评比。我的课被安排在最后一天,执教的是沪教版二年级语文《美丽的西双版纳》一课。没想到,我的课给参加听课的闵行区教科所所长、区教研员和学校教师代表都留下了极为深刻的印象。这样的课堂组织形式让他们眼睛一亮。课堂上,教师充分关注每一个学生,关注学生学习的选择权,关注学生学习的方式。

比如,上课伊始的预习检查环节,我在教室的三面墙壁上分别挂了三块小黑板,上面分别设计了词语(带拼音)、长句子、课文内容填空三个不同的题目,充分关注了不同层次学生的预习状况,基础一般的学生,可以选择词语去读一读;基础较好的学生,可以选择长句子读一读;学习能力较强的学生,可以选择课文内容的填空。当然,每一个学生在完成自己选择的题目后,还可以去尝试挑战其他几块黑板上的内容,既保了底,又为学生的发展提供了可能。课堂上,几乎每一个学生都在完成一块黑板上的内容后,继续挑战其他的内容,全班还有近一半的同学将三块黑板上的内容都读或者说了一遍。这样的学习形式比组织全班一项一项、一题一题地读,学生显然更有兴趣,效率也更高,学习的效果也更好。

此外,还充分发挥小班化人数少的优势,将小组合作学习的效能发挥到极致,人人参与,人人享受学习的过程与快乐。比如,在学习第4自然段的时候,我采用读一读、演一演、评一评的方式,请几个同学上台边读边演,台下的同学做评委,结束后对台上同学的朗读和表演进行点评,收到了很好的效果。在评价的基础上,再找一组同学上台表演,然后学生再点评。这样,不但上台学生的朗读和表演得到了提高,点评学生的指导与评价能力也得到了锻炼。课后,教科所的所长和教研员跟我沟通了很长时间,了解我教学设计背后的价值思考。那一年,我获得了闵行区新教材教学评比一等奖第一名。也就从那时候起，我开始进入教研员的视野，在之后的几年中，我几乎每学期都要为区内教师开设公开课，内容涉及阅读教学、作文教学等。

小班化教育，让教师更加聚焦教学，关注学生的整体发展。教学节奏一张一弛，教学密度疏密有致，使教学双方有充分的时空实现认知、情感、操作，乃至创造等多元素的教学目标。而大班教学，因学生人数多，教师要使每个学生都不掉队的话，往往一节课只能完成认知目标，而无法满足学生正常发展、健康发展的需求。

小班化教育也关注了学生的个体发展。从教学目标的分层次要求，教学过程的分层次辅导，教学结果的分层次评价，充分体现了"小班化教育"关注每个学生不同的学习方式，每个学生不同的智能类型，每个学生不同的生活经验，每个学生不同的心理感受，并为每一个学生设计符合他们个体自我发展需要的教育。

小班化教育规模虽"小"，但是彰显的是教育的"大"智慧、大格局、大未来，让为每一位学生提供均衡的、充分的、优质的、阳光普照式的教育服务成为可能。

团队力量是取胜的关键

2009年,我报名参加了全国信息技术大赛。这一年,是我到闵行区七宝镇明强小学工作的第三年,因为有了前两年的经验积累,所以对于这一次信息技术大赛我还是有信心的。大赛分为上课和说课两个环节,地点设在无锡江南大学。

为防止课件版本、电脑系统的不匹配问题,信息中心让我曾经的搭档王飞老师同行,同时,信息中心还做了多种预案。我们俩跟随上海参赛团队一行如期抵达无锡。入住当晚得知,由于"流感"原因,原定的上课环节取消,改为说课。然而,第二天即将比赛,我们连比赛的场地都还没有看到,设备也没有调试过,气氛一下子紧张起来,我的心里七上八下,却不知从何下手。同行的王老师更是着急,他此行的主要任务就是要保障设施设备的顺利运行,可是比赛用什么设备、什么型号,我们的课件在设备上能否顺利运行,一切都是未知数。他心急如焚。

第二天,江南大学的校园里格外热闹,来自全国各地500多位参赛选手汇聚一堂,在此相互切磋,分享经验。

上午8:30,参赛选手被分成10个组,分10个赛场同时开始。根据抽签号,我是上午一批排在最后面,于是只能坐在里面耐心地看,耐心地等。比赛的过程中多次出现电子白板死机的问题,耽误了不少时间。我的心里更是忐忑不安。

上午11:00,比赛继续紧张地进行着。王老师利用我在会场观看的时间,到校园里寻找可以测试的电子白板去了。我见他久久未归,便出去找他。后来在教学楼的一个大厅里找到了他,他正在白板前不停地操作着,急得满头大汗。见我来了,一脸严肃地对我说:"我们课件制作的电脑系统版本和电子白板不匹配。"我一听傻眼了,这也是我们来之前最担心的。虽然做了预案,但是最担心的事还是发生了。转眼,时间已经到了11:30。王老师一面寻求解决问题的方法，一面和后方的信息中心联系。后来，在大家的一起努力下，中午时分，顺利解决了课件与电子白板的匹配问题，终于可以顺利播放课件。

中午12:15，上午比赛的选手还没有赛完，比赛组委会临时决定，改到下午比赛。于是所有参赛选手直奔江南大学的食堂。

中午12:40，我们俩草草吃了点饭，又直奔会场。由于主办方提供的设备和自己学校的设备完全不同，王老师一面为我拷课件，一面告诉我操作上要注意的地方。但是，也没有适应和练习的时间了，因为大家都在排队拷课件准备下午的比赛。

13:00，下午的比赛正式开始，上午没有比完的十几个人，一个一个陆续上场，我的心里越来越紧张，胃也开始有点不舒服，隐隐作痛，毕竟中午吃得太晚，又吃得太少。

14:45，终于轮到我了，我打起十二分的精神，并努力让自己平静下来。我走上讲台，充分发挥一名男教师的优势（参赛教师中有80%都是女教师，这也是小学教师队伍的现状），声情并茂地讲解，配合生动形象的课件演示，顺利地完成了7分钟的说课。庆幸的是，课件还算顺利，没有出现任何差错。

走出赛场的那一刻，我的胃已疼痛难忍。我知道，是因为中午调试设备的"兵荒马乱"，我和王老师都没能好好用餐。于是，我决定前往市区，请王老师好好地吃一顿作为感谢。如果没有他强有力的支持，比赛难以想象。

第二天早上，我听上海代表团的老师说，比赛结果已经出来了，本来已经不抱希望的我，听大家说带队老师在找我。后来，带队老师告诉我，我获得了一等奖，非常不容易，全国只有5个一等奖，我是上海唯一的一个，让我参加上午的颁奖大会。因为返程票事先已经订好，后来只好请带队老师代为领取奖杯和奖状。

在回来的路上，我深深地感到，一个人本事再大，自身的成长也离不开同伴的帮助。有人说，一个人可以走得很快，但一群人可以走得更远。我觉得，一群人不但可以走得更远，还可以收获不一样的成长。

下面是我的说课稿：

今天，我为大家陈述的是上海市二期课改教材小学语文三年级的一篇课文——《生死相随的海鸥》。

这是一篇蕴含丰富人文内涵的文章。课文讲的是一只小海鸥遇险后，成群结队的海鸥前来营救;当一只海鸥不幸中弹落入海中,另一只海鸥紧挨着受伤的海鸥,与它生死相随。文章告诉人们,海鸥和人类一样也是有感情的动物,呼吁人类应时时警醒自我、爱护环境、爱护动物,就是爱护我们人类本身。尊重每一个生命,就是尊重我们人类自己。课文紧紧围绕一个"情"字展开故事情节,读来令人回味,发人深省。

围绕"知识与技能""过程与方法""情感、态度与价值观"三个维度,我制定了如下三个教学目标:

1. 自主学习课文中的8个生字,积累表示"多"的词语。

2. 能在理解课文内容的基础上,正确、流利、有感情地朗读课文第4、第5自然段。

3. 懂得动物和人一样,也是有感情的。人类要尊重动物的情感,只有与动物、自然和谐共处,才能使地球这个大家共有的家园变得更加美好。

在该课教学的过程中,我紧扣文本,关注学生状态、关注教学过程的动态发展,充分发挥电子白板的交互性、及时性强等优势,突破了课文的难点,同时,有机地进行了语言文字的训练。具体来说,包括两点:

一、激活学生情感之源

学生的情感就像一潭池水。课堂教学,必须要想办法激活学生的情感之水。特别是对于这样一篇感人至深的小故事,更需要引起学生情感上的共鸣,学生才能在学习的过程中进行有效的知识与情感的积累与迁移。

教学伊始,我首先播放一段视频动画,让学生观看海岛上的海鸥自由自在的生活情境,唤醒学生的情感体验。同时,教师声情并茂地旁白课文第1、第2自然段内容,使学生在生动形象的画面欣赏中,在舒缓悠扬的音乐中,进入课文的情境之中。看完后,让学生说一说自己的感受,这样,既是进行情感放大,同时,也为下文的学习做铺垫。

二、巧解词句体悟真情

课文的重点是第4、第5自然段,学生理解的难点也在这一部分,也就是深入体会海鸥之间那种像人一样的感情。在这一部分的教学中,我将抓住三点展开:一是品词析句悟意境;二是说话训练悟真情;三是感情朗读促升华。在教学中,三者有机结合,贯穿始终。

对于词语的理解,充分利用电子白板的优势。比如,课文第4自然段描写了海鸥们集体营救一只遇险小海鸥的情景,文章用"飞旋、鸣叫、排粪"三个词语描述了集体营救的具体方法。其中,"鸣叫"一词的内涵极为丰富,又不易为学生所察觉。因此,课堂教学中,我会紧扣这个词语,集中精力,重锤敲打,并且设计语言训练点:让学生观看视频后展开想象,此时的海鸥好像在说些什么?

这个过程既能训练学生的思维能力、想象能力,又能培养他们的表达能力,更可以使学生感受到海鸥与人类一样,它们之间也有着深厚的友情。

接着,我会紧紧抓住"成千上万""成群结队""铺天盖地""四面八方"四个词语,利用电子白板的交互性功能,通过拖拽的演示,让学生轻而易举地理解四个表示"多"的词语程度上的变化,感受海鸥越来越多,营救的心情越来越急切。在此基础上,组织学生有感情地朗读这一自然段时,便可以把学生带进课文的情境之中,收到较好的效果。

在学习第5自然段时,我会首先让学生观看电子白板的一段画面,然后想象一下,这两只海鸥会是怎样的关系,能够生死相随。学生会在强烈的画面形象的感染下,在一段凄凉的音乐声中,展开想象的翅膀,结合已有的生活经验,有的可能猜测它们会是父子关系,有的可能猜测它们是夫妻关系,有的可能猜测它们是兄弟关系,这样,便可以在潜移默化中理解海鸥之间的这种感情。同时,深深地感受到我们人类所有的骨肉亲情,海鸥也有,也同样令人动容,让人震撼。

总之,这一节课,通过品词析句、理解感悟、想象说话、感情朗读等多种方法,再加上借助电子白板的使用,不但可以有效地解决课文中的重点、难点,而且可以优化语言文字的训练效果,同时,对于学生积极的情感、态度、价值观的养成,也有着举足轻重的作用。

重建课，重在思维品质重建

课堂教学中，常常要对同一个教学内容反复研究、反复实践，我们常把不断改进的课堂称为"重建课"。

一次，我参加学校青年教师教学公开课的听评课活动，青年教师刘老师执教了统编教材二年级语文《雪孩子》一课。在课后的评课环节，大家直面教学问题，指出这一节课存在以下几个问题：

首先，教学整体性不足。问题设计呈点状，缺少统领全篇的大问题。课堂教学采用传统的一问一答式。

其次，教学重心下移不够。课堂上，主要以教师的讲为主，学生自主学习体现不够。

再者，教学重点不够突出。课堂上，教师各自然段教学力量平均，重点内容、重点段落体现不够。因为内容多，时间紧，出现上课"走教案"现象。

最后，年段特点体现不够。二年级的教学重点是词句。课堂教学中究竟教什么？怎么教？教到什么程度？教师还没有清晰的思路。

一阵"疾风暴雨"式的批评之后，刘老师明显感到了压力，情绪开始有些低落。对于一个刚工作两年不到的新教师来说，能把一节课顺利地上下来，能基本把握教材的重难点，已经很不错了。如果用一个成熟教师的课堂标准，或是一节好课的标准来要求青年教师，难免会让青年教师产生教学的畏惧感。对青年教师要压担子，但是不能把他们压垮，不能打击他们的积极性和自信心。要让他们知晓自己的优势和潜势，也要知道自己努力与提升的方向与空间。

老师们评课结束，为了帮助刘老师重拾信心，我指出这节课至少在两个方面做得比较好：一是注重了词语的理解和运用。词语教学是二年级的教学重点，教师教学的过程中，能够抓住"嚷"和"说"、"奔"与"跑"等词义的变化，引导学生在朗读中感悟、理解；二是课堂上，教师能注重朗读的指导和训练，紧紧抓住关键句指导学生朗读，收到了比较好的效果。

在肯定优点的基础上，我又给刘老师的课堂"重建"提了两点建议：一是进一步降低教学的重心。课堂上,教师要把学习的主动权、评价权积极下放,让学生有更多的自主学习时间和评价学习的机会。二是长文短教,注意教学内容的取舍。

后来,我又和刘老师一起"磨课",进行课堂"重建"。一星期后,刘老师又上了一节"重建课"。这节"重建课"和第一次教学相比,发生了质的飞跃。下面先从刘老师《雪孩子》教学过程部分教学设计的改变入手,谈教师思维品质的变化与课堂成长。

第一次教学设计		重建课教学设计	
教学环节	教学过程	教学环节	教学过程
一、激趣导入	略	一、复习导入	略
二、学习第1—4自然段	1. 今天,我们来学习一种新的阅读方式——默读。提出要求:不出声,不动嘴巴(即不动唇),不指读。 2. 来到小白兔家门口,你看到了什么? 3. 隔着门板我们还听见了一段对话,是小白兔和兔妈妈。请两位同学分角色朗读。 4. 指导朗读,比较"嚷"和"说"有什么区别。 5. 小白兔为什么又不跟着去了呢? 6. 小白兔和雪孩子在一起快乐吗?你从哪看出来的?	二、学习第1—4自然段	1. 今天,我们来学习一种新的阅读本领——默读。默读就是要求不出声,不动唇,不指读。 2. 默读第1—4自然段,完成下面的填空: 　　小白兔有了妈妈给她堆的雪孩子,可开心了。她( )给雪孩子看,( )给雪孩子听。她们玩得真( )! 3. 齐读这一段话。 4. 教师小结。
三、学习第5—8自然段	1. 指名分段朗读。 2. 第5、第6自然段讲了什么? 出示词语: 　　添柴　烧着　旺旺的 3. 指导朗读:"不好了!小白兔家着火了!"雪孩子现在的心情如何呢?从哪里可以看出来他很着急?对比"奔"和"跑"。雪孩子是怎么发现小白兔家着火了? (1) 火这么大,雪孩子会怎样救小白兔呢? (2) 雪孩子冲进屋里,会看见什么样的情形? (3) 雪孩子危不危险?他会有什么样的危险呢?救小白兔的过程是很简单的吗? (4) 多么惊险的场景啊,让我们带着紧张、担心、急切的心情再读一遍第8自然段。 (5) 这是一个怎样的雪孩子?你喜欢它吗?为什么?	三、学习第5—8自然段	1. 默读第5—8自然段,想一想:这一部分写什么? 2. 指导读好感叹句,体会雪孩子救人心切。 (1) 出示:"不好了!小白兔家着火了!"雪孩子看见从小白兔家的窗户里冒出黑烟,蹿出火星。他一边喊,一边向小白兔家跑去。(感叹号的句子用红色表示) (2) 指名读第2段,然后学生点评。 　　积累词组:"呛人的烟、烫人的火",指导朗读。 　　学习生字"烫"。联系具体语境理解词语"终于"。 3. 观看视频,感受雪孩子的"勇敢",交流观后感。 　　教师小结,并请两位学生将"善良""勇敢"的贴纸贴在雪孩子的身上。

(续表)

第一次教学设计	重建课教学设计
四、学习第9—14自然段 1. 自读9—14自然段,然后用你喜欢的方式向大家介绍发生了什么事。 2. 齐读最后一自然段。展示课件,演示蒸发。	四、学习第9—14自然段 1. 出示句子:小白兔得救了,雪孩子却浑身水淋淋的。指导读好"水淋淋"并理解句意。 2. 出示句子:"这时,救小白兔的雪孩子不见了。他已经化成了水。"指名读。雪孩子真的不见了吗? 3. 学习最后一节,借助课件演示雪孩子变成水——水气——白云的过程。教师一边演示,一边解说。

不难看出,"重建课"与第一次教学设计相比,至少体现了以下几个特点:

1. 凸显教学的整体性。和刘老师一起重新研读教材,同时抛开原有的教学框架,各部分教学紧紧围绕体会雪孩子善良、勇敢的美好品质这一中心展开。

2. 教学的重心进一步下移。和第一次教学相比,教师的教学重心进一步下移,将学习的自主权、评价权还给了学生,课堂上,学生成了学习的主人,积极推进课堂前行,思维的火花在碰撞中不断生成。

3. 紧扣单元训练重点,凸显语言训练。该单元的训练重点是默读课文,所以教师在教学中,要紧密结合教学内容,有机渗透、指导默读训练。整节课以语言文字的理解、感悟、积累和运用为导向,既体现年段特点,又凸显语文学科的本质属性。

课堂上,刘老师很自信,各教学环节环环相扣,学生的资源不断生成,教师及时抓住生成性资源,重组后推进教学不断向前。一节课下来,给大家最大的感受就是学生在课堂上有了生长。上完课后,刘老师也感到从来没有过的轻松。这一次听到的更多的是同事的赞美之词!

经历过这件事,我深切地感受到,"磨课"是一个劳力又劳心的过程。"重建"的过程,既是对教学过程的重新认识,重新思考,重新定位,更是对自己课堂教学理念的反思与改造,以及学科思维的重建与加工过程。

提升援疆教研活动的品质

2019年4月,泽普县第二小学(以下简称"二小")县级语文教研活动拉开序幕。

本次活动包括七个部分,即"领导致辞""听研究课""说课评课""专题汇报""成长故事分享""基本功展示""总结交流"。这是"二小"第一次面向全县中小学开展语文教研活动,整个活动历时近3个小时。活动各环节紧凑,形式多样,内涵丰富。活动不但得到了泽普县教育局领导的高度认可,而且也给每一位参加活动的老师留下了耳目一新的感觉和满满的收获。

说起这次活动,要从3月7日谈起。这一天,泽普县教育局教管中心的领导来到"二小",希望借助"二小"上海援疆支教教师的资源优势,面向全县开展一次语文教研活动,指导乡下学校更好地开展学科教研活动,助力教师队伍培养。

泽普县第二小学二年级语文组"全家福"

有效开展这一次活动成为了摆在援疆教师面前的一项重要工作。我作为"二小"语文学科培训工作的负责人,承担了此次教研活动的主要策划工作。

根据领导要求,结合上海教研活动理念,我选择了"二小"二年级语文教研组来承担本次教研活动。

二年级语文教研组共有 10 位教师。其中,50 岁以上的有 1 位(为上海援疆支教教师),40—50 岁的有 3 位,30—40 岁的有 2 位,工作三年以内的青年教师有 4 位。新教师占了这个教研组团队的三分之一。所以,如何尽快促进青年教师的成长,是我们要思考的问题和此次教研活动研讨的方向。

事实上,从上学期我们上海援疆支教教师来到"二小"后,便在教师队伍的培养上协助学校采取了一系列措施,比如师徒带教、微报告(微讲座)、课堂诊断等。经过一个学期"全程式"指导,"二小"教师队伍精神面貌焕然一新,课堂上师生关系得到进一步改善,课堂教学效率持续提高。

经过我们援疆支教团队语文学科组成员商议,本次教研活动,我们紧密结合二年级语文学科研究主题——"提升学生语言表达,低年级基本句式训练的巩固和提升",将目光聚焦在通过课堂教学研究,促进青年教师成长上。

活动当天,先由上海援疆支教教师何德伟、"二小"青年教师王文静分别执教《我是一只小虫子》(第一课时)和《枫树上的喜鹊》(第二课时),其他教师全员参与评课。接着,低段教研组长员军霞老师做教研组工作经验交流,赵海玲、罗凤利两位老师进行诗朗诵——《月光下的泽普》,王文佩老师分享个人成长故事,最后由我对此次教研活动的整个策划过程以及为什么这样策划的思考与各位老师做分享,让与会者对如何开展教研活动有一个清晰的认识。

为了让此次教研活动既有品质,又有品位,我们在策划的时候,努力体现以下几个理念。

第一,以人为本,关注每一个。

其一,人本理念。教研活动的起点在课堂教学。这一次的教研活动,我们从师生生命成长需求出发,力求关注到每一个教师,每一个学生。二年级语文组 10 位教师全员参与,各有侧重,各展所长。虽然场地有点拥挤,但两个上课班级学生全部参加,努力做到一个也不放弃、不抛弃。

其二,实践亲历内化。我们力求"动力内化和重心下移"。这次的教研组研讨活动展示,从策划到备课、上课、研讨,一律由组员分工协作完成,使每一个教师都有机会从活动的参与者转变为组织承担者,通过"小人物挑大梁",增强教师的责任意识、协作研究能力,让每一位教师都有机会担当重任,实现提升,同时因人的转变也提升教研组日常研究质量。

第二,整体思考,展现全过程。

教研活动只是一次短暂的展示,但它是基于学校一学期校本教研活动整体背景下的思考和策划。它本身就是学校校本教研的一部分,不是为了教研而教研。当然,教研的形式多种多样,这一次只不过是针对泽普县教育局的需求,我们在内容和形式上进行了一些丰富。

第三,精心策划,彰显细节美。

教研活动研究什么?呈现什么?首先,要充分发挥集体的智慧,集思广益,进行头脑风暴。这样的活动才是集聚了大家的智慧,才会完美。

其次,针对一项大型活动,只有精心策划,方方面面想得细致、周到,才能保证活动的顺利进行。

最后,每一个内容,我们通过什么形式呈现出来,为什么要通过这个形式呈现,现场的环境如何布置,如何带给每一位参与者美的享受等,我们都会经过深思熟虑。比如说两节课,各有侧重,一节是第一课时,一节是第二课时。但是,我们紧扣年段研究主题——"提升学生语言表达,低年级基本句式训练的巩固和提升",追求的是课堂"和、活、灵、美"的境界,即追求开放互动之"和"、结构关联之"活"、有机融通之"灵"、生命成长之"美"。再比如说评课环节,我们在舞台上准备了八把椅子和三张茶几,茶几上摆上三盆盛开的红掌,格外雅致。评课的过程既是反思重建的过程,也是团队日常化研究状态的呈现。目的是让当天参加活动的老师在参与活动的过程中,既有专业上的收获,也获得美的享受。

第四,团队合作,体现凝聚力。

一次大型的教研活动,不是一两个人的事,应该是整个教研组,乃至整个学校的一件大事。它除涉及承担任务的教师,还需要技术支持、后勤保障以及学校各部门之间的相互协作、沟通。此次"二小"县级语文教研活动得到了校长室、教务处、党建办、德育处、总务处、信息中心等各个部门的支持与协助。团队协作的力量是无穷的,合作的过程既是磨合的过程,也是体现凝聚力的过程。

第五,活动反思,着眼发展力。

一个活动结束后,我们对照原先制定的目标进行反思,看看是否达到既定目标,是否还有改进和完善的地方。只有不断的反思,我们才有可能实现新的提升和超越。

当天的活动,给泽普县教育局的领导以及参加活动的各中小学教学副校长、教务主任、教研组长等留下了深刻的印象。教师们对当天活动的评价是"高、大、上"。是的,这正是我们的初衷,提升教研活动的品质,打造教研活动的品位,创生可复制、可借鉴的教研活动模式,让活动承担者、参与者都有获得感、愉悦感、成就感和幸福感!

相信和尊重是教育的起点

作为一位已经工作了十多年的小学语文教师。我一直在思索着:我的使命、我的学生、我和学生的关系等一系列命题。而今,我也许已进入人们常说的"职业倦怠期"。这一时期的教师,不但是学校的中流砥柱,更是家庭的顶梁柱,多重身份,多种沉甸甸地责任、重担负在双肩,常常备感疲惫。

十多年来,我们每天面对着一群群活泼可爱的学生,迎来了一批又送走一批,送走了一批又迎来一批,不同的面孔,相同的身份。时光在变迁,学生在变化,我也在不断改变。在和学生这些年的打交道中,我对他们的变化与差异真是耳濡目染,感触颇深:农村孩子纯朴、善良、懂事、自立自强;城市孩子自信、开放、乐群、见多识广。与他们相处,不但需要爱心、耐心、细心,更需要奉献、智慧、创造。

教师的幸福感从哪里来?教师的幸福感首先要从工作中寻找,从我们朝夕相处的学生中寻找。学生是最能给我们带来快乐的人。我们在与孩子们的相处中,必须先学会正确地看待自己的学生,看待自己。教师要通过树立正确的学生观来反观自己的角色与定位。我以为,一个教师只有相信和尊重学生,才可能唤醒学生的内在潜能,才有可能创造教育的奇迹。

相信,亦谓信任,是爱之源,育之始。

著名的皮格马利翁效应便是一个典型的例子。教育家随手圈定的学生,在老师的辛勤教育下,最终都成为人才,值得我们好好深思。也许老师先前还在为其中某位孩子的未来担忧,抑或是在怀疑其中个别学生的智力,但是在权威面前,谁都不会怀疑,只是去付出努力,像相信权威一样去相信孩子,无论孩子的成绩如何不理想,无论孩子犯怎样的错误,无论孩子的发展有多曲折,老师始终相信孩子的未来。事实上,每个孩子都是一个充满活力的个体,他们需要得到别人的信任,有了他信,才会自信。有了自信,才能勇敢地去面对生活的每一天,才敢于去接受困难的挑战。

相信，是一种爱，一种不折不扣、无微不至的爱。上海市教育功臣刘京海教育自己女儿的故事，也许就是一个佐证。同样作为爸爸，他一直相信，自己那份浓浓的父爱及长期坚持不懈地鼓励能创造生命的奇迹。从女儿不会说话到讲出第一句话，从女儿会算简单的算术到考上大学，他成功了！可谓奇迹！我们在惊叹生命的同时，更钦佩作为父亲那份无私的爱！正是这种爱，伴随女儿走过了那一段难忘又值得回忆的生活经历。

在我的教育经历中，也遇到过这么难忘的一段经历。一个班级的淘气包，在我的鼓励与信任之下，担任了班级的值日班长。他的工作做得是那样的出色，对待工作是那样的认真投入，与先前简直判若两人。他不但让我和班级的孩子们惊讶，而且家长也感到惊讶。更让我惊讶的是，有一天下午放学，天下起了雨，奶奶照例来接他，他居然扶着奶奶从三楼一步一步地走下去。以前放学后奶奶来接他的时候，对于奶奶的关心总是一副不耐烦的样子，有时还对着奶奶大吼，甚至出言不逊，这一点连家长也大为恼火。可是无论怎样批评与教育，总无济于事。但这小小的"值日班长"居然让他有这么大的变化，不能不引起我的思考。

尊重学生，就是尊重生命的客观存在。生命，作为地球进步的起源，从诞生之日起，便在不断创造人类的文明。从中国古代的四大发明到埃及的金字塔，从巴比伦的空中花园到今天摩天大楼的拔地而起，从卫星上天到载人航天飞船的诞生……处处体现着生命的智慧。尊重学生，就是要唤醒学生的生命潜能，启迪智慧，让个体生命迸发活力，努力改变学生的生存状态。

尊重学生，是师生平等的前提。每一个社会个体，都有自己的人格尊严。生活中，社会分工的不同并不意味着个体（或群体）之间的对立。教师只有尊重学生，才能赢得学生的尊重。学生感受到尊重，才会感到自我存在的价值，积极参与，主动发展。

相信学生，就是相信生命的潜能。尊重学生，就是尊重生命，承认差异，并努力去改变学生的生存状态。

相信和尊重学生，是教育的起点。

个别辅导不是教师的专利

个别辅导，从某种意义上说，也是一种教育活动，是教师对学生个体施行的个别化教育行为。其关系主体是教师和学生，师生双方在对话交往的过程中，达到心灵相通，情感交融，形成积极、健康的情感关系。个别辅导是教师教育教学中必不可少的一项工作，但它不应是教师的"专利"，其形式应该包括教师→学生、师生→学生、学生→学生、学生→互动环境之间等几种。

师生之间的个别辅导是最为常见的一种形式。教师要在深入了解学生的基础上，开展有针对性的辅导与帮助活动，诸如当学生面临学习困难、思想偏差、情感匮乏、心理障碍等情况时，教师可以采用谈话、沟通、辅导等方式对学生进行个别辅导。这种个别辅导首先要求教师要相信和尊重学生，和学生之间建立起民主、平等、和谐的师生关系。尽管个体之间存在差异，但都存在着多种发展的潜在可能性。苏霍姆林斯基认为："没有哪样的人，他的身上未被赋予天资和可能性……"作为教师，要树立正确的学生观，相信每一位学生都会成才，要学会欣赏学生的不同进步。教师还要成为学生值得信任的人，俗话说，"亲其师，信其道"。只有学生和老师亲近了，才会信任老师，相信老师所说的，接受老师的教育。

师生一道对学生进行个别辅导也是个别辅导中常见的一种形式。实践中，对于部分行为上有偏差的同学便可采用此种个别辅导形式。如班里有个孩子从小养成了爱啃手指甲的习惯，我在进行个别辅导的同时，还安排该同学的好朋友作为他的同桌。当然，同桌本身是对自己要求严格的，同时也乐于去帮助他人的。这样，每次课堂上该同学啃手指的时候，同桌进行适当的、友善的提醒，久而久之，也收到了较好的效果。实践证明，有了学生同伴的介入，学生的心理活动更加丰富，个别辅导的氛围更加融洽，学生心理上的认同度、接受度不断增加。这种个别辅导的形式要求教师和学生之间要事先商量好谈话的内容、方式、时机，有时还要安排适当的情境。

学生对学生的个别辅导的效果同样不容忽视。特别是日常化辅导能有效地培养学生对集体的归属感,给教师和学生带来满足和快乐。"霍桑试验"告诉我们,非正式群体对学生的影响也至关重要。学生生活在集体之中,接触最多的是同伴。学生群体内部约定俗成的规则,也常常在影响着学生的思想认识和外在行为表现。一般情况下班级内部的群体活动便可采用此种个别辅导方法。如本学期,班级开展了"五好"(即读好书、写好字、做好操、唱歌好、扫地好)竞赛活动,小组与小组之间展开竞赛。活动中,小组内成员之间必须要团结协作,充分发挥"传帮带"的作用,为了确保最后的胜利,他们必须要关注那些组内薄弱的学生。此时的个别辅导,已经不是一般意义上的一帮一,可能是二帮一、三帮一、四帮一……大家齐心协力,极大地提高了个别辅导的质量。再者,这种形式的个别辅导大多是在自然的状态下进行,学生没有了自卑感和心理压力,主动发展的愿望也特别强烈。

　　互动环境对学生进行的个别辅导也具有其他形式无法比拟的优越性。此种个别辅导一般是针对个性独特、自尊心强、情感细腻的学生。这类学生,对于面对面的辅导有抵触情绪,喜欢较为含蓄的教育方式。因此,要求教师关注学生的生活环境,积极发挥文化熏陶与感染带来的潜移默化的作用。要努力让教室的每一面墙壁会说话,每一次活动有体验。这种个别辅导要求教师和学生精心设计教室的文化环境、活动创意、情境演绎等。这样学生参与其中,往往能心领神会,自觉调整自己的行为方式。

精细化管理体现内涵发展

现在,越来越多的学校提出"精细化"管理理念。那么,究竟什么是"精细化"?如何做到"精细化"?有许多问题值得研究。

一次,我有幸参加了一个教育工作现场会议。会议的主题就是"加强学校精细化管理"。会上,教育局领导对所有与会校长说:"前几天,地区领导刚到我们这里进行了精细化管理的调研。我们的J中给领导们留下了深刻的印象。今天,把大家组织到J中来看一看,学一学,J中是如何进行精细化管理的。看看J中的地面是不是干净,花坛里有没有杂草……"

接下来,J中校长进行了简单的介绍后,便带着大家参观校园,感受校园的干净、整洁,然后又走进教学楼,参观电视台、实验室、教室,了解现代教育教学设施设备是如何服务于教育教学的。最后,又参观了学生宿舍,看学生宿舍的文化布置、生活用品的规范摆放等。参观结束后,大家集中在一起,由教育局领导主持,请部分学校校长谈刚才学习的感受和体会。

与会校长都非常认真,不敢怠慢,每个人都从不同的角度,交流自己的收获。发言的校长个个能说会道,大概是经常进行这样的交流与发言"练"出来了。

我坐在下面,开始思考一个问题,究竟什么是精细化管理?难道学校精细化管理就是把地扫干净,把草拔干净,就是学校有电视台、实验室,就是宿舍里物品摆放整齐……

精细化管理是一种理念,一种文化。它是源于发达国家的一种企业管理理念。现代管理认为,管理有三个层次:一是规范化,二是精细化,三是个性化。精细化管理是建立在常规管理的基础上,将常规管理引向深入的关键一步。它要求把每一项工作都抓细、量化,有利于落实到行动中。它是社会分工的精细化,以及服务质量的精细化对现代管理的必然要求,是一种以最大限度地减少管理所占用的资源和降低管理成本为主要目标的管理方式。

网上流传这样一个故事：台湾的富翁王永庆，就是以一个小小米店老板的强烈责任意识，把一件件小事坚持不懈地做好而获得成功的。他每次帮人家送米，还要帮人家将米倒进米缸。如果米缸里还有米，他就将米倒出来，把米缸擦干净，然后把新米倒进缸里，把旧米放在上层，这样，陈米就不会因为存放太久而变质。他这一细心的举动，深深感动了许多顾客，也赢得了许多回头客。在送米的过程中，他还了解到，当地居民大都以打工为生，许多家庭都为薪水暂时未到而囊中羞涩。为此，他采取按时送米不及时收钱，到工资发放时再收钱的方法，极大地方便了顾客。他精细服务使其米店有了知名度，生意也红火起来。

从这个事例中，我们不难看出，质量控制在米老板的管理中占有非常重要的地位。米店老板将陈米放在上层，确保优先食用，就不会出现因存放时间过长而造成变质，避免了出现工作上的质量缺陷。

学校工作中的精细化管理同样离不开质量管理。它需要学校里所有的人和物都参与到持续改进的教育教学中。学校管理者积极参与，支持并推动学校的管理变革，学校管理者信任每一位团队成员和教师，形成积极的管理文化氛围，有助于提升工作的质量。

学校工作中的精细化管理，是学校管理者追求办学精、特、美的过程。它不仅体现在外显的学校环境布置上，更体现在学校的内涵发展上。工作中，学校的每一个人能将每一件小事做好、做细、做精，那么，学校一定会呈现出较高的办学品质和办学品位。

中年级读写结合训练的实践与思考

阅读和作文,是小学语文教学两项最主要的基本功。作文教学以培养学生语言文字的表达能力为目的。阅读教学,以培养学生语言文字的理解和运用能力为目的。长期的教学实践告诉我们,阅读是吸收,写作是倾吐,二者相互影响,相互促进。从作文的角度看,读是写的基础,要提高学生的作文能力,必须把读和写结合起来。在教学过程中,理解和表达训练结合起来的方式很多,而读和写结合的基本途径是抓住读和写的共同点进行训练。

什么是读和写的共同点？我们知道,读书时,首先接触的是语言文字,通过语言文字我们懂得了文章的内容,再从文章的内容深入下去,体会到了作者所要表达的思想感情。所以,读书的路子是:语言文字——内容——思想感情。而写文章,则是在接触客观事物的时候产生一种思想、一种感情,想表达出来,然后选择最能表达这种感情的内容,运用语言文字写下来。所以,写作的路子是:思想感情——内容——语言文字。这样一分析,我们就可以发现,读书和写文章两条路子的线索是一样的,只是走向不一样,因此,其中有许多的共同点。拿语言文字来说,读书的时候要逐词逐句理解清楚;写文章的时候,要逐词逐句写清楚,这是共同的。拿内容来说,读书的时候,要抓住文章的主要内容,看看文章的主要内容是怎样具体地写出来的;写文章的时候,就要选择主要内容,把主要内容写具体,这也是共同的。再拿思想感情来说,读书的时候,要体会作者的真情实感;写文章的时候,要写出自己的真情实感,这又是共同的。在阅读教学和作文教学中有意识地把这些共同点作为训练的重点,学生把领悟到的知识和能力用于读,就提高了理解能力;用之于写,就提高了表达能力,就可以使阅读和作文相互联系,相互促进。实践中,我是这样探索的。

首先,突出重点,进行片段训练。

中年级的作文训练,是由写话向独立成篇的作文过渡阶段,它既是低年级写话训练的继续,又是高年级作文训练的准备。作文教学的重点是段的训练,使学生能写好一段话或几段话,做到段落分明,条理清楚。

阅读教学中,必须加强段的训练。段是句子的发展,是文章的一个意义单位。中年级段的训练,包括自然段的训练和逻辑段的训练这两个方面的具体内容。在自然段的训练方面,重点是理解词与句、句与句之间的关系,归纳自然段的主要内容;在逻辑段的训练方面,重点是给课文分段、归纳段落大意和概括课文的主要内容。

进行自然段训练的主要做法有:(1)教学生掌握段中分层的方法。(2)指导学生分析层与层之间的关系。(3)教给学生概括自然段段意的方法。文章的内容是客观事物的反映,客观事物是纷繁复杂的,它们的联系多种多样。因此,各层意思之间的关系,也是多种多样的。

有的段落是按先概括后具体的顺序进行叙述的,如《太阳》一课的第四段,这一段共四句话。先概括说太阳和我们人类有着密切的关系,然后分别从动植物、人类生活等方面具体说明。教师在教学时,要让学生了解作者是怎样从太阳与动物、人类的关系方面去把它写具体的。学完了这一段,可以让学生围绕"今天天气真热""工地上一片热闹的景象""课间活动真是丰富多彩"等为开头写一段总分结构的话。

有的段落同时介绍两种或两种以上的事物,每层意思说的是同一种事物。有的段落,是从几个方面介绍一种事物,每层意思就是事物的一个方面。这些段落,层与层之间的关系是并列的。例如《海滨小城》的第三段:这一段分两层意思:一层是写海滩上五颜六色的贝壳;一层是写捕鱼船队归来时,海滩上热闹的景象。这是典型的在一段话里,同时介绍了海滩上的两种事物。学习完这一段后,教师可布置学生完成这样的练习,写一段描写公园或校园一角的话,要求文中介绍两种或两种以上的事物。

此外,有的段落是按事情发展的顺序叙述的,有的段落是按方位顺序叙述的,教师在引导学生学完文章后,均可布置与此相关的片段练习。

逻辑段的训练,是中年级的训练重点。它主要包括分段的训练,概括段落大意的训练,概括课文主要内容的训练。这三项,实际上是篇的训练,只是要求较低,是初步的训练,为高年级篇的训练做准备。

其次,范文引路,学写全篇作文。

小学高年级阅读教学是在中年级基础上的继续和发展。中年级的片段训练,也是为高年级全篇作文的训练打基础的。因此,中年级在抓好片段训练的同时,可以在阅读教学的过程中,依据教材提供的训练机会,写一些全篇的作文。

如教学《古井》一课时,学生被古井无私地向人们奉献清凉甘甜的泉水,养育一方村民而对人们毫无所求的精神深深地感动了。课后,我布置了这样的一道练习,要求选择一种事物,如粉笔、火柴、煤炭、蜡烛等,写一个片段,要求写出该物品的特点,赞扬它的一种精神。课后,有的学生这样写道:

我喜欢泥土,我赞美它。

你可在花园里欣赏到美丽、娇嫩的花朵。可在树林观赏到高大、挺拔的大树……但是,如果没有你脚下的泥土,这景色无论如何也欣赏不到。

泥土是无私的。它总是辛勤地哺育庄稼,就像老师用干裂的嘴唇与手中的粉笔来教育祖国的花朵一样。泥土中含大量水分,泥土就用这水分来哺育庄稼,并且不惜一切代价:泥土因缺水"皮肤"开始分裂……

泥土是无所苛求的。它日以继夜,默默地工作,却不要主人的回报与奖励。自己变得黑乎乎、脏兮兮的,不让别人多看一眼。

泥土是温柔的。它不像闪电一样以致命的方式来表达它的威力,更不像火山一样以爆发的壮观场面来证实它的勇猛,虽然勇猛,但是火山让成千上万个幸福家庭惨遭破灭。然而泥土,没有一点伤害到人类,只是默默地工作。

我要赞美泥土,赞美它无私奉献、默默工作的精神,赞美像泥土那样把自己的一切奉献给人民与祖国的人。他们是最无私、最伟大的!

再如,老舍的作品《猫》一课,学习完作者是怎样把大花猫的古怪性格和小花猫的淘气、可爱部分写具体后,可以让学生仿写一篇,要求写一个自己喜欢的小动物,要抓住它的特点。

模仿是儿童的天性,儿童的一切学习活动都是从模仿开始的。作文也不例外,先教个范文,过渡到仿写范文,最后到独立作文,这个过程就像小孩学走路一样。因此,中年级作文教学在注意写的同时,要抓住读的训练。只有边读边写,读写结合,读有范文,写有榜样,才能使学生在范文中借鉴谋篇布局的"框架",把自己想要表达的零星的感性材料组织成文,同时吸取范文中文句或技法的精华,融化为自己的东西在习作中表达出来。这是一个学习的过程,同

时也是一个创造的过程。如学完秦牧写的《我喜欢小动物》一课后,可以让学生仿写一篇这样的作文。有的学生这样写道:

> 我家养了一只可爱的狮子狗,它的名字叫丁丁。
>
> 丁丁的脸和别的狗不一样,它的脸短短的,头上的毛很长,只露出一双大大的眼睛。它的腿很短,跑起来就像一个大毛球在地上滚。平时睡觉或休息的时候,总喜欢趴着。
>
> 丁丁饿了的时候,就"汪汪"地大声叫,只要你给它食物吃,它立刻不叫了。中午的时候,我就带它去草地里玩耍,它就像一只出笼的小鸟,到处跑,那高兴劲就甭提了。你一见准会喜欢上它的。
>
> 丁丁不但样子逗人爱,还帮过我一个大忙呢!
>
> 有一次,我带丁丁去公园玩。一路上,它都是东张西望,像在找什么东西似的。到了公园门口,我买了一个鸡腿,三下两下把肉吃完,就把骨头给了丁丁。丁丁把骨头吃完了以后,"汪汪"叫了两声,好像在说:"谢谢!"
>
> 这时,一只蝴蝶从眼前飞过,我立刻追了上去。蝴蝶飞呀飞呀,飞进了花丛中。等我跑进花坛里的时候,蝴蝶突然飞走了,我只好垂头丧气地从花坛里走出来。
>
> 不一会儿,我和丁丁到了一个玩赛车的游乐场,我一看价钱,不贵,才2.50元一圈,我坐两圈吧。我正掏钱的时候,发现钱包不在了,忽然我想起刚才在花坛里追蝴蝶的事。于是径直跑回刚才的树丛,到处找,可就是找不到,我急得直跺脚,丁丁也在树丛中东闻西闻。突然,丁丁叫了几下,我以为丁丁又找到骨头了,我走过去一看,原来是我的钱包,我高兴极了,抱起丁丁说:"真乖。"
>
> 我们玩了很久才回家。出公园门时,我又买了一个鸡腿,这次,骨头和肉都是奖励丁丁的。
>
> 唉!你看,我家的丁丁多可爱。

当然,读与写结合的过程远不止这些。在教学过程中,把理解和表达的训练结合起来的方式还很多,例如,让学生写读后感,进行改写、缩写、扩写的练习等,都是提高学生写作能力的方法。

立足"真、善、美",提高课堂教学实效

如今,人们对于语文教学的研究日益呈现多元化的局面。语文课堂教学可谓是"百花齐放,百家争鸣",一派繁荣景象。但毋庸置疑,学生的语文素养却仍令人担忧。究其原因,教育中根深蒂固的功利主义仍在一定程度上阻碍课堂教学的有效推进。怎样改变现状?仁者见仁,智者见智。我想从另一个角度来谈一些自己的想法。

我认为要提高课堂教学实效,提升学生的语文素养,首先要让我们的课堂回归"真、善、美"。

一是追求"真",凸显语文本色。

"真"就是规律。从语文教学来讲,其主要任务就是帮助学生学习语言、积累语言、运用语言,提高学生的语文素养。因此,课堂教学要遵循教育教学的规律,学生身心发展以及学习语言的基本规律,即凭借"范例",主体感悟,增加积累,迁移运用。学生学习语言,朗读是一条最为直接和有效的捷径。而当前的语文课堂,很难听到琅琅书声,取而代之的是题海战术、满堂灌、满堂问、填鸭式的教学,这些都违背了语文教和学的规律。结果显而易见,学生对学习语言的兴趣减弱,甚至出现厌学情绪。我想,一个"教书匠"和"教育家"的最大区别就在于后者能按照教育教学规律办事。

记得有位特级教师在教学《匆匆》一课时,既没有借助课件来推波助澜,也没有支离破碎的分析讲解,而更多的是运用语文教学中最传统、最常见的朗读来推进教学,收到了很好的效果。课堂上,教师设计了四个层次的朗读,即自由大声诵读、随机指名接读、听录音赏读、听录音学读。在朗读指导中,教师又适时地运用范读、引读、伴读、对比读、指名读、齐读等多种形式来点拨引导学生读通、读顺,读出味,读出情,悟出理。请看下面的一个教学片断:

师:刚才大家已经读出文章的味道了,但光有读还不够,还得用心灵

去倾听,你觉得课文哪一段给你的印象最深,哪一段给你的触动最大,你就用心地读哪一段,一边读一边想,想想作者跟你说了什么悄悄话。

(生全神贯注地读)

师:有没有听出点什么来?谁先来?请你来。我不让你说,你从哪一段听出来,就读哪一段。大家听他读,看他听出来没有。

(生有感情地朗读课文第四段)

师(又指另一名学生):你从他读的语感中,听出作者跟他说什么悄悄话了?

生:我们应该把握住日子,不能让日子一天天地消失。

师:你从哪一句听出来的?

(生朗读第四段的最后一句)

师:(走到先读的同学面前)他说得全吗?

生:不全。

师:谁还听出作者对他讲了些什么心里话?

生朗读:只有徘徊罢了,只有匆匆罢了;在八千多日的匆匆里,除徘徊外,又剩些什么呢?

师:他说得对不对?

生:对。

师:把他们两人的回答加起来,这就是作者要告诉你的心里话,是吗?

老师如此处理像《匆匆》这样只可意会不可言传的文章,显然是考虑到了该年段孩子的身心发展特点及思维水平。课堂上,教师紧紧抓住学生学习语言、内化语言最常用的工具——朗读,引导学生在读中悟、悟中读,很好地达到了预期的目标。

事实上,读的内容是非常广泛的,不仅仅局限于教材。吕叔湘先生说:"使用语文是一种技能,要提高学生的阅读能力,靠薄薄的课本解决不了问题,要大量阅读,有精读,有略读,一学期读80万到100万字不为多。任何技能都必须具有两个特点,一是正确,二是熟练,只有通过正确的模仿和反复实践才能养成。"语文教育家张志公先生也曾说过:"语文课是以知识为先导,以实践为主体,以实践能力的养成为依归的课。"他认为,语文教学的改革要从端正教育思想入手,从遵循教育规律入手,从实践入手,这是学以致用的基本途径。

我以为，课堂上，教师如果能牢记语文的本质属性，遵循学生习得语言的规律，从学生的身心发展特点出发组织课堂教学，不但教师能教得轻松，学生也能学得有效，更重要的是学生在课堂上的语文能力能够获得真正的发展。我还以为，师生存在于共同成长的课堂，应该要传真知、动真情、做真师，努力让真情在课堂上延续，让真谛在课堂上感悟，让真理在课堂上闪光！

二是关注"善"，活化语文学习。

"善"就是优化教育教学结构、方法和策略。如果说关注"真"是课堂上落实科学质量观、提高课堂教学实效的前提，那么追求"善"就是提高课堂教学实效的关键与保证。教有方法，学有策略，教学有法，贵在得法，这是人人皆知的道理。语文教学，无论是"字、词、句、篇"的学习，还是"听、说、读、写"的训练，都有方法可循。

仍以学生学习语言为例，其根本途径是以读为本，内化语言，也就是在教师的指导下，学生对范文语言的感受、领悟、积累和运用的过程。因此，语言教学必须要做到：读进去（熟读精思，深切感悟）——记得住（积累语言，积淀语感）——用得出（积极借鉴，迁移运用）。再如，阅读教学的初读感知阶段，要求正确认读，做到"六个不"，即：不添字、不错字、不丢字、不破句、不截断、不重复。怎样才能达到这一要求呢？教师可以让学生起先读的时候慢些，遇到课文中的长句子、难读的句子多读几遍，长期训练下去，学生便能熟能生巧。

至于精读领悟阶段、熟读转化阶段也皆有方法策略可用。这里以我曾经执教的沪教版教材三年级语文《我喜欢小动物》一课为例说明。该文选自著名作家秦牧的《童年二忆》之一《小动物》，课文结构层次清楚，紧紧围绕"逗弄小动物时，我做过一些有趣的事，也做过一些蠢事"来展开叙述。课文的重点是介绍蠢事的部分，生动叙述了作者小时候逗弄鳖的过程中被鳖咬的痛苦经历，点明了"愚蠢是要受报复的"的道理。在教学这一部分时，我让学生一边读，一边展开想象，同时伸出手指做动作，体察作者的思想感情和表达方式，领悟语言的运用之妙等。最后交流的时候，有的同学哭丧着脸说："下次，我再也不敢用手去逗它（鳖）了，鳖咬人太痛了。"听那声音，快要哭出来了，好像刚才真的经历了一场难以忍受的痛苦。更有同学迫不及待地说："下次再逗弄鳖的时候，我会拿根小树枝。"多么绝妙的回答，学生思维的火花开始迸发。我以为只要方法得当，课堂教学结构合理，不但学生爱学、乐学，而且会学，能够为他们的终身发展奠定基础。

三是体现"美",享受语文魅力。

"美",就是课堂呈现出的一种符合审美要求的状态,让教师和学生感觉教与学是一种享受。这是课堂教学的最高境界,也是我们孜孜追求的目标。课堂上,"美"的呈现多样而丰富,诸如教材编排之美、课文语言之美、作品人性之美、师生关系和谐之美、互动对话状态之美、情景创设生成之美、媒体制作简约之美、练习设计精巧之美,等等。"美"有时是朴实的,有时是华丽的,有时是长久的,有时是短暂的,它体现在课堂上师生端庄大方的穿着、简练流畅的表达、工整漂亮的板书、声情并茂的朗读。总之,美无处不在。教师不但要有发现美的眼睛,更要有创造美的意识。今天,随着信息化的发展,现代教育技术为营造和美课堂提供了有力的保证。

如我在教学《但愿人长久》一课时,告诉学生,其实苏轼的这首词也可以吟唱。学生开始感到很惊讶。接下来,我轻放乐曲,学生一下子被优美的乐声所吸引并陶醉其中,有的开始跟着轻轻吟唱起来。"明月几时有,把酒问青天,不知天上宫阙,今夕是何年?……"不知不觉中,只两遍唱下来,学生已将苏轼这首有名的《水调歌头》熟记于心,更沉浸于诗人丰富的情感世界。课堂上,情与景的交融,内容与形式的有机结合,音乐对语言的烘托与渲染,使课堂就像一幅流动的画。学生沉浸其中,感受祖国语言的独特魅力,更是在享受一种语文特有的情感体验。这样的课堂,才是学生向往的课堂,也应是教师追求的课堂。

因此,我觉得关注真、追求善、体现美,是课堂教学的真谛所在,更是落实科学质量观、提高课堂教学实效的关键所在。

精神有了归属，生命就有了意义

儿时，受父辈的影响，我曾有个梦想——驻守边疆、保家卫国，但由于种种原因未能如愿。庆幸的是，教育部"援藏援疆万名教师支教计划"圆了我的梦。

2018年8月20日，我和闵行区45位援疆教师一起，怀揣教育的理想和情怀，肩挑国家的使命与重任，用实际行动响应国家号召，来到美丽的南疆边陲——喀什地区泽普县，在泽普县第二小学（以下简称"二小"）开始了为期18个月的援疆支教生活。

时光飞逝。转眼间，我已结束援疆回到上海。回首过去的一年半，我和同伴们一起，紧紧围绕"组团式教育援疆"的智慧优势、资源优势，坚持在"输血"中"造血"，着力提升当地教育的可持续发展水平，为打赢脱贫攻坚战、实现边疆长治久安贡献了智慧与力量。至于我个人，不但经历了磨炼，体现了价值，充满了感动，更收获了成长。

勇往直前，做南疆教育的筑梦人

援疆，是一种情怀，是一种奉献，更是一种责任。参加"援藏援疆万名教师支教计划"，是我经过深思熟虑后作出的决定。

2013年，我曾和一位同事结伴赴贵州省纳雍县，参加为期7天的支教活动。支教归来，大山里孩子们那一双双渴求知识的眼睛，深深地印在了我的脑海里。

当我把援疆的想法和即将升入小学毕业班的女儿沟通时，女儿虽不完全明白其中的意义，但还是选择了支持我。当我决定援疆时，妻子虽充满了不舍，但仍笑着鼓励我："放心，家里有我呢！"平时，就我和妻子两人带着孩子，老人都不在身边。我去援疆，家里的重担将落在她一个人的肩上，接下来孩子又是毕业班，她的辛苦我最清楚！

当我把将去援疆的消息通过电话告诉远在千里之外的父母时，父母都表示赞同。母亲说："去锻炼锻炼，也是件好事。"我之所以作出这样的决定，很大程度上也是受到他们的影响。我的父母都是老党员，做任何事情他们总是率先垂范，对我和弟弟、妹妹的教育亦是如此。后来，我才知道，我打电话时父亲因为身体原因已卧床一周。母亲怕我担心，只字未提。为了让我安心，母亲又提出等父亲好一点儿，她两边跑，过来帮帮我们。听后，我的心里有说不出的滋味……

援疆教师中，和我类似的情况不在少数。还记得刚入疆不久，我们支教团一位教师的父亲突然病故，他接到通知后匆匆赶回上海，没过几天，又出现在课堂上，投入紧张而忙碌的工作中。在一次交流会上，他坦言："在这里，说不想家是不可能的，说不辛苦那是假话。"是啊，"知责任者，大丈夫之始也；行责任者，大丈夫之终也"。我们每一位支教教师充分认识到教育援疆的使命与责任，努力践行着，默默奉献着。我们中，有的人孩子生病做手术，作为父亲却不能陪伴身边；有的人因工作劳累做过两次手术，带着支架仍坚持为受援校孩子们上课，把满腔的爱都倾注在了南疆这片热土上。

"亦余心之所向兮，虽九死其犹未悔。"精神有了归属，生命就有了意义，我们努力做南疆教育的筑梦人。

夯实培训，做教师发展的引领者

来到新疆后，我被安排担任"二小"支教工作组副组长，还要承担二年级三个民族班《道德与法治》学科的教学，同时负责"二小"语文学科的教学指导工作。后来，根据泽普县教育局的要求，我又承担泽普县小学语文教师培训工作（相当于该县教育教学管理与指导中心的小学语文教研员），同时加入泽普县教育局与华东师范大学合作项目——"新疆喀什地区泽普县少数民族教师国语教育教学能力培养项目"，承担泽普县民族教师国语教学能力的培养任务。

工作千头万绪，可时间只有 18 个月。如何才能不辱使命，顺利完成援疆支教任务？我常常想起入疆前领导的殷殷嘱托——"来疆为什么？在疆干什么？离疆留什么？"最终，我确定，在短短 18 个月内帮助当地打造一支带不走的教师队伍才是我的最终目标。于是，我开始深入课堂、教研组，充分借助听课、评课、教研活动和参加学校行政例会等场合了解校情、教情和学生情况。一个学期下来，听课近 60 节。"二小"56 位语文老师的课，我基本听了一遍，初步掌握了教师队伍的整体状况，为后续学科培训和指导奠定了基础。

为了让上海先进的课改理念和教育教学经验贴近"二小"的实际需求和教师的成长需要,我努力融入"二小"教师团队中,和他们一起研究,一起成长。2018年底,我在前期对学校教师队伍整体现状了解的基础上,于寒假回沪前,提前和"二小"低、中、高三个学段的教研组长一起商讨、策划新学期各年段教研活动计划。通过参与教研活动计划的制订,有机地渗透上海教研活动的理念和实践方法,帮助教研组长打开视野,形成整体思维的品质,有效地提高了教研活动的实效性,给她们留下了深刻的印象。

从"二小"和乡校老师们的实际需求出发,开展针对性的学科培训,是我援疆支教中一项最主要的日常工作。我坚持学科培训主题化、系列化,坚持理论指导和课堂实践相结合。培训中,既进行比较系统的理论学习,又重视实践指导。我结合日常化的听课,选择身边教师的课例进行分析,让培训更直观,更亲切,更贴近教师的教育教学实际。培训内容根据教师们的建议,主要围绕学科教学、教学"五环节"、教师基本功、课程标准、部编教材的编写意图和教学建议等来展开。一年半来,我先后开展了"如何备课""如何听课""如何评课""如何说课""如何进行小课题研究"等主题培训,以及语文教师学科新基本系列培训,即"文本细读功""课堂转化功""互动生成功""点拨回应功""反思重建功"等,让培训体现层次性、多样性和丰富性。每次两小时的培训,很多老师总是早早来到会场,就是为了占一个靠前的位置。为了让老师们每次培训都能有所获,我几乎放弃所有节假日、双休日的时间,一丝不苟地准备培训内容,制作培训课件。

课堂是教师的主阵地,也是教师成长的舞台。教育教学理念最终要落实在课堂教学中,改变教师的课堂教学行为。培训之余,我坚持深入课堂,努力帮助"二小"教师不断改进课堂教学行为,树立正确的教学观、学生观,将培训内容内化到日常教育教学行为中。

18个月中,我共听课100多节。每次听完课,我总是及时反馈,如果是同一位老师的"重建课",我坚持以发展的眼光看问题,纵向上看教师的成长与发展,以鼓励为主,增强教师的信心,每次提出一个可以改进的地方,并提供改进的措施和努力的方向,这种方式也深受老师们欢迎。

渐渐地,"二小"的研究氛围越来越浓厚,老师们立足课堂,在课堂实践中改进课堂,在课堂改进中激发活力,一批中青年教师迅速成长。语文、德育学科先后有10位教师获县级"教学能手"称号,两位教师获喀什地区课堂教学评比一等奖,其中一位教师获一等奖第一名。

除了日常化的教学指导,我还发挥团队优势,通过组织大型活动,展示上海教研活动的理念和操作模式。2019年4月2日,"二小"面向全县进行语文学科教研活动展示,据说这是该县有史以来第一次。这次活动由我担任总策划,我通过"动力内化和重心下移""小人物挑大梁",使"二小"二年级语文教研组每一位教师都有机会从活动的参与者转变为组织承担者,让每一位教师在活动中实现自我提升,增强成长自信。活动当天,"二小"多功能厅济济一堂。泽普县教育局局长,泽普县教育教学管理与指导中心的领导,泽普县各小学教学副校长、教导主任、教研组长、骨干教师代表近200人参加活动,就连县城的几所中学也派人进行了观摩。活动后,我就活动的整个策划过程以及背后的价值思考,与教师们进行了沟通。参加活动的教师深情地说:"原来教研活动还可以这样开展!参加这样的活动真是享受!"是啊,追求品质、体现品位,让活动既呈现美感,又让每一个参与者有收获,这是我们上海教研活动的品质。活动中,我们既输出理念、操作模式,又展现内容和形式,让教研活动可借鉴、可复制、可推广。

2018年年底,泽普县在喀什地区率先摘掉了"贫困"的帽子,但是县城学校与周边乡中心校的捆绑、结对工作并没有结束。依玛乡中心小学、赛力乡中心小学是"二小"的捆绑校,"二小"每学期都要"送教下乡"。每次"送教下乡"带

新疆喀什地区泽普县依玛乡中心小学活泼可爱的孩子们

上1—2节课,活动流程大致为上课、听课、评课,了解学校情况,然后随行领导对捆绑校发展中的困惑进行针对性的指导等。

我们援疆教师进驻"二小"以后,每次下乡,都会主动要求前往。这样做,一方面可以借机了解乡中心小学的校园环境、办学状况、教师队伍现状;另一方面也可以发挥我们援疆教师的资源优势,进行辐射引领,带动周边乡中心校教师队伍的整体发展。

2018年9月至2019年12月,我先后3次跟随"二小"赴依玛乡中心小学、赛力乡中心小学、奎镇中心小学,深入乡校教师课堂,进行课堂诊断,指导乡校教师课堂教学。当时,援疆教师"送教下乡"已经成为泽普县一道亮丽的风景线,成为"二小"捆绑学校教师非常珍惜的学习机会。

前后联动,做民族团结的使者

"二小"虽是当地一所师资实力雄厚的学校,但和上海的学校相比,还是有一定的差距。由于建校时间长,原先配置的设施设备大多比较老旧,面临淘汰,而当地财政又比较困难,学校仅有的公用经费也是捉襟见肘。课堂上,许多教师因为没有翻页笔,常常在黑板前守着教学一体机,手动操作课件,无法关注学生的课堂学习状况。

2019年1月回沪,我利用回明强小学上党课的机会,介绍了"二小"的办学情况和当前发展面临的实际困难。明强小学广大党员、教师积极行动起来,为"二小"捐款2万多元,并用这笔善款为"二小"购置了60支翻页笔(价值1.2万元)。新学期,我特地将行李箱腾出大部分空间,将这些带着"温度"的翻页笔背到了万里之外的泽普。当这些翻页笔走进"二小"教师课堂的时候,我相信,老师们的教学观、学生观也会发生改变。课堂上,翻页笔"解放"了教师的双手,教师的注意力由关注PPT的操作,到开始走下讲台,走近学生,关注学生的学习状态,关注教学资源的动态生成,进一步提高了课堂师生互动、生生互动的实效性。

为了丰富"二小"学生的课余生活,提高学生的阅读素养,我主动联系上海的多所学校,积极捐款捐书。"众人拾柴火焰高",近万册图书和爱心捐款帮助"二小"建成了阅览室以及开放的阅读空间,"二小"距离通往"书香校园"的路更近了一步。

据不完全统计,我们闵行支教团队前后方捐款捐物累计超260万元。这

新疆喀什地区泽普县赛力乡中心小学的老师在专心批改作业

份难以割舍的情谊,让两地亲如一家。一年半来,我们用实际行动谱写民族团结的新乐章,让民族团结之花绚丽绽放。

大美新疆,最美泽普。一年多来,我用随身携带的单反相机,拍摄了3万多张照片,记录了"二小"校园的四季美景,留下了师生精彩的瞬间,展示了千年胡杨的秀美传奇,让远在万里之外的家人、同事、朋友感受新疆不但景美,人更美。

人们常说,"赠人玫瑰,手留余香"。援疆,让我在成就他人的同时,也成就了自己。我也利用援疆业余时间,完成了近23万字的个人第一本书稿,即将正式出版。

遥遥援疆路,悠悠泽普情。援疆,将成为我一生的记忆和财富。

(此文刊于《中国民族教育》2020年第3期)

后　　记

　　人们常说,看花容易绣花难。不去经历永远不知道其中的酸甜苦辣。

　　2018年8月20日入疆以来,经过近一年的努力,我终于在2019年6月完成书稿初稿(也是计划完成的时间)。这期间,写写停停,有时一个月书写超万字;有时工作太忙,无暇顾及,一两个月未写一字。

　　从2018年8月25日提笔开始,有过兴奋、激动,也有过灰心、退缩。每每写到动情之处,事情历历在目,文思泉涌,得心应手。有时为构思新内容,常常搜肠刮肚,反复推敲,不断寻找新的思路、新的角度。我始终着秉持一个信念,事情既然做了,就要认真去做,尽力做到最好。

　　综观全书,最为满意的要数自己刚工作前几年的经历部分。1994年毕业后,来到江苏省淮阴师范学校附属小学成为一名语文教师,当时全部心思和精力都用在了教育教学上,对教育的认识主要来源于自己教育教学实践的感悟与思考,曾写了一系列的文章,也在市级刊物发表不少。这一部分内容结合自己的教育教学实践,以故事形式展开,或夹叙夹议,或先叙再议,观点是稚嫩的、不成熟的,但能看出我成长的轨迹。这一时期也是自己成长最快的时候。后来,在教学的同时,担任学校德育副主任兼大队辅导员,自己的实践研究和思考的空间逐渐拓宽,由教育教学延伸到学校德育、少先队工作。

　　2002年7月至2006年7月,上海市民办尚音荟思实验学校给了我一段与众不同的人生体验。我不但经历了岗位上的频繁变动(曾先后担任过学生部主任兼大队辅导员、课程教研部主任助理、科研室主任、工会主席等职),也见证了学校领导的大换血,教师队伍的大流失,动荡飘摇中让我对民办教育有了一些思考,这段时间陆陆续续写了几篇文章反映当时的情况。

　　2006年8月,在明强小学吴国丽校长的厚爱下,来到百年老校——闵行区七宝镇明强小学。在这里,我从一个普通的老师、班主任,逐渐成为一名中层管理人员、校级领导,从区骨干、区首届学科带头人到上海市第三期"双名工程"名师后备培养对象。明强,给了我成长的土壤,让我在而立之年又有了新的追求与发展。这几年,在明强"新基础教育"理念的熏陶和影响下,也让我开始养成不断反思的习惯,反思自己的课堂,反思班主任工作中的点点滴滴,文中不少内容是记录在明强小学教育教学实践中的思考与感悟。

2018年8月20日,我积极响应国家号召,报名参加了教育部"援藏援疆万名教师支教计划",来到了美丽的南疆边陲小镇——泽普,在这里,开启了我人生中最刻骨铭心的一段经历。因为挂职泽普二小德育副主任,同时负责泽普二小语文学科教师队伍建设、课堂教学指导等工作,所以书稿中有不少内容都是记录在泽普二小的工作经历和体会。18个月的援疆生活,不但丰富了我的人生体验,更让我感受了生命的意义与价值。

入疆后的第一个学期(即2018年的下半年),根据上级领导的要求,主要是熟悉校情、教情阶段,工作不是特别忙。我利用每天晚饭后休息时间以及节假日抓紧整理文字材料,半年里撰写了12万字,远超预期目标。

到了2019年上半年,援疆工作进入"快车道"。应泽普县教育局要求,这一年又同时承担泽普县小学语文教师培训任务(每月一次)。同时,还受邀参加泽普县教育局与华师大合作项目——新疆喀什地区泽普县少数民族教师国语教育教学能力培养项目。面对如此繁重的援疆任务,我有点担心书稿的进度,于是挤出一切可以利用的时间。到学期临近结束,又撰写了8万多字,基本完成了整个书稿的教育素材文字整理工作。

文中最后一部分,主要选择了自己工作以来曾写过的部分文章,按时间顺序呈现。有的发表过,有的获过奖,有的是日常思考和感悟……这一部分内容,反映了我在"学做一名合格教师"的过程中,对教育教学的实践、思考、总结、提炼。

2019年暑假,我和明强小学原教科室主任王晓老帅又反复沟通,对书稿框架多次修改,终于在援疆出发前基本定稿。

2020年5月,为了进一步理清书稿的脉络,进一步提高书稿的质量,在听取一些专家和导师意见的基础上,我对书稿又开始了漫长的修改、完善过程,且在2021年1月初最终定稿。书稿得到了于漪老师的认可,并欣然为本书题写书名——《足音》,让我有点受宠若惊。

在整理书稿以及后续出版的过程中,还得到了许多人的帮助,有华东师大基础教育改革与发展研究所原所长杨小微,《上海教育》杂志原总编金正扬,市第三期"双名工程"小语一组我的两位导师——李永元和谢江峰,以及闵行区七宝镇明强小学校长姚凤、原教科室主任王晓,闵行区实验小学俞新军老师等,还要感谢闵行区教育局、闵行区教育学院的领导以及闵行区春申教育发展基金会的支持和帮助!

2021年1月16日于上海

图书在版编目(CIP)数据

足音：我的学做教师之路 / 徐建国著 .— 上海：上海社会科学院出版社，2021
 ISBN 978 - 7 - 5520 - 3588 - 9

Ⅰ. ①足… Ⅱ. ①徐… Ⅲ. ①小学教育—文集 Ⅳ.
①G62 - 53

中国版本图书馆 CIP 数据核字(2021)第 148993 号

足音——我的学做教师之路

著　　者：徐建国
出 品 人：佘　凌
责任编辑：陈如江
封面设计：黄婧昉
出版发行：上海社会科学院出版社
　　　　　上海顺昌路 622 号　邮编 200025
　　　　　电话总机 021 - 63315947　销售热线 021 - 53063735
　　　　　http://www.sassp.cn　E-mail·sassp@sassp.cn
照　　排：南京理工出版信息技术有限公司
印　　刷：上海新文印刷厂有限公司
开　　本：710 毫米×1010 毫米　1/16
印　　张：15.5
插　　页：1
字　　数：254 千
版　　次：2021 年 9 月第 1 版　2021 年 9 月第 1 次印刷

ISBN 978 - 7 - 5520 - 3588 - 9/G·1104　　　　　　　定价:68.00 元

版权所有　　翻印必究